跨境电子商务系列丛书

跨境电商客户关系管理

主　编　朱秀敏
副主编　王梦婕　史丽芳

电子工业出版社
Publishing House of Electronics Industry
北京·BEIJING

内 容 简 介

本教材为宁波幼儿师范高等专科学校2022年新形态教材建设项目的研究成果。编者审慎地对教材内容进行了反复的推敲和修改，坚持以工作任务导向的课程开发为指导思想，系统地呈现了初识跨境电商客户关系管理、跨境电商客户分类与开发、跨境电商客户的满意度管理、跨境电商客户的忠诚度管理、跨境电商客户流失管理与挽回、跨境电商客户服务技巧、跨境电商客户关系管理实践七个项目。每个项目都包括知识目标、能力目标、思政小课堂、项目导学。

本教材以工作页的形式呈现，学生可以边学边记录和练习。为方便教学，本教材还提供了丰富的教学资源包，包括教学课件、课后习题、参考答案等，任课教师可以登录华信教育资源网注册后免费下载使用。同时，本教材的每个项目都配备了教学视频和音频，读者可以通过扫描二维码获取资源。

本教材可以作为跨境电商、国际商务、国际贸易、商务英语等专业的教材使用，也可以作为企业跨境电商客服管理岗位培训的资料使用。

未经许可，不得以任何方式复制或抄袭本书之部分或全部内容。
版权所有，侵权必究。

图书在版编目（CIP）数据

跨境电商客户关系管理 / 朱秀敏主编. —北京：电子工业出版社，2024.3
ISBN 978-7-121-47578-8

Ⅰ.①跨… Ⅱ.①朱… Ⅲ.①电子商务－商业服务－高等职业教育－教材 Ⅳ.①F713.36

中国国家版本馆CIP数据核字（2024）第061549号

责任编辑：张云怡
印　　刷：三河市兴达印务有限公司
装　　订：三河市兴达印务有限公司
出版发行：电子工业出版社
　　　　　北京市海淀区万寿路173信箱　　　邮编：100036
开　　本：787×1092　1/16　　印张：14.75　　字数：304千字
版　　次：2024年3月第1版
印　　次：2024年3月第1次印刷
定　　价：49.00元

凡所购买电子工业出版社图书有缺损问题，请向购买书店调换。若书店售缺，请与本社发行部联系，联系及邮购电话：（010）88254888，88258888。
质量投诉请发邮件至zlts@phei.com.cn，盗版侵权举报请发邮件至dbqq@phei.com.cn。
本书咨询联系方式：（010）88254573，zyy@phei.com.cn。

前言 Foreword

互联网科技的普及助推了跨境电商行业的腾飞，"一带一路"倡议的实施更是助推了跨境电商行业的迅猛发展。跨境电商这一国际贸易新模式在我国对外贸易额中所占的比例增长迅速。对跨境电商企业来说，高质量的客户服务与管理是其维系现有客户，不断开发新客户的基础，也是企业有效运转、获得经济增值不可或缺的环节。根据我国跨境电商行业的发展需要及环境需要，为了培养集理论与实践于一身的技能型人才，编者组织编写了这本《跨境电商客户关系管理》教材。

本教材以工作页的形式呈现，基于"以学生为中心，以学习成果为导向，促进自主学习"的思路，还原跨境电商客服管理岗位的工作情景，以跨境电商客服管理岗位应知应会的内容为主，围绕具体的工作任务，帮助读者了解跨境电商客服管理岗位的必备知识和必备技能。在结构安排上，本教材强调实用性，以跨境电商客服管理岗位的工作过程为核心内容，充分兼顾该岗位所要求的知识、能力和未来发展需要，运用以跨境电商客服管理岗位实践技能为主体的结构，设计以任务为引领的教学项目，以更好地切合当前学生学习方式转变的需要，强化学习资料的功能。

本教材由宁波幼儿师范高等专科学校的朱秀敏担任主编并统稿，王梦婕、史丽芳担任副主编。具体分工如下：项目一、五、六、七由朱秀敏编写，项目二由史丽芳编写，项目三、四由王梦婕编写。在编写的过程中，编者借鉴和引用了大量国内外有关跨境电商、客户关系管理等方面的书刊资料与业界的研究成果，得到了宁波小薇云集电子商务有限公司总经理陈柯的大力支持，陈柯为本教材提供了翔实的案例，在此一并表示感谢。

由于跨境电商行业的发展日新月异，加之编者水平有限，教材中难免存在疏漏和不足之处，恳请广大读者和专家批评、指正，并提供宝贵的修改意见。

编者

目录 Contents

项目一 初识跨境电商客户关系管理 ... 1

　　任务一　跨境电商客户关系管理基础概述 ... 2
　　任务二　跨境电商客服管理岗位认知 ... 16
　　任务三　跨境电商客服管理岗位的职业素养 ... 24

项目二 跨境电商客户分类与开发 ... 36

　　任务一　跨境电商客户分类 ... 37
　　任务二　跨境电商客户分类管理 ... 47
　　任务三　跨境电商客户开发 ... 58

项目三 跨境电商客户的满意度管理 ... 71

　　任务一　认识客户满意 ... 72
　　任务二　客户满意度评价指标体系 ... 77
　　任务三　跨境电商客户满意度管理策略 ... 86

项目四　跨境电商客户的忠诚度管理 ... 98

  任务一　跨境电商客户忠诚度概述 ... 99

  任务二　跨境电商客户忠诚度的影响因素 ... 103

  任务三　跨境电商客户忠诚度管理策略 ... 110

项目五　跨境电商客户流失管理与挽回 ... 126

  任务一　跨境电商客户流失概述 ... 127

  任务二　评估跨境电商客户流失情况 ... 135

  任务三　跨境电商客户流失的原因分析 ... 140

  任务四　防止跨境电商客户流失 ... 147

项目六　跨境电商客户服务技巧 ... 165

  任务一　售前客户服务技巧 ... 166

  任务二　售中客户服务技巧 ... 174

  任务三　售后客户服务技巧 ... 185

项目七　跨境电商客户关系管理实践 ... 204

  任务一　亚马逊卖家成功处理纠纷案例 ... 205

  任务二　提升客户关系管理质量案例 ... 210

参考文献 ... 229

项目一

初识跨境电商客户关系管理

📖 知识目标

1. 了解跨境电商客户的分类。
2. 了解跨境电商客户关系的特征、类型、影响因素。
3. 熟悉跨境电商客户关系管理的原则、内容、核心内涵和作用。
4. 熟练掌握跨境电商客服管理岗位的工作范畴、工作原则。
5. 熟练掌握跨境电商客服管理岗位的技能素质要求、综合素质要求。

📖 能力目标

1. 能在实践中明确跨境电商客服管理岗位的工作范畴。
2. 能在实践中遵循跨境电商客服管理岗位的工作原则。
3. 能深刻理解跨境电商客服管理岗位的职业素养要求。

📖 思政小课堂

  党的二十大报告提出:"依托我国超大规模市场优势,以国内大循环吸引全球资源要素,增强国内国际两个市场两种资源联动效应,提升贸易投资合作质量和水平。稳步扩大规则、规制、管理、标准等制度型开放。推动货物贸易优化升级,创新服务贸易发展机制,发展数字贸易,加快建设贸易强国。"这为跨境电商产业融入世界提供了有力的思想指导。国家全面深化改革开放的坚定信心为跨境电商行业提供了强有力的支撑。跨境电商从业者应不辱使命,树立社会主义核心价值观,奋力前行,全面结合党的二十大的核心战略部署,全方位促进跨境电商行业生态的健康发展,提高行业的国际站位,推动国内跨境电商产业全面战略出海,加快产业全球化数字发展,为实现中华民族伟大复兴的中国梦积极贡献智慧和力量。

项目导学

在跨境电商发展过程中，客服管理岗位扮演着重要的角色，不仅为客户提供产品选择等服务工作，还通过对客户资源的维护帮助企业实现经济效益最大化。客服是企业树立对外形象的窗口，客户关系管理工作代表着一家企业的整体形象和综合素质，与企业利益直接挂钩。企业能否赢得有价值客户，不仅是企业的产品质量、产品标准、产品价格等方面的问题，客户关系管理也是一个关键环节。本项目将对跨境电商客户关系管理做初步介绍，主要包括跨境电商客户关系管理基础概述、跨境电商客服管理岗位认知、跨境电商客服管理岗位的职业素养。

任务一　跨境电商客户关系管理基础概述

情景导入

宁波小薇云集电子商务有限公司的跨境电商客服专员Elsa初入职场，在经理的要求下，她开始学习什么是跨境电商客户关系管理。为了更好地理解跨境电商客户关系管理的内涵，她将其分成跨境电商客户、跨境电商客户关系、跨境电商客户关系管理三个层次进行学习。

项目任务书

1. 认识跨境电商客户。
2. 认识跨境电商客户关系。
3. 认识跨境电商客户关系管理。

任务实施

一、对跨境电商客户进行分类

从不同的角度，对跨境电商客户进行分类，并完成表1-1。

表1-1　跨境电商客户分类

序号	跨境电商客户的分类方式	具体分类
1	根据（　　　）划分	可分为：
2	根据（　　　）划分	可分为：
3	根据（　　　）划分	可分为：

二、对跨境电商客户关系进行分类

根据跨境电商企业与跨境电商客户之间的不同关系，对跨境电商客户关系进行分类，并完成表 1-2。

表 1-2　跨境电商客户关系分类

关系水平	关系状态
（　）型	跨境电商企业（　　　　　　　　　）
（　）型	跨境电商企业（　　　　　　　　　）
（　）型	跨境电商企业（　　　　　　　　　）
（　）型	跨境电商企业（　　　　　　　　　）
（　）型	跨境电商企业（　　　　　　　　　）

三、查找相关资料，总结跨境电商客户关系管理的内容

_____
_____

四、查找相关资料，概述跨境电商客户关系管理的核心内涵

_____
_____

五、讨论跨境电商客户关系管理的作用

_____
_____

知识模块

一、认识跨境电商客户

1. 客户的内涵

"客户"一词由来已久。在我国古代，客户泛指那些流亡他乡，没有土地，以租地为生的人。后来指由外迁来的住户。随着商品经济的产生和发展，与工厂/企业来往的主顾、客商被称为客户。客户是承接价值的主体，通过货币的付出获得使用价值，也就是满足相

应需求，因此客户也是需求的载体或代表。在现代企业管理中，客户是企业的利润之源，是企业发展的动力，很多企业将"客户是我们的衣食父母"作为企业客户关系管理的理念。客户关系管理的核心思想是以客户为中心，客户自然也就成为客户关系管理的核心主体。客户是接受企业的产品或服务，并由企业掌握其有关信息资料，主要由专门的人员为其提供服务的组织或个人。从现代经济学的意义上讲，任何接受或可能接受企业产品或服务的对象皆可称为客户。这意味着，无论是已经购买企业产品或服务的顾客，还是目前还没有购买但可能购买的潜在顾客，或者是与企业有着各种直接或间接关系的组织或个人，都可称为企业的客户。

对企业来讲，广义上的客户是指企业提供产品或服务的外部对象，可大致分为消费客户、中间客户和公利客户三类。

消费客户是企业产品或服务的直接消费者，故又称终端客户。

中间客户购买企业的产品或服务，但他们并不是直接的消费者。比如，销售商是典型的中间客户。

公利客户是代表公众利益，为企业提供资源，直接或间接地从企业获利中收取一定比例费用的客户，如政府、行业协会或媒体等。

在客户关系管理中，客户一般指最终客户，也称终端客户，包括消费者和商用客户。由于不同企业对客户理解的角度不同，因此对客户的分类也就不同。有的企业根据客户对企业的利润贡献率，将客户分为有价值客户、无价值客户；有的企业根据客户忠诚度，将客户分为忠诚客户、不忠诚客户。在关系营销中，则运用"忠诚度阶梯"将客户分为可能的客户、客户、主顾、支持者、宣传者和合作伙伴。

2．跨境电商客户的分类

跨境电商客户的购买目的不一样，与跨境电商企业的关系也就不尽相同，我们在对跨境电商客户进行管理之前需要先弄清楚客户到底属于哪种类型。

（1）根据客户与企业的关系划分

①一般零售消费者（B2C 型客户）

这类客户指的是跨境电商企业产品的零售消费者，绝大多数情况下他们是个人或家庭，主要购买跨境电商企业的最终产品，目的是用于家庭的日常生活。所以，他们的需求比较稳定，购买的变动性也不大。由于这类客户是一般的民众，所以数量特别多。这类客户的特点是购买比较稳定，但是消费额一般不高，产品利润虽较大，但利润率不高。他们是跨境电商企业稳定销售的基础，跨境电商企业依靠他们可以维持最起码的生存。为了稳定这类客户，跨境电商企业通常会花费很多精力。

②企业对企业的商业型客户（B2B 型客户）

这类客户购买跨境电商企业的产品不是为了自己消费，产品在他们手里转一圈之后还要被卖出去。他们会对产品进行深加工或为产品附加各种使用功能，使其价值更高。他们是中间人，但产品通过他们，实现了增值。这类客户购买跨境电商企业的产品是为自己的产品做铺垫，将企业的产品附加到自己的产品之上，从而赚取中间的利润。这类客户对产品的质量要求高，对价格要求低。

③分销商和代销商

这类客户也不是终端客户，而是充当企业和终端客户之间的桥梁。他们购买跨境电商企业产品的目的是进行再销售，赚取中间的差价。分销商和代销商为了赚取更多的利润，要求跨境电商企业以较低的价格将产品卖给自己，而且要求供货渠道通畅，售后服务良好。

（2）根据产品流转状态划分

①中间客户

中间客户是指处于产品流转链中间的客户。产品往往要经过相当多的流转环节才能到达最终使用者手中。B2B 型客户、分销商和代销商就是中间客户。

②最终客户

最终客户是指产品的最终使用者。作为产品使用者的最终客户，对产品质量最有发言权，他们的判定、取舍和选择最具权威性。一旦他们不满意，不论中间客户的满意度多高，也是没有意义的。一般情况下，所谓客户满意，实质上就是最终客户满意。

最终客户有两种情况。一种是购买者与使用者不是同一个企业或个人。比如玩具，其使用者可能是孩子，而购买者可能是父母，双方都是最终客户。如果购买者不满意，今后就可能不再购买；如果使用者不满意，就会将不满意转达给购买者，从而影响购买者的下次购买决策。另一种是使用者包括两个或两个以上的企业或个人。比如汽车，驾驶员是使用者，乘客也是使用者。在设计或生产汽车时，既要考虑驾驶员这一直接客户，又要考虑乘客这一间接客户。如果不考虑乘客满意与否，则可能会导致直接客户的拒绝购买行为。

（3）根据客户表现形式划分

①现实客户

现实客户是指已经成为跨境电商企业客户的企业或个人。这类客户通常可分为两种：一种是正在成为客户的企业或个人，如正在购买本企业提供的某种产品的企业或个人；另一种是已经购买过本企业提供的某种产品的企业或个人。

②潜在客户

潜在客户是指尚未成为但可能成为跨境电商企业客户的企业或个人。这类客户是跨境电商企业争取的对象，是跨境电商企业不可错漏的客户，也是跨境电商企业战略关注的重点。

通常需要跨境电商企业所提供的产品的群体、有意付款或有能力付款的群体都有可能成为潜在客户。另外，预计已没有任何潜在可能，由于企业看漏了而错失的客户也可能成为潜在客户。也就是说，即使客户暂时不购买，也可能因为其本身环境的变化或企业的营销而向企业购买，从而成为企业的客户。

在潜在客户层面，对某个地区来说，该地区可能是潜在的销售市场，该地区的企业或个人就可能是潜在客户；对某个阶层（如以收入划分的阶层、以城乡划分的阶层等）来说，该阶层的企业或个人也可能是潜在客户；对某个企业或个人来说，其本身可能是潜在客户。

一般来说，地区性的潜在客户可能较容易开拓，而对单个的潜在客户来说却难以使其成为现实客户，阶层性的潜在客户可能居于二者之间。在当今经济全球化的时代，某个地区、某个阶层的客户对本企业来说是潜在的，而对本企业的竞争对手来说可能早已是现实客户了。因此，跨境电商企业要积极开拓客户，不能只考虑产品问题。及时调查、分析、研究和把握潜在客户的需求，是跨境电商营销人员应该经常进行的必不可少的活动。

二、认识跨境电商客户关系

1. 跨境电商客户关系的含义

（1）关系

汉语中的"关系"一词包括三层意思：事物之间相互作用、相互影响的状态；人与人或人与事物之间的某种性质的联系；关联或牵涉等。在英语中，对"关系"的界定是："关系是指两个人或两群人彼此之间的行为方式和感知状态相互影响、相互作用。"由此可见，关系既可以发生在人与人之间，也可以发生在人与事物之间，既可以是个体与个体之间的关系，也可以是集体与集体之间的关系，还可以是个体与集体之间的关系；关系是双向的行为或感知，具有典型的互动性，而不是单向的；关系既包括行为方面的相互影响与相互作用，也包括感知或态度方面的相互影响与相互作用。

（2）客户关系

客户关系（Customer Relationship）有多种不同的定义。最常见的定义是，企业为达到其经营目的，主动与客户建立起的某种联系。这种联系既可能是单纯的交易关系，又可能是通信联系，也可能是为客户提供一种特殊的接触机会，还可能是为维护双方利益而形成的某种买卖合同或盟友关系。这一定义将企业置于客户与企业这种关系的主动地位，而客户则处于关系的被动地位，只是企业建立并维持的这种关系的接受者。企业的客户群体由许多不同的客户关系构成，不同的客户要求不同的关系策略，每种客户关系在其生命周期内都能给企业带来一定的价值，而企业与所有客户的关系价值总和就形成了企业的利润。从客户关系管理的角度来看，可以超越产品或服务的概念，将企业看作客户关系的经营主体。因此，对客户关系整体框架的认识是企业开展客户管理工作的基础。

（3）跨境电商客户关系

随着对客户关系认识的深入，跨境电商企业已经认识到为了保证客户关系的持久性，真正体现以客户为中心的核心理念，必须将客户置于同跨境电商企业同样重要的地位。尤其是发展到客户关系管理阶段，客户不仅是企业产品或服务的接受者，客户的需求还对企业的生产与经营起着指导作用，客户已成为双方关系的重要决定者。这种对客户关系中的企业与客户双方平等性和交互性的认识，真正体现了客户关系管理以客户为中心的企业管理理念。

基于以上分析，跨境电商客户关系可定义为：跨境电商企业与跨境电商客户在各种直接或间接的交往中所形成的一种以企业与客户双赢为目标、具有平等性与交互性的关系。它不仅可以为交易提供方便，节约交易成本，还可以为企业深入了解客户的需求和交流双方信息提供许多机会。

跨境电商企业与跨境电商客户关系的状况可以从以下三个方面进行理解。

①跨境电商客户关系的长度

跨境电商客户关系的长度也就是跨境电商企业维持与跨境电商客户关系的时间长短，通常以跨境电商客户关系的生命周期来表示，分为考察期、成长期、稳定期、退化期。跨境电商客户关系生命周期主要针对现有客户而言，要延长跨境电商客户关系，可通过培养客户忠诚度，挽留有价值客户，减少客户的流失，断绝不具有潜在价值的关系等来延长跨境电商客户关系生命周期的平均长度，发展与客户的长期关系，将老客户永远留住。

②跨境电商客户关系的深度

跨境电商客户关系的深度也就是跨境电商企业与跨境电商客户双方关系的质量。衡量跨境电商客户关系深度的指标通常是重复购买收入、交叉销售收入、增量销售收入、客户口碑与推荐等。

③跨境电商客户关系的广度

跨境电商客户关系的广度也就是拥有跨境电商客户关系的数量，既包括获取新客户的数量，又包括维持老客户的数量，还包括重新获得已流失客户的数量。拥有相当数量的跨境电商客户是跨境电商企业生存与发展的基础，因此跨境电商企业需要不断挖掘潜在客户，获取新客户，尽量减少客户的流失，努力维持老客户。由于获取一个新客户的成本比维持一个老客户的成本要高得多，所以维持老客户可以节约获客成本。另外，老客户对价格等影响满意度的关键要素的敏感度较低，对企业及其产品的某些失误更宽容，所以维持老客户可以给企业带来多方面的收益。而对于流失的客户，要尽力争取：一方面减少客户的流失，另一方面让已流失的客户重新成为企业的客户。

跨境电商企业要想取得长期的竞争优势，就要维系良好的跨境电商客户关系，而这种持续的良好关系也逐渐成为企业的核心竞争力。跨境电商企业在加强与跨境电商客户关系的同时，不仅要关注关系的物质因素，更要考虑到关系的另一个特点，即跨境电商客户的感觉等其他非物质的情感因素，达到获取新客户、维持老客户、提高客户满意度与忠诚度，从而提升客户价值和利润的目的。

2. 跨境电商客户关系的特征

跨境电商客户关系具有多样性、差异性、持续性、竞争性、双赢性的特征。

（1）多样性

跨境电商客户关系根据实质内容的不同可划分为很多类型。有的跨境电商客户关系是买卖关系，有的则是采购或供给关系，还有的则是战略伙伴关系。例如，跨境电商客户因购买跨境电商企业的产品或服务而形成买卖关系，跨境电商企业之间因产品或服务的采购或供给而形成采购或供给关系，有的跨境电商企业之间因联盟而形成战略伙伴关系。

（2）差异性

不同跨境电商客户关系间的差异是普遍存在的，甚至同一类型的跨境电商客户关系间也存在差异。例如，同样在跨境电商客户与跨境电商企业的买卖关系中，不同的跨境电商客户有着各不相同的经济状况、心理因素、教育背景、民族及生活习惯等特性，这就造成跨境电商客户关系间存在明显的差异。

（3）持续性

虽然在现实中确实存在大量的跨境电商企业与跨境电商客户一次性交易的现象，但从跨境电商企业的角度来看，其与跨境电商客户建立这种关系是基于长期的目的，具有持续性，跨境电商企业希望跨境电商客户能在持久的时间内为企业做出最大的价值贡献。从跨境电商客户的角度来看，这种一次性的行为虽然表明其与某一家企业关系的告终，但其实这种关系只是从这家企业转到其他企业，而且存在转回来的可能，这也是每家跨境电商企业所期望的。

（4）竞争性

在当今的买方市场下，跨境电商企业为了谋求生存与发展，必须充分满足跨境电商客户的个性化需求，不断提升跨境电商客户的满意度与忠诚度，与跨境电商客户之间建立起良好的关系。哪家跨境电商企业能够与跨境电商客户建立并维系良好的关系，哪家跨境电商企业就占据了市场竞争的优势。市场的竞争其实也就转化为客户关系的竞争。不仅是经营同一产品或服务的企业之间存在客户关系的竞争，不是同一经营领域的企业之间也存在客户关系的竞争。

（5）双赢性

跨境电商企业与跨境电商客户之间形成良好的关系，不仅对跨境电商企业来说是有利的，对跨境电商客户来说也是有利的。跨境电商企业通过良好的客户关系可以及时了解跨境电商客户的需求，并以跨境电商客户的需求为中心进行经营，在满足跨境电商客户需求的同时谋求自身的发展。而跨境电商客户在这种良好的关系中，其个性化需求可以得到跨境电商企业的及时回应，在跨境电商企业积极应对的前提下，跨境电商客户的个性化需求也可以得到更好的满足。

3．跨境电商客户关系的类型

跨境电商企业在经营管理实践中建立何种类型的跨境电商客户关系，必须针对其产品特征和对跨境电商客户的定位做出选择。菲利普·科特勒根据企业的客户数量及企业产品的边际利润水平区分了企业与客户之间的五种不同程度的关系水平（类型），即基本型、被动型、责任型、能动型、伙伴型。这五种关系水平同样适用于跨境电商客户关系，如表1-3所示。

表1-3　跨境电商企业与跨境电商客户之间的关系水平

关系水平	关系状态
基本型	跨境电商企业把产品销售出去，就不再与跨境电商客户接触
被动型	跨境电商企业把产品销售出去，并鼓励跨境电商客户在遇到问题或有意见的时候和企业联系
责任型	跨境电商企业在把产品销售出去以后联系跨境电商客户，询问产品是否满足客户的要求，征求有关产品改进的建议，以及产品的缺陷和不足之处，帮助自身不断改进，使产品更加符合客户的要求
能动型	跨境电商企业不断联系跨境电商客户，收集有关扩大产品用途的建议并发布新产品的信息
伙伴型	跨境电商企业和跨境电商客户共同努力，帮助客户解决问题，实现共同发展

需要指出的是，这五种关系水平并不是简单的从优到劣的顺序。跨境电商企业所能采用的跨境电商客户关系的类型一般是由它的产品及跨境电商客户决定的。比如，联合利华公司与其客户之间是一种被动型的关系。联合利华公司设立客户抱怨处理机构，负责处理客户投诉，改进产品。但是联合利华公司和沃尔玛之间可以建立互惠互利的伙伴型关系。

菲利普·科特勒根据企业的客户数量及企业产品的边际利润水平提供了一张表格，以帮助企业选择适合自己的客户关系类型，如图1-1所示。如果少量跨境电商客户提供的产品的边际利润水平相当高，那么跨境电商企业应当采用伙伴型关系，在力争满足跨境电商客户要求的同时，自己也获得丰厚的回报。但如果产品的边际利润水平很低，跨境电商客户数量极其庞大，那么跨境电商企业会倾向于采用基本型关系，否则可能因为售后服务的较高成本而出现亏损。其余的类型可以由跨境电商企业自行选择和组合。因此，一般来说，跨境电商企业对跨境电商客户关系进行管理的趋势，应当朝着为跨境电商客户提供满意服务，并提高产品的边际利润水平的方向。跨境电商企业与跨境电商客户之间的关系并不是固定不变的，跨境电商企业的跨境电商客户关系管理应该积极地在横向上向右推动。

客户数量			
	基本型	被动型	责任型
	被动型	责任型	能动型
	责任型	能动型	伙伴型

边际利润水平

图 1-1　企业选择客户关系的类型

4. 跨境电商客户关系的影响因素

面对不断变化的环境，跨境电商客户的需求也在发生变化。很多因素影响着跨境电商客户及其购买行为，进而影响着跨境电商客户与跨境电商企业之间的关系，改变着跨境电商客户对跨境电商企业的价值。

（1）跨境电商客户自身因素

跨境电商客户自身因素包括生理、心理两个方面的因素。跨境电商客户的生理、心理状态，尤其是他们的心理因素对其购买行为有很大影响。人类的心理过程带有普遍性，这是所有个体客户或客户代表在购买行为中必然经历的共同过程，是跨境电商客户购买心理的共性。跨境电商客户的个性心理分为个性倾向性（需要、动机、爱好、理想信念、价值观等）和个性心理特征（能力、气质、性格等）。其中，需要和动机在跨境电商客户自身因素中占据特别重要的地位，与跨境电商客户的购买行为有直接而紧密的关系。任何跨境电商客户的购买行为都是有目的和有目标的。需要是购买行为的最初原动力，而动机则是直接驱动力。需要能否转化成购买动机并最终促成购买行为，有赖于跨境电商企业是否采取措施加以引导、强化。

有很多因素影响跨境电商客户在购买活动中的行为。比如，跨境电商客户购买前的收集和整理信息、在购买中的选择决策，以及实际购买及购买后的使用、评价、保养、维修。跨境电商客户的购买行为从萌发到购买后的评价，处于持续发展的状态。跨境电商客户的购买过程既是一个具体活动的整体过程，也是一个动态的发展过程，购买后满意是保持跨境电商客户关系的关键。

（2）外部影响因素

外部影响因素包括社会环境因素和自然环境因素。社会环境因素有经济、政治、法律、文化、科技、宗教、社会群体、社会阶层等，自然环境因素有地理、气候、资源、生态环境等。例如，技术的进步使那些采用新技术的产品更加吸引跨境电商客户；社会经济的衰退造成跨境电商客户的消费能力下降；生态环境的恶化使跨境电商客户对环保性产品的需求增加。

这些外部影响因素会左右跨境电商客户的购买行为，影响跨境电商客户关系的变化。

（3）竞争性因素

竞争性因素包括产品、价格、销售渠道、促销手段等。竞争对手的价格策略、渠道策略、促销活动等直接影响着跨境电商客户的购买行为。跨境电商企业不能只管理自己的跨境电商客户关系，还要与竞争对手的跨境电商客户关系进行比较。只有这样，才能发现问题，从而不断改进自己的跨境电商客户关系。

（4）购买体验

跨境电商客户的决策过程分为认识需要、收集信息、评价选择、决定购买、购后感受等阶段。购买决策的内容包括跨境电商客户的产品选择、品牌选择、经销商选择、时机选择、数量选择。在产品竞争激烈的今天，决定获得或维持跨境电商客户的已经不再只是产品本身，而是跨境电商客户的购买体验。跨境电商企业不仅是卖产品，也是卖服务和感觉，即卖一种符合跨境电商客户需求甚至引导跨境电商客户需求的东西。不同的跨境电商企业为跨境电商客户提供的产品内容是不同的，中间的差距会给跨境电商客户带来不同的体验。

总之，影响跨境电商客户购买行为的因素是全面的、动态的，各种因素共同作用。所以，跨境电商企业必须及时掌握跨境电商客户的动态，有针对性地采取措施管理跨境电商客户关系。

三、认识跨境电商客户关系管理

1. 跨境电商客户关系管理的概念

客户关系管理（Customer Relationship Management，CRM）是指企业为提高核心竞争力，利用相应的信息技术及互联网技术来协调企业与客户间在销售、营销和服务上的交互，从而提升其管理水平的过程。其最终目标是吸引新客户，留住老客户，将已有客户转化为忠诚客户，增加市场份额。

客户关系管理实质上是一种"关系营销"。一般来说，企业的经营目的分为短期效益（提升销量）和长期的可持续发展（建立和维持品牌的知名度）两个方面。面对这两个非常关键的经营问题，以往的营销理论很难同时兼顾企业对二者的需求，这导致大多数中小企业在面临生存问题时放弃了企业已有的战略规划，而大企业为了长久的布局也不得不在一段时间内用牺牲效益的方法来换取发展。在这种两难的处境下，"关系营销"成为越来越受到人们关注的整合营销方式。其内容是把企业的营销活动看成企业与客户产生互动作用的过程，其核心是建立和发展与这些客户的良好关系。与以往只注重吸引新客户、达成一次交易的"交易营销"相比，"关系营销"更注重保留客户，并与客户建立长期稳定的关系，使客户成为促进企业稳定发展的消费群体。在获得企业短期效益的同时，积累企业的长期客户群体，并通过一定的营销手段提高客户群体的消费频率，这样既可以满足企业的短期效益需求，又可以兼顾企业的长期品牌战略布局。

尽管社会各界对客户关系管理的定义各有不同，但其中也有大家基本认可的类似观点。比如，客户关系管理是一种方法，是一种战略，是一种管理理念，是一种技术。本书对跨境电商客户关系管理的定义是：跨境电商企业为了提高核心竞争力，实现快速增长，占据主导地位等而确定的以跨境电商客户为中心的发展战略，并在此基础上展开的包括判断、选择、争取、发展和保持跨境电商客户所需的整个商业过程。它是跨境电商企业在不断改进与跨境电商客户关系的业务流程中，为最终实现电子化、自动化运营目的所创造并使用的一套包含先进的软硬件、信息技术、优化管理方法和解决方案的体系。

2. 跨境电商客户关系管理的原则

跨境电商客户是一家跨境电商企业的利润中心，因此对跨境电商企业来说管理好跨境电商客户至关重要。跨境电商客户关系管理的核心是制度化、日常化、规范化和专人负责，只有这样才能将跨境电商客户关系管理落到实际工作中去，也才能真正管理好跨境电商客户。跨境电商客户关系管理包括以下原则。

A．跨境电商客户关系管理是一个动态的过程。因为跨境电商客户的情况是不断变化的，所以要对跨境电商客户的资料不断地进行更新。

B．跨境电商客户关系管理要突出重点。对重点客户或大客户要予以优先考虑，配置足够的资源，不断加强已建立的良好关系。

C．灵活有效地运用跨境电商客户的资料。对于数据库中的跨境电商客户资料要善加利用，在留住老客户的基础上，不断开发新客户。

D．跨境电商客户关系管理最好的办法是专人负责，以便随时掌握跨境电商客户的最新情况。

3. 跨境电商客户关系管理的内容

跨境电商客户关系管理的内容包括跨境电商客户识别、跨境电商客户关系建立、跨境电商客户维持及跨境电商客户价值扩展四个维度。其中，跨境电商客户识别是跨境电商客户关系管理的基础，跨境电商客户关系建立是跨境电商客户关系管理的保证，跨境电商客户维持和跨境电商客户价值扩展是对已建立的跨境电商客户关系的维系。

（1）跨境电商客户识别

每个跨境电商客户都有不同的需求，需求的个性化突出表现为不同的跨境电商客户会购买不同的产品或服务。在企业经营过程中，每增加一个客户都需要占用一定的企业资源，但企业的资源相对有限。在企业的人力、财力、物力、生产能力及时间等相对有限的情况下，企业不可能什么都做。任何企业都不可能满足所有消费者的需求，也不可能把所有消费者都视为自己的客户。客户不是越多越好，盲目地增加客户数量而忽视客户质量，反而会降低企业的效率。并非每个客户都能为企业带来较高的收益。一般情况下，优质客户能为企业带来更大的价值，普通客户带来的价值则较小，劣质客户为企业带来的是负价值，甚至还可能为企业带来巨大的风险。根据80/20法则（又称二八法则），在顶部的20%的客户创造了企业80%的利润。因此，跨境电商客户识别是跨境电商客户关系管理的首要环节。只有识别出跨境电商企业的潜在跨境电商客户、最有价值的跨境电商客户并判断出跨境电商客户的需求，才能为企业的跨境电商客户关系管理提供有价值的信息，使企业的跨境电商客户关系管理更有针对性，避免因盲目管理而产生不必要的浪费，甚至造成更大的损失。

跨境电商客户识别是指在确定好目标市场的情况下，从目标市场的客户群体中识别出对跨境电商企业有意义的客户，作为企业实施跨境电商客户关系管理的对象。由于目标市场客户的个性特征各不相同，不同客户与企业建立并发展客户关系的倾向也各不相同，因此客户对企业的重要性是不同的。跨境电商客户识别可通过一系列的技术手段，根据大量跨境电商客户的特征、购买记录等可得数据，找出谁是跨境电商企业的潜在跨境电商客户、客户需求是什么、哪类客户最有价值等，并把这些客户作为企业实施跨境电商客户关系管理的对象，从而为企业成功实施跨境电商客户关系管理提供保障。

总之，如果跨境电商企业能够准确选择出对自己有价值的跨境电商客户，就可以减少甚至避免在低价值客户或劣质客户身上花费成本，从而减少企业资源的浪费。因此，跨境电商客户关系管理的内容之一就是找出谁是跨境电商企业最有价值的跨境电商客户，从而减少资源浪费，提高企业的获利能力。

（2）跨境电商客户关系建立

在跨境电商企业进行跨境电商客户关系管理的过程中，获取跨境电商客户的方式有很多种。但如果方式选择错误，则可能达到事倍功半的结果，反而会降低企业的效率，进而影响企业的获利能力。例如，通过跨境网络推广的方式可能会获得大量年轻的潜在跨境电商客户，但如果企业销售的是中老年保健用品，再运用同样的网络推广方式，则可能出现花费巨额推广费用，而客户却寥寥无几的情况。因此，在确定好谁是跨境电商企业最有价值的跨境电商客户的前提下，如何用最优效率和最佳效果的方式获取跨境电商客户，建立跨境电商客户关系，是跨境电商企业进行跨境电商客户关系管理需要解决的核心问题之一，也是跨境电商客户关系管理的内容之一。跨境电商企业应通过各种方法和不同类型的跨境电商客户建立合适的关系，以保证企业跨境电商客户关系管理持续有效地进行，进而保证企业深入了解跨境电商客户，获得更有价值的信息。

（3）跨境电商客户维持

企业管理早已从以产品为中心向以客户为中心转变，跨境电商客户维持在跨境电商企业经营管理的过程中发挥着越来越重要的作用。如何尽可能长久地留住跨境电商客户是跨境电商客户关系管理的内容之一。跨境电商客户维持是指跨境电商企业通过一系列的努力来巩固及进一步发展与跨境电商客户之间长期、稳定关系的整个动态过程及策略。跨境电商企业进行跨境电商客户维持的目的是努力与跨境电商客户建立一种长期稳定、持续交易的关系，从而为企业创造更大的价值，增加企业的市场份额。跨境电商客户维持需要跨境电商企业与跨境电商客户相互了解、相互适应、相互沟通、相互满意、相互忠诚，这就必须在建立跨境电商客户关系的基础上，与跨境电商客户进行良好的沟通，让跨境电商客户满意，最终实现使客户忠诚。据统计，吸引一个新客户所需的成本是维护一个老客户所需成本的5～10倍。一家企业将其客户流失率降低5%，其利润就能增加25%～85%。有效的跨境电商客户维持可以防止跨境电商客户流失，提高跨境电商客户的忠诚度，从而为跨境电商企业保留最有价值的跨境电商客户，为跨境电商企业的长远发展奠定基础。

（4）跨境电商客户价值扩展

在开展跨境电商客户关系管理的过程中，仅留住客户是远远不够的。跨境电商企业只有做到让跨境电商客户满意，才能实现更大的客户价值。企业的客户价值来源于其获取的新客户及维持的老客户，企业应对新老客户进行识别，对客户进行有效的管理，针对不同的客户采取不同的策略，尽可能满足客户的需求，让客户真正从心底感到满意，促进客户的二次购买及口碑宣传，在提高客户忠诚度的同时，努力实现客户效益最大化，实现客户价值的扩展。

4．跨境电商客户关系管理的核心内涵

（1）跨境电商客户成为跨境电商企业发展最重要的资源之一

跨境电商客户的重要性被越来越多的跨境电商企业所认识。不少跨境电商企业已经把客户导向作为营销战略的基础。利润与客户并不是矛盾的对立面，企业要想获得更长远的发展和更丰厚的利润，毫无疑问客户才是最重要的资源之一。简单来说，如果没有跨境电商客户，跨境电商企业也就失去了利润来源，更失去了可持续发展的资源与动力。越是有战略眼光的跨境电商企业，越重视与跨境电商客户之间的关系，越会时刻保持与跨境电商客户的联系，并及时反馈与沟通。跨境电商企业应关注跨境电商客户的变化，并迅速采取相应的市场策略，从而抓住跨境电商客户。也就是说，跨境电商企业推出的一切产品或服务都是建立在跨境电商客户的需求基础之上的，跨境电商客户已成为跨境电商企业发展最重要的资源之一。

（2）重视跨境电商客户的个性化特征

随着经济的发展和生活水平的提高，客户的需求呈现多元化的发展趋势。不同的跨境电商客户可能会选择并购买不同的产品或服务。而随着市场的激烈竞争，不同跨境电商企业的产品或服务在品质方面的区别将越来越小，这种产品或服务的同质化现象，使产品或服务的品质不再是跨境电商客户消费选择的核心标准，越来越多的跨境电商客户看中的是

企业能否满足其个性化需求，能否提供高质量与及时的服务。如何正确选择、开发合适的产品或服务，并且把跨境电商客户感兴趣的产品或服务推给他们，是跨境电商企业必须重点解决的问题。跨境电商客户关系管理的目标是通过与跨境电商客户的接触，通过高度自动化的交互方式，对跨境电商客户进行理解和分析，从而为跨境电商客户提供个性化的服务。只有重视跨境电商客户的个性化特征，才能使跨境电商企业在越来越复杂的市场中合理分配和优化其有限的资源，从而达到最为合适的收益—风险比，进而为跨境电商企业找准最佳的投资和服务方向，并带来更稳定的跨境电商客户群体。

（3）不断提高跨境电商客户的满意度和忠诚度

客户满意度是指客户对企业提供的产品或服务的满意程度。客户忠诚度则是指客户再次或重复购买企业相同产品或服务的行为出现的概率，反映客户未来的购买行动或购买承诺。从定义中就可以看出，客户满意度与客户忠诚度是两个不同的概念，但是它们之间也存在着一定的联系，客户忠诚是客户满意度提升的表现之一，但客户满意度提升并不等于客户忠诚度一定会提升。

在市场竞争日益激烈，产品的品质和功能差距越来越小的今天，跨境电商企业仅依靠产品的质量已经难以留住跨境电商客户，优质的跨境电商客户关系管理成为跨境电商企业竞争制胜的法宝之一。促使跨境电商客户满意，进而实现跨境电商客户忠诚，已然成为现代跨境电商企业经营管理的法则。在此背景下，跨境电商企业中谁能拥有更多的跨境电商客户，谁能为跨境电商客户提供满意的服务，且与跨境电商客户之间建立和保持一种长期良好的合作关系，赢得跨境电商客户的信任，谁就能通过优质的跨境电商客户关系提升企业的获利能力。跨境电商企业在竞争中取胜的关键是通过跨境电商客户关系管理不断提升跨境电商客户的满意度和忠诚度。

（4）跨境电商客户关系管理始终贯穿市场营销的全过程

很多人对跨境电商企业的市场营销有这样一个认识误区，认为跨境电商营销人员只要将产品或服务卖出去，市场营销活动就算结束了，不再需要进行其他业务活动。然而，通过本节对跨境电商客户关系管理内容及核心内涵的介绍，可以看出跨境电商企业要想获得更长远的发展，其市场营销就不可能是一锤子买卖。跨境电商企业要想将生意越做越大，使跨境电商客户越来越多，就必须在将产品或服务销售出去之后继续关注跨境电商客户，进行有效的跨境电商客户关系管理，只有这样才能赢得老客户的支持，并吸引更多的新客户。不能把将产品或服务销售出去看作市场营销的终结，因为这只是开始，更重要的是后续如何对跨境电商客户进行维护和管理。只有当跨境电商企业的产品或服务在跨境电商客户中树立了良好的品牌形象，跨境电商企业获得了跨境电商客户的信任时，跨境电商客户才可能会回购，并主动将企业介绍给其他客户。所以，产品或服务的输出只是市场营销的开始，跨境电商客户关系管理将贯穿市场营销的全过程。

5．跨境电商客户关系管理的作用

跨境电商企业主要通过收集和分析跨境电商客户的各种信息，来掌握跨境电商客户的真正需求，把销售、营销和客户服务整合到一起，使整个跨境电商企业协同起来满足跨境电商客户的需求，不断改善与跨境电商客户的关系，提高跨境电商客户的满意度和忠诚度，并从现有的跨境电商客户中获取更多的利润。因此，实施跨境电商客户关系管理，能够提升跨境电商企业的竞争力。跨境电商客户关系管理的作用主要体现在以下三个方面。

首先，良好的跨境电商客户关系管理可以使跨境电商企业获得成本优势。跨境电商客户关系管理系统能够对各种销售活动进行跟踪，并对跟踪结果进行评判，从而提升跨境电商企业的销售额和跨境电商客户的满意度，降低跨境电商企业的销售和服务成本，缩短跨境电商企业的销售周期，提高跨境电商企业的市场利润。

其次，通过跨境电商客户资源管理，可以对跨境电商客户的信息进行全面整合，实现信息充分共享，保证为跨境电商客户提供更为快捷与周到的服务，从而优化跨境电商企业的业务流程，提高跨境电商客户的满意度和忠诚度，提升跨境电商客户的保持率。

最后，跨境电商客户关系管理可以提高跨境电商企业的收益水平。跨境电商客户关系管理赋予了跨境电商企业提高经营水平的三种能力，即跨境电商客户价值（Customer Value）能力、跨境电商客户交往（Customer Interaction）能力和跨境电商客户洞察（Customer Insight）能力。跨境电商客户关系管理为跨境电商企业带来的收益主要通过这三种能力来实现。

总之，跨境电商客户关系管理有利于跨境电商企业的营销合理化，实现跨境电商客户与跨境电商企业的良好沟通，帮助跨境电商企业规避市场风险，提高跨境电商企业的竞争力。

任务二　跨境电商客服管理岗位认知

情景导入

随着跨境电商的发展，跨境电商企业的分工不断细化，跨境电商客服管理已成为众多跨境电商企业的核心岗位之一。在跨境电商 B2C 的背景下，跨境电商客户呈现出小而多的特点，跨境电商客服人员所需服务的群体也发生了重大的变化。跨境电商客服工作是一扇窗口，通过该窗口，跨境电商客户能够了解店铺所卖产品的特性、功能，获得更完善的解答、更快速的反馈和更优质的服务。开展跨境电商客服工作不难，难的是如何把这项工作从普通做到优秀，从优秀做到卓越。要想提供卓越的跨境电商客服工作，前提是要对跨境电商客服管理岗位的工作有全方位的认识。

宁波小薇云集电子商务有限公司的跨境电商客服专员 Elsa 在对跨境电商客户关系管理的内容、核心内涵、作用等有了基本的了解后，开始熟悉跨境电商客服管理岗位的工作职责。

项目任务书

1. 梳理跨境电商客服管理岗位的工作范畴。
2. 熟悉跨境电商客服管理岗位的工作原则。

任务实施

查找并学习有关跨境电商客服管理岗位工作范畴的资料，了解跨境电商客服管理岗位的工作范畴和工作原则，小组间讨论，完成表1-4、表1-5。

表1-4 跨境电商客服管理岗位的工作范畴

序号	工作范畴
1	
2	
3	
4	
5	
6	
7	
8	
9	
10	

表1-5 跨境电商客服管理岗位的工作原则

序号	工作原则
1	
2	
3	
4	
5	
6	

知识模块

一、跨境电商客服管理岗位的工作范畴

1. 帮助客户了解产品信息

跨境电商客服人员的工作难度主要体现在产品的种类多、专业信息量大和多国产品规格差异大等方面。首先，与国内电商不同的是，由于国外客户对"店铺"的概念认识非常薄弱，所以跨境电商的卖家并非只销售一到两种专业品类的产品，而是涉及多个行业、不同种类，这就使跨境电商客服人员的工作变得更加复杂，要求他们掌握多类产品的专业信息。其次，产品在规格上存在巨大的国内外差异。比如，令许多卖家头疼的服装尺码问题，欧洲尺码标准、美国尺码标准与国内产品总是存在差异。又如，电器设备的标规问题，欧洲、日本、美国电器产品的电压都与国内标规不同，即使诸如电源插头这样一个小配件，各国间也有巨大的差异。中国、澳大利亚、新西兰、阿根廷等使用国标插头，美国、加拿大、日本、巴西、菲律宾、泰国等使用美标插头，德国、法国、荷兰、丹麦、波兰、芬兰、挪威、奥地利、比利时、匈牙利、西班牙、瑞典、韩国、俄罗斯等使用欧标插头。这就要求跨境电商客服人员一方面要充分掌握各种产品信息，另一方面要把握不同国家的产品规格要求，只有这样才能为客户做出完整的解答，提出可行的解决方案。

对于像家具、电器、电子仪器等高科技产品，客户通常会专门咨询相关跨境电商客服人员，以对产品进行了解，这时跨境电商客服人员就需要为客户提供产品的基本信息，包括性能、特征、功能，并根据客户的需求进行合理推荐。作为一名优秀的跨境电商客服人员，应当在第一时间为寻求帮助的客户详细介绍产品的信息。以服装类产品为例，跨境电商客服人员需要了解产品的尺寸、风格特色、材质面料、适用人群和包装信息等，防止客户因对产品的标题、图片、详情页等相关的产品信息不熟悉而产生误解，甚至导致发生纠纷。

为客户提供产品推荐服务的过程，其实就是在为保留客户流量而工作。如果跨境电商客服人员连自己的产品都不了解，就无法为客户提供服务。因此，跨境电商客服人员首先要做的就是熟悉店铺的产品信息，对于产品的特征、功能等基本信息要做到了如指掌。只有详细掌握产品的基本信息，才能在面对不同需求的客户时，流利地解答客户提出的关于产品信息的各种问题，给出最为优质的服务，在客服管理和客户交流之间架起一座信任的桥梁，当客户二次购买时才会把该店铺作为首选。这样做不仅为跨境电商企业的发展保留了老客户资源，还有利于拓展新的客户渠道，使企业在优质的服务中形成自身的品牌效应，有利于企业实现长远发展。

2. 解决客户在服务方面的问题

在服务方面，跨境电商客服人员经常需要处理客户对于产品运输方式、海关申报清关、运输时间，以及产品是否符合其他国家的安全性标准等问题。客户在进行线上购物时，面对的是琳琅满目的商品和来自四面八方的信息，交易手续的复杂与不同地区的物流情况等都有可能成为交易达成的阻碍。这时，跨境电商客服人员需要解决客户在选择产品、支付流程、物流等方面遇到的问题。另外，在产品到达国外客户手中后，客户在产品使用中遇到问题时只能通过网络沟通，这就对跨境电商客服人员的售后服务能力提出了极高的要求。

3. 促进销售

营销往往被认为只是销售人员的工作。但实际上，在跨境电商领域，跨境电商客服人员如果能够充分发挥主观能动性，就很有可能为店铺创造优秀的销售业绩。例如，跨境电商客服人员在向客户介绍产品之后，可以适当进行店铺活动的宣传与推广，如分享店铺产品满减优惠券、推广单品折扣活动等，也可以通过价格上的优惠有效促成未付订单成功交易。

另外，跨境电商客服人员对于产品的销售作用不仅体现在售前的产品咨询上，还体现在销售后的二次营销上。一次简单的交易到客户确认收货并给予评价后就结束了，但一名优秀的跨境电商客服人员仍有很多事情可以做。通过客户交易数据的整理，可以识别出那些有潜力持续交易的客户和有机会做大订单的客户，从而更有针对性地维护这些客户并向其推荐优质产品，进而使这些客户持续稳定地下单。

4. 核对订单信息

在跨境电商客服工作中，核对客户的订单信息也是极为重要的一项工作。大部分客户在购买产品时填写的收件信息都是正确的，但是也有部分客户因为诸多因素导致填写的收件信息出现差错。比如，有些粗心的客户由于收件地址发生变动而忘记修改，还是默认为原来的地址，导致收件信息填写错误，无法及时收到货物，从而引发一系列的售后问题。因此，面对不同客户的不同订单，在客户付款之后，跨境电商客服人员一定要第一时间和客户进行订单信息核对，包括购买产品的颜色、尺寸、数量、款式，以及收件地址、物流方式等基本信息，并定期查看物流信息，与客户密切联系，为客户提供优质的购物体验。这样做不仅能降低发货出错率和店铺纠纷率，还可以让客户感受到服务的贴心，提高客户的满意度。

5. 安排订单发货

大部分跨境电商的产品，其运送周期都相对比较长，在这个过程中需要保证订单产品的完好无损。跨境电商客服人员在安排订单发货前，需要对所发产品的颜色、尺寸、数量、款式，以及是否有赠品等做最后的核实，注意提供产品清单，避免错发、漏发或将有瑕疵的产品发给客户，提高自身服务的专业性。安排订单发货的过程需要由专业人员严格把控，只有这样才能保证所发出去的产品与客户所下单的产品为同一批次。最为重要的是，在这个过程中需要格外注意对易碎、数量较多、价格昂贵的产品进行重点说明，且对发货全过程进行视频录制，以便在因为产品数量等产生纠纷时提供证据。同时，国际物流的包装不一定要美观，但必须保证牢固。做好订单发货也是跨境电商企业做好做大的重要步骤。完好无损的产品总是能让客户对企业多一些信任，使企业成为客户二次购买的首选。

6．解决售后问题

在跨境电商实际操作过程中，会存在因客户对产品不满意、包裹丢失、发货延迟、货不对板、包裹破损等而产生的纠纷、差评，这就会涉及跨境电商客服工作中的售后问题。据速卖通官方统计，在跨境电商卖家每天收到的邮件中有将近七成都是关于产品或服务的投诉。也就是说，跨境电商客服人员在日常工作中处理的主要问题是售后问题。而售后服务是影响客户满意度的重要因素，因此做好售后服务非常重要。

跨境电商的售后需要做到以下三点。

首先，及时与客户沟通。在交易过程中最好多主动联系客户，在客户付款以后，还有发货、物流、收货和评价等诸多过程，跨境电商客服人员需要将发货及物流信息及时告知客户，提醒客户注意收货，这样在出现问题或产生纠纷时也可以及时妥善地处理。这些沟通既能让客户及时掌握交易动向，又能让客户感受到卖家的重视，有利于促进双方的信任与合作，从而提高客户的购物满意度。

其次，做好产品质量、货运质量。发货前要严把产品质量关，在上架新产品的时候，可以根据市场变化调整产品，剔除供货不太稳定、质量无法保证的产品，从源头上控制产品的质量，同时在发货前注意对产品进行质检，尽可能避免寄出残次品。要知道，优质的产品质量是维护客户的前提。另外，还要加强把控物流环节，在客户下单后，及时告知客户预计发货及收货时间，及时发货，主动缩短客户的购物等待时间；对于数量较多、数额较大的易碎品，可以将包装及发货过程拍照或录像，留作纠纷处理时的证据；注意产品的规格、数量及配件要与订单上的一致，以防漏发引起纠纷；在包裹中提供产品清单，提高自身服务的专业性。

最后，主动化解纠纷。纠纷是大家不愿遇到的，但也是很难完全避免的。跨境电商客服人员一方面要做好服务，学会预防纠纷，另一方面要与客户做好沟通，主动化解纠纷。

7．关注客户评价，做好客户维护

对产品进行销售的最后一个环节便是关注客户评价，通过分析客户评价，不仅能够了解客户对产品的真实看法，掌握客户的购买意向，还能够根据客户所给建议对产品进行完善。同时，当客户的产品反馈能够得到及时的答复时，便会给客户一种被重视的感觉，对后期维护客户是极其有帮助的。此外，成交之后，如果客户在该店铺中享受到良好的购物体验，就会对该店铺产生更高的依赖性，从而再次购买该店铺的产品。因此，关注客户评价，做好客户维护是跨境电商客服人员的重要工作之一。

8．收集客户反馈及客户信息

收集客户反馈是指在客户收货之后，及时做好跟进，定期进行产品使用情况调查。通过收集客户反馈，不仅可以获得客户关于产品或服务的优化建议，进而为店铺提升整体水平提供有力参考，还能拉近买卖双方的关系，建立更加长久的合作。

客户信息主要包括客户个人信息和客户兴趣爱好。客户个人信息包括客户所在的国家或地区、性别、年龄等。通过信息积累，可以识别更为精确的产品市场、人群分布等，从而精准定位产品的营销推广方向。收集客户兴趣爱好是指充分掌握客户的偏好，客户的兴趣就是市场的流行方向。跨境电商客服人员可以通过了解客户近期的购买兴趣进行选品、上架、活动推广，只有产品定位准确，才能吸引更多有价值的客户，提升转化率。

9．建立客户档案

建立客户档案的目的是与客户保持长期的联系。通过这种方式，一方面可以跟踪客户所购买产品的使用和维修状况，及时主动地给予相应的指导，以确保产品的使用寿命；另一方面可以了解客户的偏好，在上架新产品后，及时向可能感兴趣的客户推荐。除此之外，还可以利用客户档案与客户保持长期的联系，增进双方的感情，提高客户的重复购买率，而且可以借此了解客户的需求变化和消费心理，增加服务内容和项目，满足市场需求，吸引客户购买。

10．维护与老客户的关系

跨境电商客服人员应对客户进行分类管理，根据客户的购买金额、购买周期、评价情况、所在国家等识别具有购买潜力的大客户，为后期获取大订单打下基础；通过给好评客户发放优惠券、满减、特别折扣等方式，刺激客户再次消费；关注客户所在国家的节假日情况，有针对性地发送节日问候，给客户留下美好的印象；通过站内信或邮件向客户发送上新通知，了解客户的近期需求意向。这样做不仅能为新产品的研究与开发提供方向，还能提高客户的忠诚度，为店铺贡献利润并带来长久利益。

二、跨境电商客服管理岗位的工作原则

跨境电商企业要想做好跨境电商，就需要对跨境电商客服人员进行慎重选择。跨境电商产品是否能具备销售市场，一是根据客户的需求度来决定，二是根据跨境电商客服人员所提供的服务来决定。在客户选购产品的过程中，跨境电商客服人员要礼貌、专业地接待客户，热情地解答客户对产品、支付方式、售后服务和物流的咨询，让客户充分了解产品的基本信息，当好客户的参谋，解决客户的实际问题，引导客户成功下单。另外，还要积极地为客户提供售前、售中和售后服务，帮助跨境电商运营人员提高店铺的整体运营水平，降低店铺的退货率和运营成本。同时，通过向客户介绍新产品，推广店铺活动，从而不断拓展新客户，进而使店铺成为优质店铺。

跨境电商客服管理岗位的工作原则如下。

1. 实事求是

跨境电商客服人员要坚持实事求是的工作作风，一切从实际出发，理论联系实际。无论是收集信息，还是提供意见，抑或是拟写文件，都必须端正思想，坚持实事求是的原则。在产品买卖的过程中，跨境电商客服人员要为客户实事求是地介绍产品的优点与缺点。产品有缺点是无法避免的，坦诚介绍、合理解释、适当描述更能让客户理解与赞同。尽量避免在介绍产品的优点时滔滔不绝，却在被问及缺点时避而不答，这种做法只会给客户留下不好的印象。不能为了达到销售目的而过度营销，不能为了暂时敷衍客户的提问而做出过度承诺，营销话术应该以实事求是为原则。

2. 服务态度礼貌

礼貌是指跨境电商客服人员在服务客户时，在措辞和表达方式上通过使用诚恳、温和的语气及运用一些语言策略，婉转、迂回、和缓地表达观点，提出要求，从而给客户留下有知识、有修养的印象。在与客户沟通时应设身处地，换位思考，站在客户的角度思考问题，将心比心，理解和认同客户的感受，为客户着想，理解其意愿，尊重对方的立场和观点，考虑客户的感情、期望、要求和利益等，从而给对方留下好感和深刻的印象。总之，要让客户感觉到跨境电商客服人员是在为他们的利益着想，争取用诚心打动客户，最终达成交易，极大地提高服务的有效性。例如，当收到客户的询问时在第一时间进行回复，如果因暂时无法得到确切的信息而不能回复，则需要告之回复的时间。因为客户往往会对几小时之后甚至几天之后才回复的信息很反感，感觉自己不受尊重、不被重视。因此，应尽量以积极的态度，站在对方的角度来进行措辞和表达，对于客户的疑惑或问题，要用温和的态度和语气进行沟通与处理。真正的沟通尺度不是与客户一争高下，而是让客户接受自己的想法，融洽的沟通也可能增加客户回头的机会。

3. 真诚倾听

真诚倾听是指跨境电商客服人员在交流过程中充分尊重客户的表达，不抢着表述，做一位合格的倾听者。比如，在与客户谈论到价格时，对于价格敏感度高的客户，跨境电商客服人员应先倾听其要求，然后解释产品的价值、贵的原因等，或者推荐更加合适的替代品。在对客户进行服务的时候，应先通过询问了解客户的购买意向，在客户表现出犹豫不决或困惑的时候，应先问清楚客户犹豫不决或困惑的原因是什么。如果客户表述不清楚，则可以先把自己的理解告诉客户，问问自己是不是理解对了，然后针对客户的疑惑给予解答。

4. 勇于担责，安抚情绪

客户发起售后咨询的原因有很多，常见的是由于某些原因造成这次交易不愉快，跨境电商客服人员在接待这类售后咨询时应以安抚客户的情绪为第一要素。客户提出的问题可能是卖家的责任，也可能是物流方的责任，甚至可能是客户自己的责任，跨境电商客服人员面对客户的提问应第一时间安抚情绪，再分辨责任。如果是卖家的责任，则应第一时间承担责任，补偿客户的损失；如果不是卖家的责任，则可以表示对客户困扰的理解，并且积极主动地帮助客户解决问题。

5. 服务语言简洁明了、具体完整、正确专业

跨境电商客服人员在与客户沟通时，应尽可能用精练准确的语言清楚地回复客户的问题。比如，在撰写信息和邮件时，应长话短说，避免使用难词、陈旧的商业术语，尽量使用常用词语及结构简单的语句，不用长句或从句，避免使用意义上模棱两可的词语和句子。

同时，回答全面并不是回答得越多越好，而是要针对客户的问题，特别是关键问题准确回答，不要有所遗漏。针对客户对于产品的价格、性能等的提问，最好一次性将客户的问题回答完整，这样既可以让客户感受到跨境电商客服人员工作的专业性，又可以避免因反复多次询问和回答而导致的时间浪费。例如，在跨境电商中，物流一直是客户比较关心的问题，各国货物的运送时间差别很大，如果没有事先与客户沟通好，则很容易引起纠纷。因此，将物流方面的信息详尽地告知客户非常重要。

此外，跨境电商客服人员在与客户沟通时，要体现出正确专业的原则。比如，语法、标点符号和拼写要做到准确无误，避免漏打，同时避免误打日期、数字等信息。在解答专业问题时，最好用通俗易懂的表达方法。比如，对于零部件较多的产品，可以通过小视频图解等方式清晰地展现其使用方法，这样能让客户更容易接受。

6. 分类分级管理客户

虽然企业应当重视每位客户，但企业实际可使用的资源往往是有限的，因此对客户进

行有效的分类分级并提供差异化服务,有利于企业对有限的资源进行分配,且可以集中精力为高端客户提供全方位的优质服务。可将客户分为关键客户、普通客户和小客户。

对于关键客户,要进行准确的信息收集,分析每位关键客户的交易历史,包括购买次数、最近一次购买时间、购买需求、购买习惯等,及时与关键客户就市场趋势、合理库存量进行交流。跨境电商客服人员应根据关键客户服务团队提供的客户信息,准确预测关键客户的需求,在关键客户提出要求之前主动提供售前、售中、售后的全面服务,并与关键客户保持密切的联系,加强情感交流。跨境电商客服人员可以在社交平台上先与关键客户成为好友,再建立自己的专属目标客户群组,用于日常的关系维护。

对于普通客户,应该通过引导普通客户、创造机会、切合普通客户的需求,鼓励其购买高价值的产品或服务,从而创造更高的价值和贡献度。比如,在发送邮件时,可以适当展示店铺为贵宾客户或回购客户提供的价格优惠或更为全面的服务,激发普通客户向关键客户成长的愿望。

对于小客户,应该挖掘其价值。只有在最开始就重视客户满意度,有购买力的小客户才有可能对产品及品牌产生信任感,重复回购,从而慢慢提升客户层级。对于没有升级潜力的小客户,可适当减少服务投入,但不应选择直接放弃,不应怠慢小客户而让其产生不满情绪。对于这类小客户,可以参考服务行业的一些做法,在时间和空间上区分不同级别的服务,从而避免小客户因发现自己的待遇与关键客户或普通客户存在差异而产生不满情绪。

任务三　跨境电商客服管理岗位的职业素养

📖 情景导入

作为跨境电商客服人员,既要具有跨境电商专业人员的技能素质、应急能力及综合文化素质,又要是产品专家,对店铺所售产品有足够的了解,具有较强的销售意识及较丰富的服务技巧。

宁波小薇云集电子商务有限公司的跨境电商客服专员 Elsa 初入职场,她发现自己的同事都很专业,自己也想加强在服务方面的培训。那么,作为跨境电商客服人员应该具备哪些素质呢?她开始仔细观察同事是如何处理各项工作的,运用了哪些技能,并查找相关资料进行学习。

📖 项目任务书

1. 分析跨境电商客服管理岗位的技能素质要求。
2. 分析跨境电商客服管理岗位的综合素质要求。

📖 任务实施

观察跨境电商客服工作中运用到的职业素养，并查找相关资料，分析该岗位需要具备哪些技能素质、综合素质，完成表1-6、表1-7。

表1-6 跨境电商客服管理岗位的技能素质要求

序号	技能素质要求
1	
2	
3	
4	
5	
6	
7	

表1-7 跨境电商客服管理岗位的综合素质要求

序号	综合素质要求
1	
2	
3	
4	
5	

知识模块

一、跨境电商客服管理岗位的技能素质要求

跨境电商客服人员所需具备的技能素质包括以下七项。

1. 熟悉产品和市场

无论是做传统外贸还是跨境电商，要想把生意做好，都应该有优质特色的产品。同时，

作为跨境电商客服人员，应该对自己销售的产品了如指掌，包括每款产品的优缺点、规格、款式等。只有这样，才可以更好地与客户沟通，引导客户达成交易。如果一个销售人员连自己销售的产品的基本指标都不熟悉，对目标市场和竞争对手也不了解，那么当客户问到一些有关企业和产品的专业问题时他就无法解答，也无法根据市场的变化做出相应的策略决策。

2．熟悉跨境电商平台和业务知识

作为跨境电商客服人员，应该具备基础的专业知识，需要熟悉跨境电商平台的交易流程、物流、使用规则、业务流程等业务知识。首先，在很多小型的跨境电商企业中，跨境电商客服人员不仅需要在线与客户沟通，还需要兼顾平台运营。因此，跨境电商客服人员应该熟悉跨境电商平台的规章制度，只有这样才可以顺应平台的发展。其次，跨境电商客服人员直接面对客户，对于跨境电商的整套流程都应该非常熟悉，如物流和各国的海关清关政策等。最后，作为一名跨境电商客服人员，既需要维护客户关系，有效推进销售，能独立维持客户，又需要处理客户邮件，并提供售前、售中、售后咨询服务，还需要处理客户投诉，对客户的退换货要求进行妥善处理。这就要求跨境电商客服人员具备丰富的业务知识，并不断努力学习，吸收新知识，提高自身的业务水平。只有熟练掌握各方面的业务知识，准确无误地为客户提供各项服务，才能在留住老客户的基础上不断发展新客户。

3．具备积极灵活的服务能力

跨境电商客服作为服务性的岗位，应当具备强烈的服务意识、沟通谈判能力及协调能力。从沟通的细节中，客户会看到跨境电商客服人员的工作态度，了解其工作是否严谨、是否可以信任。同时，优秀的服务可以有效弱化客户对产品价格的重视及对店铺好评度的执着。当然，业务沟通技巧是通过长时间的实践培养出来的。跨境电商客服人员要一切从客户的需求出发，在处理客户的咨询时能分析客户的意向是什么，客户需求是什么，以及客户希望得到哪些方面的信息等。在订单跟进过程中，跨境电商客服人员需要养成及时反馈及沟通的习惯。在与客户沟通时可以不断提问，积极沟通，从客户的回答中了解客户的需求。

4．具备良好的语言沟通能力

客服是与人打交道的工作，因此沟通尤为重要。跨境电商客服人员面对的往往是多国客户，具备良好的语言沟通能力是与国外客户沟通的根本。跨境电商客服人员应具备较高的外语能力，能够利用外语及时有效地与国外客户沟通，包括书面交流和口头表达两个方面。体现在页面描述、与客户沟通，特别是处理客户纠纷中，有语言优势的跨境电商客服人员能更好地解决客户的问题。

5. 具备敏锐的洞察力

洞察力的实质就在于善于想客户之所想，将自己置于客户的处境中。客户是千差万别的，不同年龄、不同性别、不同职业的客户对服务的需求也是不同的。跨境电商客服人员应从与客户的交谈中，辨别客户的心理状态、兴趣爱好及欠满意的地方，从中捕捉客户的服务需求，在客户开口言明之前，将服务及时、妥帖地送到，使客户既感受到被尊重，又能时时体会到关切的服务。

6. 具备灵活机智的应变能力

对跨境电商客服人员而言，灵活机智的应变能力主要表现为能合理地解决售后问题，降低纠纷率。例如，客户下单后仓库一直没发货，跨境电商客服人员应催促仓库尽快发货，并将发货信息及时告知客户。对于有些跨境电商客服人员无法解决的问题，如因天气导致物流延迟，或者客户收到的产品有瑕疵，跨境电商客服人员需要安抚客户的情绪，给予适当补偿，避免产生纠纷。当客户投诉，甚至产生纠纷时，跨境电商客服人员应当迅速了解投诉和纠纷产生的原因、客户的动机，善意地加以疏导，尽快解决矛盾，使客户得到较满意的答案，并尽量将事情的影响控制在最小的范围内，在客户面前树立坦诚、大度、友好的服务形象。

7. 熟悉消费目的国

跨境电商客服人员应了解消费目的国的风土人情。只有了解不同国家的习惯和需求，才能针对不同国家进行选品，设置产品详情页，并推出相应的营销策略。比如，做速卖通，就应该熟悉国外客户的特点，如与俄罗斯人避免聊政治问题，与巴西人聊天可直接一点儿。掌握这些原则可以更好地与客户沟通，最终促进交易的达成。

二、跨境电商客服管理岗位的综合素质要求

跨境电商客服人员直接接触客户，为其提供咨询服务，接受客户投诉等，特殊的工作性质决定了跨境电商客服人员要有一定的忍耐性，能够耐心倾听客户的不满，能够承受一定的压力，并且具备良好的心理素质。

1. 保持积极的心态

跨境电商客服人员要有积极进取、永不言败的良好心态。跨境电商客服人员的工作包含售前、售中和售后，涉及多种语言，工作过程非常细碎烦琐。在这种情形下，一定要对自己的能力充满信心，遇到困难和挫折不能轻言放弃。没有坚定的信念及不够积极的人，即使在其他方面条件很优秀，但还是不能创造优秀的业绩。跨境电商客服人员必须以积极的态度和强烈的责任感来开展自己的工作。良好的精神状态是跨境电商客服人员责任心和

上进心的外在表现，积极热情的态度是保证跨境电商客服人员工作效果的前提和基础。其永不枯竭的热情会传递给周围的每一个人，从而营造一种温馨融洽的氛围，令客户顿生好感，促使客户稳定回购，促进再次交易。

2. 具备强大的抗压力

跨境电商客服人员每天都要面对客户各种各样的问题，甚至是各种刁难，这就要求其具有一定的抗压力、对突发事件的判断和应对能力，以及面对挫折和打击的承受能力。只有这样，才能调节情绪，培养积极进取的良好心态，更好地为客户服务。

3. 具备自我调节的掌控力

跨境电商客服人员需要有情绪的自我掌控和调节能力。比如，一位跨境电商客服人员每天需要接待100位客户，可能第一个客户就把他责骂了一顿，而他也因此情绪低落。然而，还有99位客户在等着他，这时候他会不会把第一个客户带来的不愉快转移给下一个客户呢？这就需要跨境电商客服人员能够掌控自己的情绪，调节自己的心态。因为对客户来说，跨境电商客服人员永远是他面对的第一个人，这就要求跨境电商客服人员对每位客户都保持同样的热情。

4. 具备处变不惊的应变力

所谓处变不惊的应变力，是指对一些突发事件的有效处理能力。跨境电商客服人员每天都要面对不同的客户提出的各式各样的问题，或者出于各种原因而需要安抚客户的情绪，很多时候会有一定的挑战性，这就要求其具备处变不惊的能力，尤其是在处理一些恶性投诉的时候，更需要具备一定的应变能力。比如，遇到一些蛮不讲理的客户，用差评或投诉来威胁跨境电商客服人员。这个时候，跨境电商客服人员要保持冷静，不仅要安抚客户的情绪，还要思考如何解决问题，争取稳妥有效地处理这类突发事件，把对店铺的不良影响降到最低。

5. 具备优秀的品质

跨境电商客服人员担任直接与客户沟通的角色，是对外展示企业形象的窗口，客服工作的质量、客服人员的素质直接影响着企业的形象。这就要求跨境电商客服人员具备高度的职业道德，做好本职工作，维护企业的形象。跨境电商客服人员需要具备的品质包括高度的责任感、集体荣誉感、诚实守信等。

责任感既是一种自觉意识，也是一种传统美德，不仅是一种精神，更是一种品格。跨境电商客服人员在工作中难免会犯错，只有能够承担责任、善于承担责任、勇于承担责任的人才能得到客户的信赖。当不慎出现问题时，跨境电商客服人员不应相互推诿，逃避责任，而应直面错误，尽力化解与客户的矛盾，挽救给客户带来的损失，挽回店铺的形象，并在工作过程中不断反思与总结，积累经验。

集体荣誉感要求跨境电商客服人员所做的工作不是为了表现自己，而是为了能把整个店铺的客服工作做好，提升店铺的业绩和形象。

诚实守信既是个人的道德品质和道德信念，也是每个公民的道德责任，更是一种崇高的人格力量。对企业和团队来说，它是一种形象、一种品牌、一种信誉。诚实守信表现为一旦答应客户的要求，就应该切实履行自己的承诺。诺言就是责任，要把每一个承诺当成自己必须履行的责任去践行。跨境电商客服人员在对客户做出承诺前一定要三思，慎重考虑事情的各个方面，不盲目，不夸张。对客户慎重而又郑重地做出承诺，既是对别人的尊重，也是对自己的负责。此外，虽然网购很便捷，但是看不到、摸不着，客户面对网络上的产品，难免会有疑虑和戒心，所以跨境电商客服人员对待客户必须诚实，包括诚实地解答客户的疑问，诚实地给客户介绍产品的优缺点，诚实地为客户推荐适合的产品等。

案例分析

1. 案例背景

北京时间2022年11月5日20:12，一位俄罗斯的客户想要在速卖通平台的店铺内购买一条连衣裙作为圣诞节礼物，但不知选择哪款产品，留言给Elsa让其帮忙选择。

2. 操作步骤

（1）在收到订单留言之后，Elsa第一时间回复客户，将店内卖得最好的产品推荐给客户，并介绍产品的材质、卖点等，让客户对其产生兴趣。

（2）当客户没有及时回复站内信和订单留言时，Elsa采用WhatsApp与客户联系，方便沟通。

（3）在包装货物的时候Elsa注意到俄罗斯的风俗习惯，因为是作为礼物，所以不能触碰俄罗斯人的禁忌。

（4）在将货物发出之后，Elsa也将物流单号发给了客户，让客户实时了解包裹的状态。

3. 案例总结

在本案例中，客户想要将产品作为圣诞节礼物，虽然对方没有在包装上提出要求，但是Elsa结合当地的风俗习惯，避讳俄罗斯客户的禁忌，这一做法更好地提升了客户的购物体验。同时，由于存在时差，客户回复不及时，Elsa采用WhatsApp等聊天软件与客户沟通，保证了消息的及时性。在本案例中，客服人员与客户的沟通方式及处理问题的方式可以体现客服人员的专业和职业素养。

知识拓展

跨境电商客服的问题

在环境迅速变化的今天，产品经济时代正在向服务经济时代过渡，企业逐步从以"产品为导向"的思维向"以客户为导向"的思维转变。目前，企业越来越重视客服工作，许多跨境电商企业逐渐开始在客服工作中使用一些高科技手段。然而，跨境电商客服中依然存在很多问题，主要表现为以下三点。

1. 客服技巧有待提升

通常情况下，客户提出的问题有一定的相似性，部分客服人员解决问题的办法和途径显得千篇一律，只是复制粘贴提前准备好的话术，却忽视了客服人员作为与客户沟通的直接桥梁的作用。如果客服人员的素质得不到提升，跨境电商企业的客服工作就无法做好。在客服人员的总体素质方面，大多数客服人员没有经过正规培训和系统训练，理论知识相对缺乏，不清楚什么是真正的客户关系管理和服务，也不知道如何为客户提供更好的服务。另外，有些客服人员的管理能力有限，管理基本采取传统的简单方式，甚至采用需要大量烦琐的手工处理、效率低下的服务模式来运作业务。除了客服人员，很多企业在跨境电商工作中也存在一些问题，如企业决策者只能凭感觉处理问题。互联网时代的服务已经有了新的内涵和外延，简单的表面服务迈向了深度服务，服务由被动转为主动，这就需要企业重新认识服务的新思维，认识到传统的服务技巧已经不能适应新的服务要求。因此，提升企业的客服技巧，对客服人员进行职业培训，提高他们的职业能力势在必行。

2. 客服效率低下

跨境电商企业不同部门之间的联系脱节、不连贯，企业员工之间不能协同处理服务工作，缺乏沟通机制，导致客服效率低下的情况普遍存在，这就导致客户也不能方便、及时地获得企业的支持和关注。例如，客服部门和维修部门是一对矛盾体，客户购买的产品坏了需要维修，客户在联系时非常着急，客服人员可能也着急，想尽早帮客户修好，但产品到了维修部门还需要排队。客服部门与维修部门之间的协调和沟通不畅，导致客户投诉不断增多。有时候还涉及财务部门、管理部门与客服部门之间的协调问题。

3. 客服人员普遍缺乏服务意识和敬业精神

很多客服人员并没有站在客户的立场思考问题，而是站在自己或企业的角度思考问题。当客户投诉时，得到的回答通常是需要先分清楚是谁的错，再谈问题。这种客服人员缺乏服务意识和敬业精神的情况，在很多企业中都普遍存在。

跨境电商客服的发展趋势

随着高新技术的迅速发展，客户对服务的需求日益多样化，跨境电商客服领域也出现了一些新趋势。

1. 客服科技化

客服人员与客户之间的互动和沟通，日益明显地依赖于高科技手段。因为企业的客户太多了，同时为几万人提供服务，没有高科技手段是不可能实现的。

2. 客服柔性化

随着服务经营环境的迅速变化和竞争态势的日趋激烈，对服务柔性问题的研究开始引起人们的关注。专家普遍认为成功的服务需要动态地适应客户的需求特征和数量变化，适应的程度如何就看在服务运作中融入的柔性有多少。传统的服务模式更多地是把客户当作一类人、一个群体和一个细分市场，但在客户需求日益多样化的今天，需要把客户看作独立的需求个体。同时，靠质量、价格和客户满意度的传统服务战略也需要变革，以更加突出不同层次的客户价值，从客户组织内部寻求企业的竞争优势。突出客户价值和开发企业竞争优势的最有效方法之一，就是以更快捷的客户回应满足客户的需求，这是在服务领域导入柔性概念的基本出发点。

由于服务具有无形性、不稳定性，以及由无形属性引发的各种独特属性，因此在客服人员服务客户的过程中，不论是客户还是客服人员都会因时、因地、因人而对同一服务产生不同的感受，这会直接影响客户对服务质量的感知和满意程度，进而影响客户价值的创造程度，甚至影响企业对竞争优势的维持。如果能在服务过程中进行有效的柔性能力塑造和柔性能力安排，则可以获得良好的效果。

3. 客服亲情化

随着科学技术和企业管理水平的不断提高，企业产品的质量、价格、种类等竞争优势已不再明显，经济的不断发展使客户的购买能力不断增强，而且客户正从单纯追求物质消费到更看重物质消费以外的附加消费及心理感受转变。这一变化使服务因素逐渐取代产品质量和价格而成为市场竞争的新焦点，其中亲情化是服务因素中非常重要的一点。亲情化的核心是服务的个性化和精确化，是指以无限的热情，深入洞察和准确把握客户的个性化需求，精确而又恰当地调动其购买和更新产品的意愿，通过提供满意的服务来实现企业的营销目标。亲情化服务有如下特点。

（1）服务的立足点是实现企业与客户心理的接近，并把客户利益放在首位。亲情化是经营哲学领域使客户满意的具体体现，要求通过提供特色的服务缩短企业与客户之间在时间、空间特别是心理上的距离。

（2）凸显服务的精确性和个性化。企业通过建立具有反馈职能的信息管理系统等多种渠道，不断了解和认识客户的需求，针对客户的需求差异，及时准确地介入，以满足客户的不同需求。比如，通过建立"客户意见系统"，对客户的意见和需求进行量化，针对客户的个性特点和特殊偏好，开发特殊的产品或服务，以满足客户的需求。

（3）更注重情感服务，讲究服务的艺术性。亲情化服务离不开企业的一般业务服务，但它更注重对客户的人格尊重，以及客户的精神愉悦和美感享受的需要，讲究服务的技巧，把握服务的时机，把情感服务贯穿于服务过程的始终。

课后习题

一、多选题

1. 对企业来讲，广义上的客户可大致分为（　　）。
   A. 消费客户　　　　B. 中间客户　　　　C. 公利客户　　　　D. 终端客户

2. 根据客户与企业的关系，可以将跨境电商客户分为（　　）。
   A. B2C 型客户　　　B. B2B 型客户　　　C. 分销商　　　　　D. 代销商

3. 跨境电商客户关系的特征有（　　）。
   A. 多样性　　　　　B. 差异性　　　　　C. 持续性　　　　　D. 竞争性
   E. 双赢性

4. 跨境电商客户关系的影响因素包括（　　）。
   A. 跨境电商客户自身因素　　　　　　　B. 社会环境因素
   C. 自然环境因素　　　　　　　　　　　D. 竞争性因素
   E. 购买体验

5. 跨境电商客户关系管理的内容包括（　　）。
   A. 跨境电商客户识别　　　　　　　　　B. 跨境电商客户关系建立
   C. 跨境电商客户维持　　　　　　　　　D. 跨境电商客户价值扩展

6. 以下哪些属于跨境电商客服管理岗位的工作范畴（　　）？
   A. 帮助客户了解产品信息　　　　　　　B. 促进销售
   C. 核对订单信息　　　　　　　　　　　D. 解决售后问题
   E. 关注客户评价，做好客户维护

7. 跨境电商的售后需要做到（　　）。

  A．及时与客户沟通   B．做好产品质量、货运质量

  C．适时告知客户物流状态   D．主动化解纠纷

8. 跨境电商客服人员在服务客户及管理客户的过程中，应该（　　）。

  A．实事求是   B．服务态度礼貌

  C．服务语言正确专业   D．分类分级管理客户

9. 跨境电商客服人员所需具备的技能素质包括（　　）。

  A．熟悉产品和市场   B．熟悉跨境电商平台和业务知识

  C．具备积极灵活的服务能力   D．具备良好的语言沟通能力

10. 你认为一名合格的跨境电商客服人员应具备以下哪些技能（　　）？

  A．具备专业的行业和产品知识

  B．了解跨境电商平台的相关交易规则

  C．透彻掌握跨境电商整个行业及各个岗位的工作流程

  D．具备处理问题时妥善控制损失的能力

  E．具备发现潜在大客户的敏锐性

  F．具备及时发现问题并向上反映的能力

二、判断题

1. 从现代经济学的意义上讲，只有购买了企业产品或服务的人才可称为客户。
（　　）

2. 在客户关系管理中，客户一般指最终客户，也称终端客户，包括消费者和商用客户。
（　　）

3. 根据产品流转状态，在跨境电商中，只有最终客户才是客户。（　　）

4. 客户关系最常见的定义是，企业为达到其经营目的，主动与客户建立起的某种联系。
（　　）

5. 跨境电商企业对跨境电商客户关系进行管理的趋势，应当朝着为跨境电商客户提供满意服务，并提高产品的边际利润水平的方向。（　　）

6. 跨境电商企业与跨境电商客户之间的关系是固定不变的。（　　）

7. 跨境电商企业必须及时掌握跨境电商客户的动态，有针对性地采取措施管理跨境电商客户关系。（　　）

8. 跨境电商客户关系管理是指跨境电商企业为了提高核心竞争力，实现快速增长，占据主导地位等而确定的以跨境电商客户为中心的发展战略，并在此基础上展开的包括判断、选择、争取、发展和保持跨境电商客户所需的整个商业过程。（　　）

9. 跨境电商客服人员只需要处理售后问题即可。（　　）

10. 为了让客户在服务中感觉到被尊重，跨境电商客服人员可以做出难以兑现的承诺。（　　）

三、简答题

1. 什么是跨境电商客户关系管理？
2. 跨境电商客户关系管理的原则有哪些？
3. 跨境电商企业进行跨境电商客户关系管理有哪些作用？
4. 你认为作为一名跨境电商客服人员，应具备哪些综合素质？

四、实践操作题

2023年1月2日，一位法国客户Sally在速卖通平台的某跨境电商店铺中下单购买了50件运动衫。经过15天的等待，客户依然没收到货物。若货物长时间在途，且在预期时间内未到达客户所在国家，则容易引起客户的不满。此时，跨境电商客服人员需要主动与客户联系。请以跨境电商客服人员的身份给Sally写一封邮件，以增强客户对卖家的信心，使其继续耐心等待。

操作要点

操作1. 感谢客户对店铺的信任，下单购买50件运动衫。
_____
_____

操作2. 告知客户由于运输旺季，货物依然在途。
_____
_____

操作3. 表达希望客户耐心等待。
_____
_____

操作 4．告知客户将延长收货时间。
_____
_____

操作 5．告知客户若未能收到货物，将重新补发或全款退回。
_____
_____

操作 6．告知客户若有什么问题，可随时联系，并再次感谢客户的购买。
_____
_____

任务评价

评价项目	评价内容	评价（5分制）	
		自我评价	小组评价
知识与技能	完成课前预习与课后复习		
	积极参与教学活动，全勤		
	理解、掌握核心概念		
	主动学习，拓展知识		
	完成项目任务		
思政与素质	自主学习能力		
	团队合作能力		
	创新能力		
	责任意识		
	敬业精神		
平均分			
教师总评			

项目二

跨境电商客户分类与开发

📖 **知识目标**

1. 熟悉客户分类的内涵、意义与方法。
2. 掌握客户价值、客户生命周期、RFM 模型等理论知识。
3. 熟悉跨境电商客户开发步骤与策略。

📖 **能力目标**

1. 能深刻理解客户分类的意义。
2. 能根据 RFM 模型对客户进行分类。
3. 能针对不同客户制定合理的客户管理策略。
4. 能熟练应用搜索引擎、社交媒体等工具进行客户开发。
5. 能进行有效的人际沟通和协作。

📖 **思政小课堂**

当下的时代，是信息化的时代，是数据化的时代，人们在享受数据带来的便利的同时，也有个别不法分子随意收集、违法获取、过度使用、非法买卖个人信息，利用个人信息侵扰人民群众的生活安宁，危害人民群众的生命健康和财产安全。我国已在一定程度上形成了由法律、法规、规章及规范性文件等组成的多层次、多领域、结构复杂的个人信息保护法律体系。2021 年 8 月 20 日，《中华人民共和国个人信息保护法》经十三届全国人大常委会第三十次会议表决通过，于 2021 年 11 月 1 日起施行。《中华人民共和国个人信息保护法》共八章七十四条，它坚持和贯彻以人民为中心的法治理念，牢牢把握保护人民群众个人信息权益的立法定位，聚焦个人信息保护领域的突出问题和人民群众的重大关切，全方位构筑个人信息"保护网",最大限度地保护公民的个人信息权益。跨境电商从业人员要守牢网络安全道德底线,在任何国家与地区、任何时间都要遵守职业操守,切实做到保护客户隐私。

项目导学

客户是决定企业命脉的重要资源,客户信息是企业重要且极其珍贵的资源,是企业赖以生存和发展的基础。因此,客户信息的收集和利用是企业发展不可或缺的重要环节。跨境电商企业需要对跨境电商客户的信息进行梳理、归类,只有这样才能有效利用所收集的客户信息,挖掘客户价值,进而有针对性地、精准地进行营销。本项目主要介绍跨境电商客户分类、跨境电商客户分类管理和跨境电商客户开发。

任务一 跨境电商客户分类

情景导入

职场新人 Elsa 刚入职宁波小薇云集电子商务有限公司,主要负责店铺的客户服务与管理工作。领导交给她的第一项任务是通过后台了解该店铺的主要客户群体,根据客户的客观属性整理出客户分类目录,为后续客户分类管理与客户开发提供依据。

项目任务书

1. 认识客户分类。
2. 收集、整理跨境电商客户信息。

任务实施

一、认识客户分类

1. 学习客户分类相关概念,了解客户分类的方法。
2. 根据所学知识,完成表 2-1。

表 2-1 客户分类方法

序号	客户分类的方法	具体分类
1	按(　　)分类	可分为:
2	按(　　)分类	可分为:
3	按(　　)分类	可分为:

项目二 跨境电商客户分类与开发　37

二、收集、整理跨境电商客户信息

1. 了解跨境电商客户信息收集的渠道。

2. 熟悉跨境电商店铺的功能，收集客户属性、客户行为等关键信息。

3. 根据店铺发展需要选择合适的客户分类依据，分析收集到的客户信息，并完成表 2-2、表 2-3、表 2-4。

表 2-2　店铺客户分类整理表（1）

客户分类依据	类目	具体分类	客户数量	备注
按客户所属地区分类	北美洲	美国		
		加拿大		
		墨西哥		
	欧洲	英国		
		法国		
		德国		
		意大利		
		西班牙		
	亚洲	日本		
		印度		
		土耳其		
	其他			

表 2-3　店铺客户分类整理表（2）

客户分类依据	类目	具体分类	客户数量	备注
按客户生命周期分类	考察期			
	成长期			
	稳定期			
	退化期			

表 2-4　店铺客户分类整理表（3）

客户分类依据	类目	具体分类	客户数量	备注
其他				

知识模块

跨境电商平台给了企业"与全世界做生意"的可能，但并非所有的企业都有这个实力或有必要与全世界做生意。对企业而言，企业利润的大部分往往来自少量的重要客户，而其余客户对企业来说是微利的，甚至是无利可图的。因此，对跨境电商企业来说，当面对全球海量客户时，找到自己的重要客户，集中资源，发挥优势，服务好重要客户，是实现企业可持续发展的一种重要途径。这就要求企业进行客户分类，并以此为基础开展客户分类管理与开发工作。

一、客户分类的内涵与意义

1. 客户细分

客户细分是指根据客户属性划分客户集合，客户属性有社会属性、行为属性和价值属性等。客户细分既是客户关系管理的重要理论组成，又是其重要管理工具。它是分门别类研究客户，进行有效客户评估，合理分配服务资源，成功实施客户策略的基本原则之一。

19 世纪末 20 世纪初，意大利经济学家帕累托提出了二八法则，这一法则在经济和社会生活中得到了广泛的应用。帕累托指出，对企业而言，企业利润的 80% 来自 20% 的重要客户，而其余 80% 的客户对企业来说是微利的，甚至是无利可图的，因此不同的客户能为企业提供的价值是不同的。20 世纪 50 年代中期，美国学者温德尔·史密斯提出了客户细分理论，他的观点如下。

（1）客户需求具有异质性

并非所有客户的需求均相同，只要存在两个之上的客户，需求就会不同。由于客户需求、欲望及购买行为是多元的，所以客户需求满足呈现差异。

（2）企业有限的资源和有效的市场竞争

任何一家企业都不能单凭自己的人力、财力和物力来满足整个市场的所有需求，这不仅源于企业自身条件的限制，而且从经济效应方面来看也是无法实现的。因此，企业应该分辨出最具吸引力的细分市场，集中企业的资源，制定科学的竞争策略，以取得竞争优势。

对跨境电商企业来说，客户分类意味着掌握企业的重要客户分布在哪些地区、其年龄是多少、职业是什么，哪些客户是对企业最有价值的客户，哪些客户容易流失。只有这样，企业才能利用有限的资源，集中优势提供精准的服务，从而实现收益最大化。

2. 客户分类的意义

（1）有利于企业合理分配资源

企业的资源是有限的，跨境电商企业也不例外。如果将有限的资源平均分配给全球客户，那将导致企业成本增加、利润降低、战线拉长、效益下降。在现实中，想要做到为所有地区、所有类型的客户提供相同服务的跨境电商企业，必然会遇到经营困难。即便大型跨国企业，也往往只会为最重要的客户提供最优质的服务。

（2）有利于企业提供个性化产品或服务

对跨境电商企业来说，当有机会进入全球市场，面对全球客户时，就会发现世界各地客户的需求差异如此之大。以身体乳这一产品为例，东南亚地区的女性偏好美白、防晒类产品，欧美地区的女性则偏好美黑、保湿类产品。如果企业将同一款身体乳不加区别地销往全球不同国家，那效果可想而知。因此，对客户进行有效分类，聚焦企业目标客户的需求，可以为企业的新产品开发提供选品方向，为不同的客户提供个性化服务。

（3）有利于企业精准开发新客户

跨境电商企业通过老客户分析，完成客户分类后，可以进一步了解自己的客户在哪里，他们通过哪些渠道了解企业，从而帮助企业掌握开发新客户的方向。同时，企业通过客户分类，可以更清楚某一分类下的客户需求，实现在新客户开发过程中直击客户痛点的目标。对企业来说，"全球撒网"式开发新客户效率低、成本高，"有的放矢"型开发新客户效率高、成本低。

二、客户分类的方法

面对形形色色的客户，不同行业的企业、不同发展阶段的企业会有不同的战略发展目标，因此在进行客户分类时，企业可以根据自身发展的需要，识别客户、细分客户。通常，企业可以根据客户的社会属性、行为属性和价值属性对客户进行分类。简单的客户分类可以按性别将客户分为男性客户、女性客户，按年龄将客户分为儿童客户、少年客户、青年客户、中年客户、老年客户。以下重点介绍按客户价值分类、按客户生命周期分类、按客户忠诚度分类三种方法。

1. 按客户价值分类

首先我们来认识一下什么是客户价值。关于客户价值，不同的学者有不一样的解读，目前主要有三种不同的解读：一是企业为客户提供的价值，即从客户的角度来感知企业提供的产品或服务的价值；二是客户为企业提供的价值，即从企业的角度出发，根据客户的消费行为和消费特征等变量预测客户能够为企业创造的价值；三是企业和客户互为价值感受主体与价值感受客体的客户价值研究，也称客户价值交换研究。

按客户价值分类是指根据客户为企业提供的价值对客户进行分类，即从企业的角度出发，根据客户的消费行为和消费特征等变量预测客户能够为企业创造的价值，并对其进行聚合分类。该客户价值衡量了客户对企业的相对重要性，是企业进行差异化决策的重要标准。这里我们使用第二种客户价值的含义，即将客户为企业提供的价值作为分类依据。

根据客户可以提供的价值，可将客户划分为灯塔型客户、跟随型客户、理性客户和逐利客户。其特征、对企业的价值、企业策略如表2-5所示。

（1）灯塔型客户

灯塔型客户是指具有某一典型的基本特征的客户，如对新事物和新技术非常敏感，喜欢新的尝试，对价格不敏感等，是潮流的领先者。这类客户多在产品介绍期就会首次购买，还会积极鼓动他人购买，并为企业提供指导经验，从而提升企业与其交易的欲望。

（2）跟随型客户

跟随型客户是真正的感性消费者，他们比较在意产品带给自己的心理满足和情感特征，对价格不一定敏感，但十分注重产品的品牌形象。

（3）理性客户

理性客户在购买产品时比较谨慎，他们相信自己的判断，会从多个方面进行比较，不完全依赖于某一品牌，对产品的质量、价格较为敏感。因此，这类客户不具备交易价值，只能为企业提供购买价值和口碑价值。

（4）逐利客户

逐利客户对价格较为敏感，一般会在某款产品的价格有明显优势时选择购买，或者在产品成熟后期或退化期，价格下降到期望的最低值时，才会首次购买。因此，这类客户只能为企业提供最基本的购买价值和信息价值。

表2-5 客户价值分类

客户类型	特征	对企业的价值	企业策略
灯塔型客户	积极参与 对新事物和新技术敏感 对价格不敏感	传播、参与 鼓动他人购买	支持、鼓励、引导 在产品导入期重点关注
跟随型客户	感性消费者	提供销量	做好品牌建设 满足其心理或情感需求
理性客户	关注性价比 对产品的质量、价格敏感	购买价值 口碑价值	走量,做好产品性价比
逐利客户	"谁便宜我买谁" 对价格敏感	购买价值 信息价值	降低生产成本

案例分析

橙色星期五——小米的前100位用户

MIUI是小米真正意义上的第一款产品,也是小米第一次对用户参与感的尝试。MIUI将产品的最初用户群定位为技术发烧友群体,为了让用户更好、更扁平高效地反馈问题,MIUI摒弃了传统客服先接触用户,收集反馈,公司内部再沟通这种链条比较长的方式,而是所有工程师、产品经理、运营人员、设计师全员"泡"论坛,用户在论坛反馈,工程师和产品经理在论坛即时答复,及时处理,并由此开创了"橙色星期五"的互联网开发模式。即在每周周五,MIUI团队会在技术论坛与用户互动,获取他们的反馈,并在系统每周迭代时反馈。

参与反馈的用户作为MIUI的第一批用户,不仅能在第一时间体验最新的系统,并且因为自己的反馈被很快回复并吸纳应用,所以这些种子用户的参与热情持续高涨,并有极高的意愿向身边好友推荐这款自己参与设计了的MIUI产品。很快,MIUI就获得了100位用户,为了扩大口碑,小米公司还为最早参与测试的100位用户拍摄了微电影《100个梦想的赞助商》。由此,MIUI收获了口碑和用户双增长,好口碑带来了更多的用户,只用了一年多的时间,MIUI就从零做到了第一个"一百万",并为后来小米手机的发布打下火爆的用户基础。

资料来源:根据《参与感:小米口碑营销内部手册》(黎万强)整理

2. 按客户生命周期分类

作为企业的重要资源，客户与产品一样具有价值和生命周期。客户生命周期理论也称客户关系生命周期理论，是指从企业与客户建立业务关系到完全终止关系的全过程，是客户关系水平随时间变化的发展轨迹。它动态地描述了客户关系在不同阶段的总体特征。客户生命周期可分为考察期、成长期、稳定期和退化期四个阶段。在跨境电商运营中，客户的生命周期可以理解为客户从发现店铺到喜欢店铺到客户流失的整个过程。

（1）考察期

考察期是客户和企业产生联系的孕育期，是双方关系的探索阶段。在此阶段，对客户来说店铺（企业）还相对陌生，客户会偶尔来到这家店铺浏览产品，尝试与客服人员交流并建立联系。此阶段的客户对企业产生的价值较小，而企业已经开始产生客户关系投入成本，但处于该阶段的客户已有可挖掘之处，因为所有成熟度高的客户都是从考察期升级的。

（2）成长期

在成长期，客户开始对企业或产品产生好感。处于该阶段的客户，与企业的关系发展迅速。进入这一阶段，表明双方已经在考察期建立了一定的信任。添加收藏、尝试下单等客户行为是这个阶段的重要特点，此时客户已经开始为企业贡献价值，企业需要进一步融洽与客户的关系，从而坚定客户下单的信心，并进一步提高客户的满意度、忠诚度，以实现企业盈利。

（3）稳定期

稳定期是双方关系发展的最佳阶段且客户贡献的价值最大。在这一阶段，双方关系处于一种相对稳定的状态，对对方提供的价值高度满意。该阶段客户的典型行为包括高频率购买、推荐给他人等。处于这一阶段的企业，其客户交易量处于较高的盈利时期。

（4）退化期

在退化期，双方关系进展到逆转阶段。当然，客户不一定会先经历全部阶段再进入退化期，在任何一个阶段，客户都有可能直接跳入退化期。引起关系退化的原因有很多，如客户的需求发生变化、经历了一些不满意的事情等。退化期的主要特征为交易量下降，客户流失。当客户与企业的交易量逐渐下降或急剧下降，而客户自身的总交易量并未下降时，说明客户已进入退化期。此时，企业有两种选择：一是加大对客户的投入，重新恢复与客户的关系；二是不再做过多的投入，逐渐放弃这些客户，直至客户生命周期完全终止。此时，企业有少许成本支出而无收益。

判断客户生命周期的方法有很多，既有简单易用的也有精细复杂的，不同企业的客户生命周期判断模型也不同，需要根据业务不断调整与校验。但是所有关注客户生命周期的企业的目标都是统一的，就是针对不同阶段的客户采取不同的营销策略，从而提高客户生命周期内产生的总价值，以便提高企业利润。

知识拓展

产品生命周期

产品生命周期（Product Life Cycle），也称商品生命周期，是指产品从准备进入市场开始到被淘汰退出市场为止的全部运动过程，由需求与技术的生产周期所决定。产品生命周期是产品在市场运动中的经济寿命，是在市场流通过程中，由于用户的需求变化及影响市场的其他因素变化所造成的产品由盛转衰的周期。

典型的产品生命周期一般可分为四个阶段，即进入期、成长期、饱和期和衰退期。

1. 进入期

新产品投入市场，便进入进入期。此时，用户对产品还不了解，只有少数追求新奇的用户可能购买，产品销量很低。为了扩展销路，需要投入高昂的促销费用，对产品进行宣传。在这一阶段，由于技术方面的原因，产品不能大批量生产，因而生产成本高，销售额增长缓慢，企业不但得不到利润，反而可能亏损，产品也有待进一步完善。

2. 成长期

这时，用户对产品已经熟悉，大量的新用户开始购买产品，产品的市场逐步扩大。在这一阶段，产品大批量生产，生产成本相对降低，企业的销售额迅速增长，利润也迅速增长。竞争者看到有利可图，将纷纷进入市场参与竞争，使同类产品的供给量增加，价格随之下降。此时，企业的利润增长速度逐步放缓，最后达到生命周期利润的最高点。

3. 饱和期

市场需求趋向饱和，潜在的用户已经很少，销售额增长缓慢直至转而下降，标志着产品进入饱和期。在这一阶段，竞争逐渐加剧，产品价格降低，促销费用增加，企业利润下降。

4. 衰退期

随着科学技术的发展，新产品或新的代用品出现，将使用户的消费习惯发生变化，转向其他产品，从而使原来产品的销售额和利润额迅速下降。于是，产品进入衰退期。

近现代很多优秀的企业认为上述生命周期并不能完全概括产品生命周期。于是，在产品管理概念的基础上又把产品生命周期概括为产品战略、产品市场、产品需求、产品规划、产品开发、产品上市、产品退市七个部分。

3. 按客户忠诚度分类

根据客户对企业的忠诚度不同，可将客户划分为忠诚客户、老客户、新客户和潜在客户。

（1）忠诚客户

忠诚客户是指对企业的产品有全面深刻的了解，对企业及其产品有高度的信任感和消费偏好，并与企业保持长期稳定关系的客户。

（2）老客户

老客户是指与企业有较长时间交易关系的客户，他们对企业的产品有深入了解。维护老客户对企业来说非常重要，因为开发一个新客户所花的时间要比维护一个老客户所花的时间长很多。

（3）新客户

新客户是指对企业的产品还不够了解，刚开始与企业有交易往来的客户。

（4）潜在客户

潜在客户是指对企业的产品有需求，但目前尚未与企业交易的客户。

三、跨境电商客户信息收集

1. 明确跨境电商客户信息收集的内容

一般情况下，企业收集的客户信息包括客户静态资料和动态行为资料两大类。鉴于当前主流跨境电商业务包含 B2B 与 B2C 两大类，因此我们把客户资料分为个人客户资料与企业客户资料两大类，具体信息如表 2-6、表 2-7 所示。

表 2-6　个人客户资料

类型	内容
基础资料	包括姓名、年龄、性别；住址、电话及传真、手机号码、电子邮箱；公司地址等
客户特征	包括生日、兴趣爱好、受教育情况、家庭情况、健康状况、个性特征等
行为特征	包括消费频率、消费金额、消费偏好等

表 2-7　企业客户资料

类型	内容
基础资料	客户最基本的原始资料，包括企业客户所有者、经营管理者、法人代表的名称、地址、电话等
客户特征	包括企业客户规模、经营业务、信用状况，以及与本企业的业务关系等
财务信息	包括账户类型、第一次与最近一次的订货日期、平均订货价值及供货余额、平均付款期限等
行为特征	一般包括回应的类型（订货，询问，对调查活动、特价品、活动的反应等）、回应的频率、回应的价值、回应的方式（电话、传真、电子邮件等），以及发生纠纷的原因、延迟交货或付款的原因、产品残次的详细资料等

项目二　跨境电商客户分类与开发

2. 选择跨境电商客户信息收集的渠道

针对不同的客户，信息收集的渠道有所不同。对跨境电商企业来说，可以采用以下几种方式来收集客户信息。

（1）通过店铺后台收集客户信息

在跨境电商平台上，通过店铺后台可以查看最基本的客户资料，如手机号码、电子邮箱、地址等信息，但更多的客户资料，如生日、兴趣爱好等信息需要客服人员在与客户聊天的过程中不断地收集和整理。

以速卖通平台为例，企业可以通过订单批量导出客户信息，包括买家邮箱、订单金额、产品信息、收货地址、联系电话等。收集路径如下：速卖通后台→交易→订单管理→订单批量导出→设置需要导出的订单条件。需注意，订单导出时段只支持3个月，若需要3个月以上的数据，则需要分批导出。在速卖通平台上，还可以通过营销活动页面收集客户行为信息，包括首访时间、浏览量、添加收藏次数、添加购物车次数、下单次数、下单金额等。收集路径如下：数据纵横→实时营销。

（2）通过企业客户关系管理系统收集客户信息

一些大型企业已经开发了包含客户源、潜在客户和客户信息的交互式数据库，还有一些处于发展阶段的企业会利用包含人工智能和统计工具的数据挖掘系统，从数据库的大量数据中搜寻有价值的信息。

（3）通过参加国际展会收集客户信息

每年，全球各地都会举办各行各业的展会，覆盖汽车配件、电子通信技术、五金建材安防、工业机械能源、美容医疗保健、轻工消费品、纺织服饰及食品饮料等各大行业。企业可以通过参加展会或登录展会官方网站来获得国内外展商的名录及联系方式。

目前，中国最具影响力的国际展会包括以下五种。

①广交会

广交会全名为中国进出口商品交易会，创办于1957年春季，每年春秋两季在广州举办，由商务部和广东省人民政府联合主办，由中国对外贸易中心承办。广交会是中国目前历史最长、层次最高、规模最大、商品种类最全、到会采购商最多且分布国别地区最广、成交效果最好的综合性国际贸易盛会。自2007年4月第101届起，广交会由中国出口商品交易会更名为中国进出口商品交易会，由单一出口平台变为进出口双向交易平台。

②高交会

高交会全名为中国国际高新技术成果交易会，是经国务院批准举办的高新技术成果展示与交易的专业展会。高交会由多家政府部门、科研单位，以及深圳市人民政府共同主办，由深圳市中国国际高新技术成果交易中心承办，每年的11月16日至21日在深圳举行。

高交会有"中国科技第一展"之称，是中国规模最大、最具影响力的科技类展会。

③西博会

西博会全名为中国西部国际博览会，是中国西部地区最大的贸易展会。西博会是由中国西部地区共办、共享、共赢的国家级国际性盛会，是国家在西部地区的重要外交平台、贸易合作平台和投资促进平台，是实现"西部合作""东中西合作""中外合作"的重要载体，也是西部地区对外开放合作的重要窗口。

④珠海航展

珠海航展全名为中国国际航空航天博览会，是国内规模最大的航空航天界盛会。珠海航展由中央政府批准举办，是以实物展示、贸易洽谈、学术交流和飞行表演为主要特征的国际性专业航空航天博览会。

⑤南博会。

南博会全名为中国—南亚博览会。2012年10月30日，经国务院批准，南亚国家商品展正式升格为中国—南亚博览会。

（4）通过搜索引擎收集客户信息

搜索引擎是跨境电商企业海外推广的有效手段之一，也是搜索客户资料时很重要的一个工具。企业可以通过关键词、邮箱后缀、地图搜索等方法收集客户信息。

（5）通过参考资料收集客户信息

企业还可以利用一些通用的参考资料收集潜在客户信息。可供企业查阅的参考资料主要包括工商企业名录、统计资料、产品目录、工商管理部门公告、信息书报杂志、地方信息黄页、电话簿等。

任务二　跨境电商客户分类管理

情景导入

在宁波小薇云集电子商务有限公司的跨境电商客服专员Elsa完成客户分类目录后，领导对她提出了新的任务，需要Elsa在原有客户分类的基础上，针对不同价值的客户细化服务内容，设计出不同价值客户的管理重点。

项目任务书

1. 掌握基于RFM模型的客户价值分类。
2. 明确并管理店铺关键客户。

📖 任务实施

1. 熟悉跨境电商店铺的后台功能，收集最近一年内有关成交客户最近一次消费时间、消费频率、消费金额的信息，完成表 2-8。

表 2-8　关键客户筛选

客户名称	R 最近一次消费时间	R 值	F 最近一年内消费频率	F 值	M 最近一年内消费金额	M 值
客户 1						
客户 2						
客户 3						
客户 4						
客户 5						

2. 确定关键客户，分析关键客户的管理目标与服务策略，完成表 2-9。

表 2-9　关键客户的管理目标与服务策略

序号	关键客户名称	管理目标	服务策略
1			
2			
3			
4			
5			

知识模块

跨境电商企业在对客户进行分类管理的时候，通常会依据客户的价值属性对其进行分层，找出哪些客户更有价值，需要重点服务，哪些是潜在客户，客户的需求是什么。在进行有效分类后，企业应针对不同类别的客户制定差异化的服务策略，对高级别客户提供价值更高的服务，对低级别客户减少服务投入，以期达到对企业资源的最大化利用。

一、RFM 模型

RFM 模型来源于美国数据库营销研究所 Arthur Hughes 对企业用户的研究，是对用户的价值和消费能力进行分类的重要方法，被广泛应用于客户关系管理系统中。RFM 模型较为动态地展示了一个用户的全部轮廓，利用交易环节中核心的三个维度——最近一次消费时间、消费频率、消费金额，细分用户群体，如图 2-1 所示。通过 RFM 模型分析，企业可以对用户的价值进行合理的评估，定位最有可能成为企业忠诚用户的群体，把主要精力放在最有价值的用户身上。

Recency	最近一次消费时间	上一次消费离得越近，也就是 R 值越小，用户价值越高
Frequency	消费频率	消费频率越高，也就是 F 值越大，用户价值越高
Monetary	消费金额	消费金额越高，也就是 M 值越大，用户价值越高

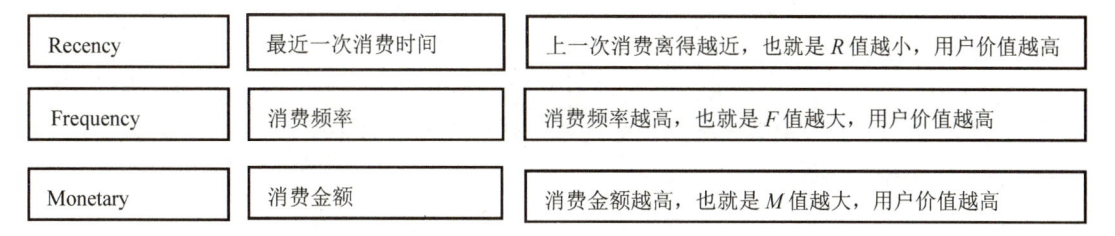

图 2-1　RFM 模型的维度

RFM 模型对应的三个特征构成了对用户数据进行分析的经典有效的指标。

R（Recency）：最近一次消费时间，表示用户最近一次消费日期距离现在的天数。从理论上说，最近一次消费时间越近的用户接触到即时营销活动的机会越多，故价值应该越高。

F（Frequency）：消费频率，表示用户最近一段时间消费的次数。通常来说，在平台上经常消费的用户，其满意度与忠诚度就越高，价值也就越高。

M（Monetary）：消费金额，表示用户最近一段时间消费的总金额。该指标可以用来验证二八法则，即企业 80% 的收入来自 20% 的用户，而这些用户的价值也应该越高。

我们把这三个指标按价值从小到大排序，并把这三个指标作为 X、Y、Z 坐标轴，就可以把空间分为八部分，这样就可以把客（用）户分为八类，如图 2-2 所示。

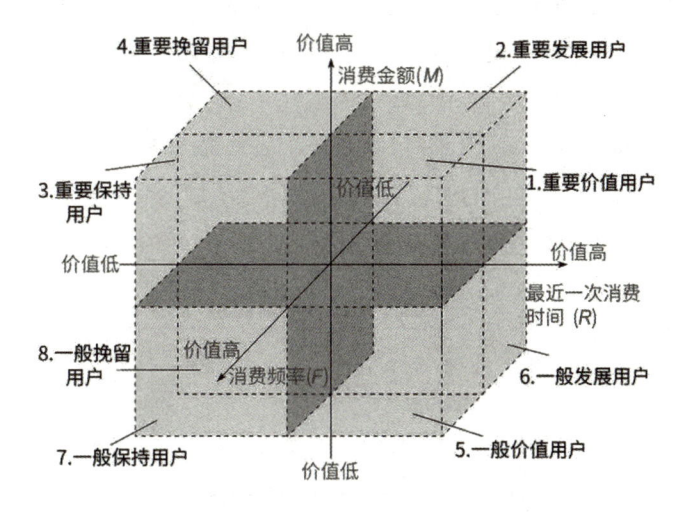

图 2-2　客（用）户价值

项目二　跨境电商客户分类与开发

> 案例分析

会员客户的 RFM 模型应用

1. 案例背景

ABC 公司运营着一家经营户外露营用品的跨境电商店铺，公司希望通过 RFM 模型分析客户价值，并实现客户分类。案例数据是该公司 2020 年的部分抽样数据，数据来源于销售系统，主要是客户订单记录。

2. RFM 分类步骤

一般情况下，我们分三步来完成一家店铺的 RFM 客户分类。

第一步，调取数据。选取最近一年的客户消费流水，并按客户汇总，计算得出表2-10。

表 2-10 客户消费信息汇总

客户编码	R 值/天	F 值/次	M 值/元
C001	30	1	500
C002	80	4	2000
C003	20	6	3500

第二步，确定标准。依据实际消费情况为店铺量身定制一套打分标准。这没有统一的固定标准，即使同一店铺在不同时间段，针对不同产品制定的标准也会有差异。每个维度都需要设定一个阈值，用来划分客户在该维度的价值。比如，R 值低于或等于阈值的设置为 1，高于阈值的设置为 0；F 值和 M 值高于或等于阈值的设置为 1，低于阈值的设置为 0，如表 2-11 所示。其中，R 值越小，客户价值越高；F 值和 M 值越大，客户价值越高。阈值可以使用中位数、平均数，或者根据行业标准与店铺实际情况设置符合自身情况的阈值。这里将 R 值的阈值设置为 50 天，将 F 值的阈值设置为 3 次，将 M 值的阈值设置为 1500 元。

表 2-11 维度价值打分

标准	R 值	F 值	M 值
高于阈值	0	1	1
低于阈值	1	0	0

注：表中没有列出"等于"的情况。

第三步，确定每个客户的 RFM 值并分类，如表 2-12 所示。

表 2-12　客户分类结果

客户编码	R 值评价	F 值评价	M 值评价	客户分类
C001	1	0	0	一般发展客（用）户
C002	0	1	1	重要保持客（用）户
C003	1	1	1	重要价值客（用）户

二、跨境电商金字塔客户分类管理

1. 客户分类

为进一步提高客户管理效率，企业可以对客户进行分类管理。本项目结合 RFM 模型，根据客户价值，塑造了"客户金字塔"模型，将客户分为关键客户、普通客户和小客户，如表 2-13 和图 2-3 所示。其中，为企业创造利润和价值最高的重要价值客户与重要发展客户位于"客户金字塔"模型的顶端，属于关键客户；为企业创造利润和价值最低的一般发展客户与一般挽留客户位于"客户金字塔"模型的底端，属于小客户；其余位于"客户金字塔"中段的为普通客户。

表 2-13　客户分类模型

客户分类	R（时间）	F（频率）	M（金额）	客户金字塔
重要价值客户	高	高	高	关键客户
重要发展客户	高	低	高	关键客户
重要保持客户	低	高	高	普通客户
重要挽留客户	低	低	高	普通客户
一般价值客户	高	高	低	普通客户
一般保持客户	低	高	低	普通客户
一般发展客户	高	低	低	小客户
一般挽留客户	低	低	低	小客户

注：由于这里讲的主要是"客户"，因此将表中的"用户"改为"客户"，以便理解。

项目二　跨境电商客户分类与开发

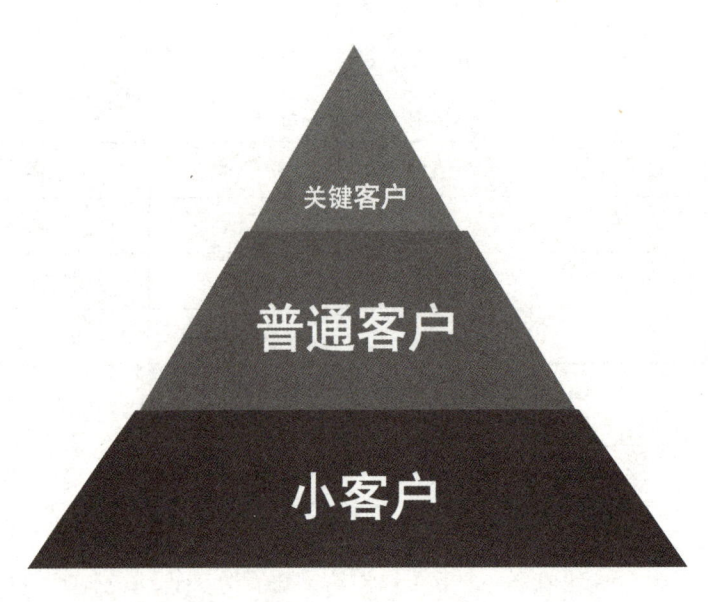

图2-3 客户金字塔

2. 跨境电商金字塔客户分类

（1）关键客户

关键客户由位于"客户金字塔"顶端的重要价值客户与重要发展客户组成，可以说是一家企业的核心客户群体，通常占企业客户总数的20%。就如前文所说的二八法则，这部分客户往往为企业贡献了总利润的80%，应成为企业重点维护的对象。

①重要价值客户

重要价值客户是指在"客户金字塔"顶端，仅占整个企业客户群体的1%，却能为企业带来最高价值的客户。

重要价值客户是跨境电商卖家产品的重度客户，对卖家及其产品有较高的忠诚度，是卖家客户资源中最稳定的一部分。这部分客户对产品价格的敏感度不高，对新产品有一定的好奇心，有兴趣试用且乐于帮卖家推荐产品，为卖家节省了开发新客户的成本。他们为卖家创造了绝大部分利润，并且能与卖家保持较好的长期合作关系，还有较大的增值潜力。他们有多次回购行为，而且只要卖家上架了新产品，他们常常是第一批关注并下单的客户，甚至不需要咨询客服人员。同时，他们热衷于在评论页面分享自己的使用心得、产品实物图等，并认真地留下好评，给后来者留下正面的参考信息。卖家拥有重要价值客户的数量决定了其在跨境电商平台上的竞争力。

②重要发展客户

在给企业带来最大价值的20%的客户中，除了重要价值客户，剩余的可列为重要发展客户。

重要发展客户对卖家产品的使用量通常较大，但相较于重要价值客户，他们对产品价格的敏感度会更高一些，因此为卖家创造的利润和价值没有重要价值客户那么高，而且他们会同时关注、购买、使用多家同类店铺的产品，如在购买发饰时，他们会固定在速卖通平台上的两三家饰品店里选择而不是执着于同一家店。所以，尽管他们也会积极地将自己喜欢的产品推荐给新客户，但他们对于卖家及其产品的忠诚度不如重要价值客户。这部分客户的购买行为更加理性，会对常购的几家店铺进行比较，选择性价比较高的一家下单；他们有一定的回购行为，在收货后也能及时地确认收货并同意放款，但购买频次较重要价值客户低；他们愿意留下带一定正面表述的好评，也会基于对常购店铺的信任，采取自主购买行为。对这类具有一定增值潜力的客户，卖家也应当投入充足的保障资金。

重要发展客户比较体谅卖家，在跨境电商交易中遇到一些不可抗力带来的交易问题时，能积极友好地与卖家沟通解决。因此，他们对卖家的市场战略具有重大影响，也能为卖家带来可观的利润。对于这部分客户的管理目标就是，尽一切可能维护这部分客户，与他们保持一种长期稳定的战略合作关系。

（2）普通客户

普通客户通常占企业客户总数的30%。普通客户的购买行为具有一定的偶然性，即只是偶然地进入店铺，偶然地产生购买行为，如受打折或优惠活动吸引。这部分客户多对产品有较为明确的需求导向，基本上是冲着产品而来的。因此，他们可能会与客服人员有一定程度上的交流，以进一步了解产品的相关信息。如果卖家在货物包裹中留下邀请留评的信息，他们在收货后就会留下好评。普通客户通常是较为理性的消费者，如遇物流延迟、货损等问题也会接受卖家的沟通、建议。这部分客户虽然在购买力、忠诚度及价值创造方面远不及关键客户，但数量较多，所以卖家即使不对其进行特殊对待，也应给予一定的重视，因为他们有可能发展成关键客户，进而为卖家带来可观的利润。卖家对于普通客户的管理应以增加其在店铺购买产品的频次为目的。

（3）小客户

小客户群体数量占客户群体总量的50%，在"客户金字塔"中位于底端。这部分客户的总购买量不多，忠诚度也较低。在为跨境电商卖家贡献价值较低的小客户中，有近40%的客户可能仅购买一次。在购买前由于对店铺与卖家不了解，因此他们常需要与客服人员进行较长时间的沟通，其咨询次数多、下单慢，并且一般不会在收货后第一时间进入平台确认收货及同意放款，卖家通常要等平台放款规则时限到期时才能收到款项。这部分客户未必会主动为产品留下好评，常是一次交易结束后就消失，再也联系不上；遇到物流延迟、货损等问题时会比较着急、焦虑，出于对卖家的不信任，可能会直接向平台申诉，也会要求一定程度上的赔偿。卖家对这类贡献度较低的客户不需要进行特殊的关照。

3. 跨境电商金字塔客户分类管理的方法

（1）关键客户的管理

关键客户创造了卖家近80%的利润，是店铺发展的基石，这部分客户的维护效果对整个店铺的经营业绩起到决定性作用。由于这类客户乐于试用新产品，对价格的敏感度低并能积极地进行产品推荐，故往往是众多卖家争抢的对象，其他卖家可能会以更优惠的条件吸引这部分优质客户。所以，卖家应将关键客户的维护工作当成一场持久战，认真维系与关键客户的良好关系。同时，关键客户与店铺之间的关系是动态的，即现在的重要价值客户有可能因为其自身原因或店铺原因而流失，现在的重要发展客户可能会成长为新的重要价值客户。同样地，现在的普通客户也有机会发展为关键客户。因此，卖家应对关键客户的动向做出及时反应，不仅要避免现有关键客户的流失，还要对新成长的关键客户进行积极维护。

①设立专门的服务团队

对小卖家来说，关键客户群体的总人数有限，由店铺负责人亲自处理与这些客户的关系也并无不可。但如果是跨境电商平台上的大卖家，这种做法势必会分散管理层的精力。因此，一些传统外贸企业管理者一般选择给特别重要的关键客户每人安排一位客户经理，以长期予以关注、沟通与服务，给其他关键客户每几人安排一位客户经理。对跨境电商卖家来说，其客户群体分散，个体数量庞大，因此需要设立一支专门为关键客户服务的团队，使整个店铺的关键客户管理规范化、标准化。

②整合资源，重点服务

既然20%的关键客户能为店铺带来80%的利润，那么应向这部分客户投入80%的服务资源，因为关键客户对店铺的价值贡献最大，所以他们也会对服务有更高的要求。如果卖家心安理得地享受关键客户带来的利润却不对其进行特殊关照，那么关键客户可能会产生不满情绪，进而造成客户流失。有些卖家选择将直截了当的价格优惠作为对关键客户贡献的奖励，但这并不完全适用于所有关键客户，也有部分关键客户除价格优惠外更重视卖家为其提供的超值服务。例如，银行会设置贵宾服务窗口，机场会设置贵宾休息室与服务通道，酒店会安排贵宾服务区等，这些服务都会使关键客户产生一种优越感。

③保持密切联系，加强情感交流

跨境电商卖家应加强与关键客户的沟通和交流，让关键客户感受到卖家对他们的重视，体会到自身价值的升华。与关键客户进行定期沟通非常重要，无论是通过社交网络平台、跨境电商平台站内信，还是通过邮件或电话。卖家应针对关键客户制订一份沟通计划，以便更新关键客户的需求，做到及时发现问题并解决问题。卖家与关键客户的沟通频次应远远多于普通客户，而对小客户则无须着重进行一对一沟通。对关键客户进行意见征询有利于提升关键客户的信任度。例如，传统外贸企业每年会邀请关键客户与企业高层进行会面，听取关键客户对企业产品开发、设计、生产、包装、服务、营销等方面的意见与建议，同时会向关键客户介绍企业下一阶段的发展计划与产品计划，这有助于企业与关键客户建立长期、稳定的战略合作关系。

（2）普通客户的管理

根据其创造的利润与价值，企业对普通客户的管理应侧重于提升客户级别与控制成本两个方面。

①提升客户级别

提升客户级别即甄选并培养有升级潜力的普通客户。跨境电商平台上的卖家面对的每一个客户都有第一次进入店铺、第一次与客服人员沟通、第一次下单、第一次留评的行为，所有客户在最初都属于普通客户群体，卖家需要做的就是甄选出有潜力升级为关键客户的普通客户，通过引导、创造、增加普通客户的需求，鼓励普通客户购买具有更高价值的产品或服务来提升普通客户的价值，提高他们的贡献度。也有不少企业会根据普通客户的需求扩充产品线，以为普通客户提供"一条龙"服务来满足其潜在需求的方式增加普通客户的购买量，提升客户级别。

②控制成本

控制成本即减少对无升级潜力的普通客户的服务投入。对于没有升级潜力的普通客户，卖家不需要像对关键客户那般给予特殊对待，也无须像对有升级潜力的普通客户那般进行引导与沟通，基本可以采取"维持"策略，仅需提供常规服务，无须耗费精力提供附加服务，缩减为他们服务的时间、内容，即在人力、物力和财力上都不增加投入，以降低服务成本。

（3）小客户的管理

①挖掘可提升客户级别的小客户

卖家应该帮助有升级潜力的小客户成长，给予其一定的照顾，将其培养成普通客户甚至关键客户。小客户的成长必然带来店铺利润的提高。在产生初次购买行为后，有些客户可能会存在"买家自责"心理，即买家由于团购活动的热潮和网站的各种营销刺激的影响做出了购买行为，但下单后会对交易感到不自在。这时候，客服人员对其购买行为的鼓励及对其因购买未知产品或服务而产生的不安情绪的安抚就显得非常重要。只有在最开始就重视客户满意度，有购买力的小客户才有可能对产品及品牌产生信任感，出现回购行为，增加购买频次和使用量，从而慢慢地提升客户级别。

②对于没有升级潜力的小客户减少服务投入

对于没有升级潜力的小客户，卖家不应选择直接放弃，更不应怠慢客户而让其产生不满情绪。在网络时代，信息传播十分迅速，一旦有客户对卖家的产品或服务的评价不佳，**就会对卖家的形象造成一定的影响。**

③淘汰劣质客户

可以明确的一点是，并不是所有客户都值得卖家竭尽全力服务及费尽心思维护。劣质客户不仅不能为卖家带来利润及价值，还会"侵蚀"其他客户给卖家带来的利润。一旦这些客户做出破坏店铺与品牌形象的行为，卖家应立即向运营平台提出申诉，而不是受制于人，被迫消耗资源。事后可建立劣质客户黑名单，将这些客户列为拒绝往来客户。

案例分析

速卖通平台的买家会员分级制度

每个电商平台都有基于自身平台的买家会员分级制度，如在速卖通平台上，买家被分为 Silver Member（白银会员）、Gold Member（黄金会员）、Platinum Member（白金会员）及 Diamond Member（钻石会员）四个等级，卖家可以通过查看速卖通平台的买家级别，来预判这个客户的购买意愿与购买行为。目前，在速卖通平台上有三个地方可以识别买家的等级。

1. 订单

在卖家后台的订单及买家前台的订单展示页面都能看到买家的等级，其示例如图2-4所示。

图2-4　订单展示页面的买家等级

2. 评价

在商品的评价处会展示买家的等级，其示例如图2-5所示。

图 2-5　商品评价页面的买家等级

3. TradeManager

在卖家和买家交流的 TradeManager 中可看到买家的等级，其示例如图 2-6 所示。

图 2-6　TradeManager 的买家等级

任务三 跨境电商客户开发

📖 情景导入

宁波小薇云集电子商务有限公司的 Lucy 多年来一直负责公司的客户开发工作,最近受各方因素影响,国内外展会的规模与频率都有所下降,客户开发工作遇到瓶颈。如何通过多种渠道来与交易末端的国外中小型企业、零售商及个人消费者取得联系,是宁波小薇云集电子商务有限公司当前急需解决的问题。

📖 项目任务书

1. 确定跨境电商客户开发步骤。
2. 确定跨境电商客户开发策略。

📖 任务实施

1. 在开发跨境电商客户前弄清楚跨境电商客户开发步骤。
2. 明确适合跨境电商企业发展的跨境电商客户开发渠道与策略,并完成表 2-14。

表 2-14 跨境电商客户开发渠道与策略

跨境电商客户开发渠道	已有资源	跨境电商客户开发策略

3. 总结并分析不同渠道跨境电商客户开发策略的不同。

_____

_____

知识模块

一、跨境电商客户开发步骤

客户开发是跨境电商从业人员的基本技能之一。无论是新企业还是老企业,要想取得长足发展，必须想尽办法吸引源源不断的新客户。相关调查显示，每年企业的客户流失率为10%～30%。因此，企业在维持老客户的同时，必须把客户开发作为一项重要任务。开发尽可能多的新客户，不仅可以弥补老客户流失带来的损失，还可以壮大企业的客户队伍，提高企业的综合竞争力，增强企业的盈利能力，实现企业的长足发展。

跨境电商客户开发的步骤如下。

1. 了解国际市场行情

对跨境电商企业来说，开发客户的前提是了解国际市场行情。国际市场行情调研的范围十分广泛，涉及不同国家或地区的政治、经济、社会文化、技术等各个领域，具体包括以下几个方面。

（1）政治环境

政治环境包括一个国家的社会制度，执政党的性质，政府的方针、政策、法令等。不同的国家有着不同的社会性质，不同的社会制度对组织活动有着不同的限制和要求。即使社会制度不变的同一国家，在不同时期，由于执政党的不同，其政府的方针特点、政策倾向对组织活动的态度和影响也是不断变化的。我们要对不同国家或地区能够影响贸易开展的有关政治情况、条件及变化因素等进行调研。例如，某些政策措施的变化、政局的稳定情况等可能会使某些业务活动开展得非常顺利，也可能会使某些业务活动的进展受到种种限制。

（2）经济环境

经济环境主要包括宏观和微观两个方面。宏观经济环境主要指一个国家的人口数量及其增长趋势，国民收入、国民生产总值及其变化情况，以及通过这些指标能够反映的国民经济发展水平和发展速度。微观经济环境主要指企业所在地区或所服务地区的消费者的收入水平、消费偏好、储蓄情况、就业程度等因素。这些因素直接决定着企业目前及未来的市场。

（3）社会文化环境

社会文化环境包括一个国家或地区的居民受教育程度和文化水平、宗教信仰、风俗习惯、价值观念、审美观点等。受教育程度和文化水平会影响居民的需求层次；宗教信仰和风俗习惯会影响居民的某些活动；价值观念会影响居民对组织目标、组织活动及组织存在本身的认可情况；审美观点则会影响居民对组织活动内容、组织活动方式及组织活动成果的态度。

（4）技术环境

了解技术环境除要研究与企业所处领域的活动直接相关的技术手段的发展变化外，还应及时了解国家对科技开发的投资和支持重点、技术转移和技术商品化的速度、专利及其保护情况等。企业研究这些因素，有助于分析产品形势和竞争形势，掌握贸易动态，对技术环境做到胸中有数，减少盲目性。

2. 识别跨境电商客户群体

鉴于跨境电商业务的复杂性，我们分跨境电商 B2B 客户与跨境电商 B2C 客户两大类展开分析。

（1）跨境电商 B2B 客户的特点

从 B2B 的角度来看，国外具有进口需求的商家范围非常广泛，包括贸易商、零售商、百货公司和超商卖场，如梅西百货、沃尔玛等。但是百货公司和超商卖场往往有自己固定的供应链系统，它们的采购往往通过固定的贸易商或相对稳定的工厂进行长期大批量的供货。对于这类客户，并不适合国内小工厂通过跨境电商的方式进行开发。适合跨境电商开发的国外客户主要包括品牌进口商、批发商和贸易商。国外的一些品牌进口商会选择国内一些有规模、质量好的工厂以原始委托生产的方式下单。这类客户往往对质量要求有自己的标准，订单稳定，给出的利润空间较大，会与工厂建立长久的合作关系。目前越来越多的品牌进口商到中国的展销会来找厂商，这类客户值得中小型工厂努力开发，即使小品牌，也有机会培养成大客户。国外的批发商通常对特定产品进行大批量采购，在国内有自己的仓库。这类客户的产品需求量往往很大，期待的价格较低，青睐有差异化的产品。对于相同的产品，常因竞争对手的价格较低而跑单。一般大批量采购的批发商更倾向于在中国看展进行采购，小批量通过电商平台采购。国外的贸易商作为中间商的角色，会根据自身的客户需求进行采购，所以产品的类别变化较大，订单的延续性不稳定，订单量也不稳定。这类客户在跨境电商平台比较常见，在进行客户开发时注意通过搜索引擎、社交媒体等判断这类客户的真实性和资信情况。

（2）跨境电商 B2C 客户的特点

跨境电商 B2C 客户指国外终端消费者。随着全球跨境电商平台的快速发展，这类客户的数量也在快速增加。目前全球跨境电商平台除主流平台亚马逊、eBay、速卖通、Wish外，还诞生了许多细分领域的新型平台，包括 Lazada、Shopee、ZALORA、MercadoLibre 等。从消费习惯来分析，C 端客户线上购买产品主要通过本国的跨境电商平台、具有国际影响力的平台（如亚马逊跨境电商平台）、本土的社交媒体等方式，购买心理与企业客户相比更加多样化、复杂化，倾向于更加个性化的营销内容。开发此类客户主要采用打造优质的社交媒体内容，对所入驻的跨境电商平台或独立站进行搜索引擎优化等方式。随着关键意见领袖（Key Opinion Leader，KOL）和直播卖货模式的兴起，开发国外终端消费者的渠道发展出更多元化的模式，对企业提出了创新开发渠道，打造个性优质内容的要求。

3．开发客户

开发客户是企业扩大市场份额的重要方法之一。在跨境电商工作中，企业开发客户主要有内部渠道开发与外部渠道开发两种方式。

（1）内部渠道开发

①以老带新

老客户的口碑是最好的营销，他们是吸引新客户最有效的力量。与广告和商家的宣传相比，人们更乐意相信老客户的推荐。老客户的消费次数越多，获得的体验越好，就越有可能将企业的产品或服务推荐给他人，促进以老带新。一项研究表明，一位忠诚的老客户，平均可以影响25位消费者，诱发8位潜在客户产生购买动机。

②客户转化

客户转化是内部渠道开发的重要方式，即将潜在客户转化为成交客户，将低价值客户转化为高价值客户，将退化期客户转化为稳定期客户。

（2）外部渠道开发

①跨境电商平台

外贸企业常用的客户开发方式是使用跨境电商平台开展跨境电商业务。当前，国内外跨境电商平台有很多，企业可以根据行业属性、平台费用、推广效果、操作难易度等条件选择一个合适的平台开展跨境电商业务，并根据平台提供的营销工具开展客户开发工作。

②海外社交媒体

海外社交媒体已经成为跨境电商企业开发客户越来越重要的渠道。与其他开发客户的方法相比，海外社交媒体可以帮助企业更精准地找到目标客户，提高成交率。海外社交媒体具有较强的客户互动性，可以得到即时的信息反馈。外贸领域中常用的社交媒体包括LinkedIn（领英）、Facebook（脸书）、Instagram（照片墙）、TikTok（抖音海外版），下面分别介绍。

A．LinkedIn是全球知名的职场社交平台，截至2020年5月，LinkedIn的用户总量已达到6.9亿人以上。与其他社交媒体相比，LinkedIn的用户大多是高学历的职场人士，用户信息全面、可信度高，可以帮助卖家快速找到潜在客户，提高业务效率，深受外贸从业人员的青睐。

B．Facebook是全球最大的社交网站，截至2020年，每月有超过24.5亿人登录该平台。在Facebook上不仅能结交朋友、开阔眼界、了解各国的新闻，还可以进行客户开发。Facebook的官方主页可以展示企业形象，通过Facebook，企业可以添加目标客户为好友，开展内容运营，与客户展开互动，从而沉淀越来越多的私域流量。

C. Instagram 是一款在移动端运行的 Facebook 公司（2021 年已更名为 Meta 公司）旗下的社交应用平台，可以以一种快速、美妙和有趣的方式分享随时抓拍的图片。2020 年 Statista 数据显示，Instagram 的每月活跃用户数超过 10 亿人，属于全球最受欢迎的社交应用之一。Instagram 的受众中超过 2/3 的人在 34 岁以下。此外，有数据表明，Facebook 中有 68% 的用户非常讨厌广告推广，而 Instagram 中这一比例只有 32%，这使该平台对营销人员特别有吸引力。跨境电商企业通过开通 Instagram 企业账户与客户进行互动，以便更方便地与客户进行沟通。同时，还可以与 Facebook 的企业主页绑定，这样可以通过 Facebook 实现与 Instagram 的联动，更大程度地曝光本企业的产品。

D. 2017 年 5 月，作为抖音海外版的 TikTok 正式上线，并将"激发创造，带来愉悦"作为愿景。全球领先移动市场情报平台 SensorTower 的数据显示，2022 年 8 月，抖音及其海外版 TikTok 以将近 6600 万次的下载量蝉联全球移动应用（非游戏）下载榜冠军。2022 年 9 月，TikTok 宣布其全球月活跃用户数量已经突破 10 亿人，与 Facebook 旗下的 Instagram 并肩成为全球第五大社交应用。

③海外搜索引擎

Google、Yahoo、Bing、Yandex 等海外搜索引擎可以用来开发客户。Google 作为世界上使用量和访问量最大的搜索引擎网站，是企业主动出击寻找客户和引流的好方法。Google 在不同国家的网址也是有区别的。如何利用搜索引擎有效寻找目标客户呢？下面介绍几个技巧。

技巧 1：产品名称+企业后缀。不同国家表达"××有限责任公司"中的"有限责任公司"的方法是不同的，如中国习惯用 Co. 或 Ltd.，美国习惯用 Inc. 或 LLC，意大利习惯用 S.R.L，西班牙习惯用 S.P.A，德国习惯用 GmbH 或 AG 等。

技巧 2：产品名称+电子邮箱后缀。通过这样的方法找到的客户都会有电子邮箱，如"furniture +@yahoo.com."。

技巧 3：产品名称+国家域名后缀。比如，美国为 us，英国为 uk，德国为 de，法国为 fr，日本为 jp。

④海关数据

海关数据是海关履行进出口贸易统计职能时产生的各项进出口统计数据，可提供境外国家的提单或报关单数据。海关数据有免费和付费两种，其中免费数据的时效性较差，数据量较少，付费数据则全面、及时、准确。

当企业进入新市场找不到客户，或者业务量不饱和需要开发新市场时，海关数据可以帮助企业迅速获得真实的正在采购的有效买家信息。此外，外贸企业可能每天都会收到来自阿里巴巴、环球资源等B2B上的询盘，或者展会上的陌生客户的询盘。如何分辨这些询盘是来自国内同行还是来自真正的客户呢？海关数据可以帮助企业查到哪些供应商和采购商在合作，采购数量是多少，采购频率和周期如何，从而判断询盘者是不是同行，该客户是大是小，是否有合作的可能。

外贸企业还可以通过海关数据监控竞争对手的情况。通过对竞争对手交易记录的跟踪，掌握其买家资料和采购规律，从而判断竞争对手的经营状况，一旦发现数据异常，就可以挖掘新的市场机会。但是海关数据来自提单信息，很多是没有联系方式的，因此海关数据最有用的价值是用来进行市场分析。

⑤商业展会

参加商业展会是传统外贸企业在客户开发中一种非常重要的方法，但在互联网时代，它还那么重要吗？答案是肯定的。在展会上，客户可以通过当面沟通了解卖家，直观感受卖家的产品或服务，还可以对企业的业务代表产生较为深刻的第一印象，有利于后期卖家跟进客户开发工作。另外，企业也可以主动邀请客户到展位参观做进一步了解与沟通，但要特别注意的是，邀请客户参展的工作一定要提前。

⑥客户开发信

在传统外贸中，很多企业会通过客户开发信建立与未接触过的客户的联系。客户开发信就是将自己企业的产品、服务、优势等通过邮件、传真、信函等方式发送给潜在的国外客户。随着互联网的发展与社交工具的日益增加，客户开发信的效果已大不如前。据2019年Outreach的一份报告统计，91.5%的客户开发信被忽视或删除，只有8.5%的客户开发信会收到回复。但客户开发信作为低成本开发客户的方式之一，依然没有过时，企业只要有客户的邮箱地址，就可以将客户开发信及时发送给客户。跨境电商从业人员在撰写客户开发信的时候要注意以下几个要点。

A．客户开发信的受众应该是通过背景调查精心筛选出来的潜在客户。

B．了解客户需求，撰写个性化的客户开发信，而不是群发一份模板。

C．客户开发信要有吸引人的主题，内容要简洁。

D．客户开发信要传递有价值的信息给客户，而不是一味吹捧自己的产品。

二、跨境电商客户开发策略

1. 以营销为导向的跨境电商客户开发策略

所谓以营销为导向的开发策略，就是企业通过适当的产品、适当的价格、适当的分销渠道、适当的促销手段，吸引目标客户和潜在客户产生购买欲望并付诸行动的过程。开发的过程既是客户享受企业服务的过程，也是企业产品或服务被消费的过程。因此，以营销为导向的开发策略是跨境电商客户开发的理想途径。

（1）以有吸引力的产品或服务吸引跨境电商客户

产品或服务是企业以客户为中心并满足其需求的载体，因此企业需要提供能够吸引客户的、恰当的产品或服务，这些产品或服务要满足甚至超越客户的需求。产品或服务不仅涵盖功能效用、质量、规格、外观、品牌、包装、物流、结算等，还要适合客户的消费习惯，符合其审美观念，顺应消费文化等。

（2）以有吸引力的价格吸引跨境电商客户

价格是市场走向的"指挥棒"，既受供需变动的影响，也影响着供需变动。对企业而言，价格反映着企业销售产品或服务所获得的经济收益；对客户而言，价格反映着为获得产品或服务的使用价值所承担的经济支出。因此，在客户看来，价格反映着企业对其获取产品或服务的"经济态度"。适当的价格可以传达企业对客户的关爱，反之则可能给客户传达唯利是图的企业形象。因此，企业要制定恰当的价格与收费标准，以维系长期的客户关系。

客户在购买产品或服务时，对市场会有初步的了解，有些客户甚至会详细地了解市场行情，从而形成价格预期。当市场价格低于客户预期时，客户在消费者剩余的刺激下会做出购买行为。当然，这要在产品或服务质量与客户预期一致的前提下，如若客户不能准确地把握产品或服务的质量，较低的价格也可能给客户带来"便宜没好货"的感觉，那么制定低于客户预期的价格也未必能增加销量。相反，当市场价格高于客户预期时，客户会根据预算减少购买量或放弃购买。可见，当市场价格与客户预期产生较大偏差的时候无法促进企业产品或服务的销售，企业应根据产品或服务在市场中的地位制定一个对客户有吸引力的价格。

（3）以有吸引力的购买渠道吸引跨境电商客户

购买渠道是指客户将产品或服务买到自己手中的途径。对企业而言，购买渠道也叫分销组合，主要包括分销渠道、储存设施、运输设施、存货控制等。它是企业为使其产品或服务进入市场并最后送达客户所实施的各种行为，包括仓储和运输等。

销售产品或服务的渠道是否便利决定了客户为获得产品或服务所支付的成本多少。它是影响客户购买决策的重要指标，会直接影响客户的购买体验。一旦购买渠道不便，增加了客户的购买时间、资金成本等，就很可能会导致客户放弃购买。

（4）以有吸引力的促销方案吸引跨境电商客户

促销方案是指企业利用各种有效的方法和手段，通过恰当的信息传播载体将企业及其产品或服务的信息传递给目标客户，并与客户进行有效的沟通，使客户了解和注意企业的产品或服务，激发客户的购买欲望并促使客户实现最终购买行为的策略。

2. 以推销为导向的跨境电商客户开发策略

所谓以推销为导向的开发策略，就是企业在自己的产品、价格、分销渠道和促销手段没有明显特色的情况下，通过人员推销的形式，引导或劝说客户购买，从而将目标客户开发为现实客户的过程。这种开发策略有以下四种方法。

（1）逐户访问法

逐户访问法又称"地毯式寻找法"，是指推销人员在目标客户群的活动区域内，对目标客户进行挨家挨户的访问，并对其进行说服的方法。

（2）展销会、博览会和商品市场

在某些情况下，许多制造厂家的生死存亡就取决于这种特殊的销售方式的举办效果。例如，中国进出口商品交易会因每年春秋两季在广州举办，故又称"广交会"。广交会的顺利举办，有利于促使企业达成交易，促进长期合作。

（3）互联网

要想利用互联网寻找客户，最重要的是确保自己的网址被列于主要和重要的搜索引擎中。由于搜索引擎会定期更换其标准，因此企业需要不断地对网站进行监控和升级，从而用相似的标准对所销售产品进行分类，便于客户及时发现企业网站。另外，许多企业采用付费的方式使企业网站能在搜索列表中处于明显的位置，还有企业利用具有"潜在客户发掘者"性质的软件寻找目标客户。

（4）刊登广告、直邮、寄送产品目录或宣传品

许多企业采用刊登广告、直邮、寄送产品目录或宣传品等方式来吸引客户，以激发客户的需求。客户可通过拨打免费电话或寄回读者回执来获取更多的产品信息。比较有创意的吸引客户的方式是向客户提供企业产品信息明信片，明信片的一面是企业产品或服务的信息，另一面是事先贴好的邮票和该企业的地址。如果某位潜在客户有兴趣了解更多的产品，则只需填好自己的姓名和地址，将明信片寄回即可，之后该潜在客户就会收到一封有关企业产品或服务信息的回信和一张附带的问询卡片。当问询卡片返回到企业销售代表的手中时，他会根据卡片上的信息决定是否跟进该潜在客户。如果这位潜在客户寄来第二封问询卡片，销售代表就会与这位潜在客户联系，跟进相关事宜。

案例分析

如何赢得境外消费者的青睐——打造跨境电商升级版

一、企业名片

遨森电子商务股份有限公司成立于 2013 年，主营居家用品、宠物用品、婴儿用品、户外用品等，是一家以"本土化和数字化运营"双轮驱动的 B2C 出口跨境电商企业，也是浙江省出口跨境电商头部企业之一。

公司总部设在宁波镇海，作为早期进入欧美市场的中国出口跨境电商企业之一，遨森积极布局海外，业务覆盖多个欧美国家，目前已在美国、加拿大、英国、德国、法国、意大利和西班牙等国家设立子公司，自建 30 余个自营海外仓。公司通过自建独立站 Aosom，以及第三方平台 Amazon、eBay 等进行零售；通过在海外设立子公司和海外建仓模式，建成完善的全球营销、仓储、物流网络和客服体系。

公司荣登 2021 年中国出口跨境电商"百强榜"、2021 年中国数字化新消费品牌"百强榜"，公司的核心品牌 OUTSUNNY 被评为"2021 年度浙江出口名牌"，HOMCOM、OUTSUNNY 两大品牌被评为"2021 年度浙江跨境电商出口知名品牌"。公司依托国内优质的制造业供应链资源，致力于将"中国制造"带出国门，为全球客户提供愉悦、便捷的购物体验，创造美好生活。

二、遨森的跨境之路

1. 挖掘市场特性，满足消费需求

2008 年是让中国企业刻骨铭心的一年，突如其来的金融海啸使不少企业受到沉重打击，尽管此次危机未对遨森造成太大影响，但沉浮国际贸易行业十多年，公司领导敏锐地觉察到是时候为自己的"王国"开拓新领土了。

随着互联网技术的不断发展和互联网应用的普及，公司看到了跨境电商的发展前景，认为跨境电商才是外贸企业的未来。为顺应社会的发展大趋势，避免在竞争中被淘汰，2011 年年底，遨森积极响应宁波市政府"传统外贸产业转型与升级"的号召，成立了跨境电商事业部。2013 年，遨森电子商务股份有限公司正式注册成立，开启了扬帆境外电商蓝海的新航程。

由于对目标市场本地的语言、文化、营销方式、支付方式、跨境物流等方面缺乏了解，在离开本地贸易商后，公司直接触及消费端的销售变得非常困难，完全无法与本地贸易商给予消费者的购物体验相比。为提升消费者的购物体验，遨森双管齐下，致力于从源头上解决问题。

首先，公司组建了专业的本土化B2C运营团队，进行当地化管理及市场开发，并聘用业务国国民作为分公司员工，尽可能贴近消费者和终端市场。遂森通过本土运营团队对当地人群的购物习惯和消费偏好进行分析，能够更充分地考虑到各个地区之间的差异，并且结合当地合作伙伴及商业生态资源做出调整，来适配特定市场的独特需求，创造出新的利润增长点。同时，对一个全新的产品和品牌来说，本土化的方式能让消费者更容易理解和接受，极大程度地避免了消费者的了解障碍，也与消费者建立了更深层次的联系。

其次，遂森在各个业务国自建仓库和物流中心，并与全球知名快递公司FedEx、DHL、DPD、TNT建立战略合作关系，以此保证快递的时效和售后服务。新冠疫情期间，诸多跨境电商卖家因第三方仓库限制发货、尾端配送等物流问题备受影响，遂森凭借其拥有海外仓并能安排仓储配送的优势在恶劣形势下脱颖而出。即便在平时，从消费者所在国发货，其物流速度也是海外直邮无法比拟的。海外仓的存在不仅提升了产品的派送速度，还有助于节省物流成本，解决海外直邮退换货难、物流旺季排仓爆仓等问题。物流优势及良好售后很好地提升了消费者的购物体验，有效提升了消费者的复购率。

遂森的举措使公司真正实现了文化融入，最大限度地提升了消费者的购物体验，实现了消费者本地购物的心理预期。

2. 强化企业特色，增强核心竞争

遂森经营的产品包括户外、藤编、居家、健身、宠物和婴儿用品六大类，共两万多种产品。多元化的品类使遂森得以覆盖多个用户层，避免了局限于某个单一细分市场的窘境。在此基础上的品牌化，有利于遂森更好地综合把控市场，进行产品组合扩展。在市场经济高度发展的今天，品牌已成为一家企业区别于其他同类企业的主要标志。

在市场拓展与产品销售中，遂森坚持使用自己的商标和品牌，在诸多国家和地区注册商标，与其他产品形成区分，以此达到识别目的，以特有商标为焦点让消费者快速了解产品，从而激发消费者的购买欲望。在品牌宣传策略上，遂森重点突出"新颖独特+有针对性"的策略，积极拥抱新媒体和互联网营销，与消费者进行有效沟通及互动，充分利用自建独立站、国外本土平台、电视媒体、品牌旗舰店等进行广泛宣传。此外，公司每年都投入一定的资金，通过网红合作、品牌宣传片及在各知名国际商务平台投放广告等方式对公司产品和品牌进行宣传，切实有效地打响了品牌名声，使之深入人心。

因为高销量的自主优质产品和本土化公司背景，遂森受邀成为亚马逊等大平台的供应商卖家，平台方自营让遂森的产品和品牌被更多消费者接受。不同于大部分仅通过速卖通、eBay、Amazon、Wish等第三方平台销售自己产品的工贸企业，为了能够

更好地掌控数据、规则、促销方式等，除在第三方平台上进行销售外，遨森还选择自建独立站 Aosom。2016 年年初，Aosom 在美国、加拿大、英国、德国、法国、意大利、西班牙 7 个站点开始上线运营并飞速成长，截至 2021 年年底，Aosom 独立站已在美国、加拿大、英国等 14 个站点上线运营。

在通过全渠道销售方式迅速扩展海外市场的同时，遨森正利用已经建立起来的运营系统和物流网络，把自有商城进一步打造为电商发展平台，从纯销售向销售与服务转变，并吸纳优质供应商，开放合作，为它们提供便利的跨境交易平台及高效的运营服务，共享遨森现有的渠道资源、本土化资源、团队资源和数据资源等，带动更多中国企业开拓发达国家终端零售市场，实现共同发展。

三、遨森的发展启示

1. 本土化

跨境电商的本土化是企业走进海外市场的第一步，可以通过本地注册企业、本土化营销、本土化人力资源、本土化研发设计来真正融入当地市场。遨森认为，本土化运营是赢取市场的一块有力敲门砖。服务本土化是大势所趋，跨境电商将从群雄逐鹿进入巨头争霸的新时代，巨头之间的竞争比拼的更多是生态的建设。出口电商在线上发展速度较快，企业应保持"沉下来"的心态，产业对接既要透过线上，也要布局线下。"本土化"的实质是企业将生产、营销、管理、人事等全方位融入本地经济的过程，存在成本较高、市场针对范围较窄等问题，企业需要根据自身实际情况在标准化与本土化之间找到适合的平衡点。

2. 品牌化

品牌化是企业持续发展的关键所在。对现代企业来说，品牌日益成为企业生存和发展的核心要素之一，强势的品牌意味着市场地位和利润。品牌最基本的作用是识别，帮助消费者区分同质产品，品牌更重要的意义在于它往往代表了企业在消费者心中的形象。企业只有真正抓住消费者的诉求，提炼独特的核心优势，才有可能赢得更大的市场。遨森在发展过程中，合理运用在本土化调研中、在自建平台上掌握的终端消费者数据，设计出满足本地客户需求的产品，提升客户对 Aosom 品牌的期待值与信任度；并通过第三方平台、代销、自有平台等多个渠道经营自有品牌，提升自有品牌的知名度，摆脱对国外品牌商的依赖，提高自有产品的利润，继而加大品牌化投入，形成良性循环。

3. 全渠道营销

全渠道营销已经成为企业满足消费者多样化购物需求的一种必要手段。全渠道营销不仅是在多个渠道上销售，真正的全渠道营销需要在各个渠道上提供一致的品牌体验，并建立超越渠道的关系，同时强调通过渠道多样化、数据与系统的全面集成来优化业务。遂森指出，企业要扩大销售渠道，在充分利用第三方平台销售和宣传自己产品的同时，根据自身的条件，打造自有跨境电商平台，通过全渠道营销掌握终端市场信息，合规化全面打造自有品牌，实现企业长远、快速发展。

资料来源：根据中国（宁波）跨境电子商务综合试验区典型案例整理

课后习题

一、多选题

1. 按客户生命周期分类，可将客户分为（　　）阶段。
   A．考察期　　　　B．成长期　　　　C．稳定期　　　　D．退化期

2. 下列属于客户行为特征的是（　　）。
   A．消费频率　　　B．消费金额　　　C．消费偏好　　　D．兴趣爱好

3. RFM模型是对用户的价值和消费能力进行分类的重要方法，该模型利用交易环节中（　　）三个维度细分用户群体。
   A．最近一次消费时间　　　　　　　B．消费频率
   C．消费金额　　　　　　　　　　　D．客单价

4. 海外社交媒体可以帮助企业更精准地找到目标客户，提高成交率。以下属于海外社交媒体的有（　　）。
   A．LinkedIn（领英）　　　　　　　B．Facebook（脸书）
   C．Instagram（照片墙）　　　　　　D．TikTok（抖音海外版）

5. 以下属于"一带一路"沿线国家的有（　　）。
   A．匈牙利　　　　B．塞尔维亚　　　C．意大利　　　　D．新加坡

二、简答题

1. 请分析跨境电商企业为什么要进行客户分类。
2. 请分析跨境电商企业如何管理关键客户。
3. 请简述跨境电商客户开发的步骤。

三、实践操作题

H公司新研发了一款针对东南亚客户的运动鞋，需要开发东南亚客户，请你根据产品属性及客户特点，分析东南亚客户的开发与引流方法。

任务评价

评价项目	评价内容	评价（5分制）	
		自我评价	小组评价
知识与技能	完成课前预习与课后复习		
	积极参与教学活动，全勤		
	理解、掌握核心概念		
	主动学习，拓展知识		
	完成项目任务		
思政与素质	自主学习能力		
	团队合作能力		
	创新能力		
	责任意识		
	敬业精神		
平均分			
教师总评			

项目三

跨境电商客户的满意度管理

📖 **知识目标**

1. 理解客户满意的三个层次。
2. 了解跨境电商客户满意度的概念。
3. 理解跨境电商客户满意度的影响因素。
4. 掌握客户满意度评价指标体系。

📖 **能力目标**

1. 能深刻理解跨境电商客户需求的特点。
2. 能使用模型测评企业的客户满意度。
3. 能熟练应用提高跨境电商客户满意度的有效策略。

📖 **思政小课堂**

党的二十大报告提出:"全党同志务必不忘初心、牢记使命,务必谦虚谨慎、艰苦奋斗,务必敢于斗争、善于斗争,坚定历史自信,增强历史主动,谱写新时代中国特色社会主义更加绚丽的华章。"跨境电商客服人员应秉持以客户为中心的服务理念,遇到问题不逃避,不推诿,勇于承担责任,真诚对待客户,注重人的生命与价值,将人置于至尊至重的地位。

项目导学

宁波小薇云集电子商务有限公司针对针纺织品、服装、鞋帽、箱包等品类打造了多个自主品牌，通过 Amazon、eBay、速卖通等跨境电商平台将自主品牌销至全球。新入职员工 Elsa 的主要工作是基于店铺收集到的数据洞悉市场，发掘新商机，进而推动产品的更新迭代和经营进步。Elsa 通过数据的统计分析发现，对交易评价较高的客户，其购买频率和单次消费金额都会有明显增加，其价值远远高于对交易评价一般的客户。客户满意是否真的能延长客户生命周期，提高客户终身价值，以及如何才能提升客户满意度？带着这些疑问，Elsa 开始了研究和调查。

任务一　认识客户满意

情景导入

宁波小薇云集电子商务有限公司除将自主品牌销至全球外，还有一项主要业务是为国内卖家提供平台服务，包括为卖家提供培训、供应链、物流服务等。目前，宁波小薇云集电子商务有限公司有自己的一套统计客户满意度的方法，在卖家通过平台的路径咨询客服人员问题后，系统会发出一条是否满意的链接。通过这条链接，卖家可以选择其满意情况，并留下相关的反馈。卖家可以选择的问题类型包括账户问题、商品问题、订单问题、卖家自发货问题、物流海外仓相关问题、优惠促销问题及其他问题。

项目任务书

1. 分析客户满意的三个层次。
2. 明确客户满意度的概念。
3. 判断跨境电商客户满意度的影响因素。

任务实施

1. 理解客户满意度的概念。
2. 面对客户的中差评，客服人员应如何处理？哪些是影响跨境电商客户满意度的具体因素？

操作步骤：

（1）差评或中评。如果收到差评或中评，则应及时联系客户，确认是否有回旋的余地。平台支持卖家自行解决一些差评问题。

（2）好评。如果收到好评，则应及时回复客户的评价。

通过对评价的处理，掌握跨境电商客户满意度的影响因素。

3．总结并分析客户满意度对跨境电商企业的意义。

_____

_____

知识模块

一、什么是客户满意

1965 年，美国学者 Cardozo 首次将客户满意（Customer Satisfaction，CS）这个概念引入营销领域。客户满意是基于客户对所购买的产品及在购买过程中感受到的消费服务与他所期待的程度进行对比判断，而形成的一种心理感受和认识。具体而言，客户满意又可细分为三个层次。

1．物质满意

第一个层次是物质满意。物质满意层次的要素是产品的使用价值，如功能、品质、设计、包装等，这是构成客户满意的基础要素。企业通过提供产品的使用价值来使客户感受到物质上的满意。例如，阿里巴巴旗下的跨境电商平台全球速卖通推出的《卖家"商品保障服务"协议》，协议要求卖家每年缴纳一定的保证金，一旦出现卖家售假买家投诉行为，平台将退回买家所付款项，并且如果卖家因品牌权利人投诉而导致店铺被关，保证金将被全额没收。此协议的意义在于，能够进一步规范速卖通平台上的卖家行为，提高产品质量，提升客户满意度。

2．精神满意

第二个层次是精神满意，即客户在企业提供产品形式和外延的过程中产生的满意。它是客户对企业的产品所带来的精神上的享受、心理上的愉悦、价值观念的实现和身份的变化等方面的满意状况。例如，企业提供的产品的外观、色彩、品牌等能够使客户满意、感觉有面子，表明客户在精神层面得到满足。如果企业仅满足客户的物质需求，那么当竞争对手提供更有吸引力的东西时，客户就会容易转向购买竞争对手的产品。

3. 社会满意

第三个层次是社会满意，即客户在购买和消费企业产品的过程中对社会整体利益的维护。社会满意主要依靠产品所蕴含的道德价值、社会文化价值和生态价值来实现。它要求企业的产品在被消费的过程中，具有维护社会整体利益的道德价值、社会文化价值和生态价值的功能，从而有利于社会文明的发展、生活环境的维护、人类生存与进步的需要。

以上三个满意层次具有递进关系。从社会发展过程中的满意趋势来看，人们首先寻求的是物质层次的满意，之后推及精神上的满意，最后才会进入社会满意。

二、客户满意经典理论

客户满意是一种心理活动，是客户的需求得到满足后形成的愉悦感或状态，是客户的主观感受。当体验没有达到预期时，客户就会不满、失望；当体验与预期一致时，客户是满意的；当体验超出预期时，客户感到"物超所值"，就会很满意。客户满意经典理论如表 3-1 所示。

表 3-1　客户满意经典理论

作者	定义
奥利弗（Oliver）	客户满意是一种心理状态，是根据消费经验所形成的预期与消费经历一致时而产生的一种情感状态
威斯布鲁克（Westbrook）	客户满意是一种情感反映，这种情感反映是在客户购买过程中因产品陈列及整体购物环境对客户的心理影响而产生的
菲利普·科特勒（Philip Kotler）	满意是一种人的感觉状态的水平，是人通过对产品的可感知效果与他的预期值相比较后所形成的愉悦或失望的感觉状态
亨利·阿赛尔（Henry Assael）	客户满意取决于产品的实际消费效果和客户预期的对比，当产品的实际消费效果达到客户的预期时，就使客户满意，否则就会导致客户不满意

三、跨境电商客户满意度

客户满意度（Customer Satisfaction Degree，CSD），又称客户满意度指数，是客户在与企业完成交易后，对交易对象和交易过程中的一种个性的、主观的情感反映，它能够作为衡量客户满意水平的量化指标。用公式可以表示为：客户满意度＝客户体验－客户预期。

跨境电商是基于网络发展起来的，网络空间独特的价值标准和行为模式深刻地影响着跨境电商，使其不同于传统的交易模式，而呈现出全球性、匿名性、无形性、即时性、无纸性和快速演进等特点。因此，客户的需求在跨境电商环境下呈现出以下新特点。

1. 广泛性

传统的交易模式限制了客户选购的地点、时间和产品种类，跨境电商环境下客户的消费行为不再受时间、空间的限制，可以通过互联网在任何时间、任何地点对网上所有的产品进行挑选、比较。

2. 个性化

随着社会的发展和人们收入的增加，越来越多的人开始崇尚个性化的消费理念，跨境电商使客户的个性化需求得到放大，也使客户的消费需求从倾向于低成本转变为个性化、多样化。

3. 及时性

跨境电商的发展使客户的选择更多、要求更高，他们期待在与品牌商互动的各种沟通渠道上获得更好的体验，包括时效性和便捷性，希望卖家能够提供简单、快速和方便的沟通方式。

四、跨境电商客户满意度的影响因素

作为电商活动的重要形式，跨境电商模式与传统实体经济商业模式存在着明显的不同，这种复杂的商业模式使跨境电商客户满意度的影响因素变得更加复杂化和多元化。影响跨境电商客户满意度的主要因素包含以下几个方面，具体如表 3-2 所示。

表 3-2 跨境电商客户满意度的影响因素

影响因素	具体内容
产品质量	产品的质量、产品的种类等
服务质量	售前、售中、售后的客户服务，个性化服务，物流配送时间，配送方式，包裹的完整性等
价格因素	产品的价格等
信任和安全	卖家的信誉、在线支付的安全性、对客户隐私的保护等
平台（网站）质量	平台（网站）的易用性和安全性、网页美学设计、分类检索的便捷性、服务器的稳定性、平台（网站）信息的质量等
国际客户的个体特征	基于跨境电商客户特点的产品定位、构思、设计，以及产品的配送、销售等

1. 产品质量

产品质量是客户在消费过程中最为关注的。与传统的交易模式不同的是，跨境电商客户在选购产品时不能通过直接接触感知到产品的质量及其附属价值，只能通过网页上提供的有限信息对产品进行大概的了解。除此之外，电商时代的到来凸显了产品的同质化，产品质量越高，客户就会越满意。

2. 服务质量

一家重视服务，不断改善服务品质，提供高质量服务的企业必然会受到客户的认可，提升客户满意度，从而使客户成为忠诚客户，直至成为永久客户。面对互联网电商市场激烈的竞争与转变，良好的质量与完善的服务是支撑电商品牌的根本原则。跨境电商客户在消费时对服务质量的评价基于以下两点。一是跨境电商平台物流服务的响应性、灵活性和可靠性。物流配送的速度是否快速，所提供的付款方式、收货方式和退货方式是否灵活，配送的产品及包装是否完好，以及物流信息是否准确等，都对跨境电商客户满意度具有正向或负向的影响。二是高质量的客户服务。售前、售中、售后的积极响应，满足客户的个性化需求，以舒服的方式提供客户服务等，都是影响跨境电商客户满意度的重要因素。

3. 价格因素

在跨境电商中，由于产品质量的未知性，产品价格的差异性就成了影响客户网购选择的重要因素，产品价格影响客户所认为的性价比。只有性价比高的产品，客户才愿意承担一些风险去购买。如果第一次购买产品后，经过质量与价格的比较，客户获得的满意度较高，他就会产生下次继续购买的意愿。产品（服务）的质量和价格是影响跨境电商客户满意度的主要因素。

4. 信任和安全

在跨境电商交易中，跨越边境的环境复杂性使交易双方的地理距离成为影响信任的重要因素。客户信任包含客户对卖家的信任，即卖家的信誉、在线支付的安全性等。

在处处关注价格的电商世界里，卖家能够实现差异化的途径并不多，信誉就是其中一种。好的信誉（如恪守诺言、按时发货、产品货真价实、售后有保障等）能够大幅度提升客户对卖家的信任度，从而提升客户对跨境电商的使用意愿，反之则会降低客户满意度。

由于跨境支付涉及的是国与国之间的交易问题，先款后物，因此出于财务安全的考虑，许多客户对网上跨境支付的安全性抱有较大的担忧。鉴于此，卖家应该选择安全性高的交易方式，并对客户的资料加以保护。同时，交易方式的多样性，决定了客户购买产品方式的多样性。因此，跨境支付方式的安全性和便捷性也是影响跨境电商客户满意度的一个非常重要的因素。

5. 平台（网站）质量

跨境电商客户与跨境电商卖家通过平台（网站）进行交易，客户对平台（网站）的满意度直接影响了其对跨境电商的整体满意度。电商环境的信息不对称放大了客户的知觉风险，客户在跨境电商平台（网站）购物时的感知有用性、感知易用性和感知安全性对客户的购买意愿有着显著的影响。平台（网站）的易用性和安全性、网页美学设计、服务器的稳定性等都会影响跨境电商客户的满意度。

平台（网站）的易用性是指平台（网站）的登录页面、导航服务、产品分类便于客户寻找，操作页面简单易上手，能为客户提供非常便捷的检索服务。平台（网站）的安全性是指平台（网站）为客户提供的产品信息参数完整、图片清晰、真实可靠，以减少客户对平台（网站）购物风险的担忧。网页美学设计是指网页设计在风格、色彩、文本、图片及主题上更具友好性和创意性，能有效提升对客户的视觉吸引力，进而增强客户对平台（网站）的积极信念和态度。服务器的稳定性是指平台（网站）有责任提供并维护优质的网络服务，避免当大量客户浏览时服务器过载而影响客户的交易活动。

6. 国际客户的个体特征

随着跨境电商的出现，消费者的消费观念、消费方式及地位正在发生着重大的变化，企业之间的竞争空前激烈，市场正由卖方垄断向买方垄断演变，消费者慢慢占据主导地位。在消费市场上，消费者面对产品和品牌将有更多的选择，这样的变化使消费者的心理呈现新的特点和趋势——消费者的个性化消费。不同客户所处的环境不同会使跨境电商呈现差异化，同一客户即便在同一需求层次上其需求也会有所差异。跨境电商企业要想获取客户、达成交易，就必须综合考虑这些差异，采取有效的具有针对性的措施和方法，包括产品的定位、构思、设计，以及产品的配送、销售等。

任务二　客户满意度评价指标体系

情景导入

跨境电商企业要想实施客户满意战略，就必须有一套衡量、评价与提高客户满意度的科学指标体系。建立客户满意度评价指标体系是客户满意度测评的核心部分，很大程度上决定了测评结果的有效性和可靠性。相关数据反馈，大部分跨境电商客户称购买跨境电商产品的第一驱动力是跨境电商产品的价格比较便宜。宁波小薇云集电子商务有限公司以售卖家纺、服装为主，品类多且复杂，导致客户对客服人员的需求旺盛，对客服人员的依赖度高。对跨境电商客户来说，包邮的产品更具有吸引力，卖家设置包邮能提升客户的购买力。但大部分企业为降低成本，包邮的快递多选平邮小包，物流时间长，离开中国后没有物流跟踪信息，且丢包率高，导致客户的购物体验较差，且容易因丢包产生订单纠纷。宁波小薇云集电子商务有限公司在亚马逊、速卖通等多个跨境电商平台上开设店铺，对产品的宣传和描述都秉承真实、准确、不夸大、不渲染，产品信息全面、翔实的原则，赢得了客户的信任。

📖 项目任务书

1. 了解顾客满意度指数模型。
2. 熟悉客户满意度评价指标体系的构建。
3. 熟悉 ACSI 模型的应用。

📖 任务实施

1. 结合所学内容完成小薇云集客户满意度评价指标的设计，填写表 3-3。

表 3-3　小薇云集客户满意度评价指标体系

一级指标	二级指标	三级指标
小薇云集客户满意度指数		

2. 根据上一步构建的评价指标体系，设计问卷对客户进行问卷调查，获取问卷调查数据，运用 ACSI 模型计算小薇云集的客户满意度，填写表 3-4。

表 3-4　小薇云集客户满意度数据描述性分析

结构变量	观测变量	平均得分	标准差	权重	加权得分	结构变量得分
顾客预期						
质量感知						
价值感知						
顾客满意						
顾客抱怨						
顾客忠诚						

> 知识模块

一、顾客满意度指数模型

顾客（客户）满意度并不是能够直接进行测评的，它是一种事后评价，只能在事情发生后通过一定的模型来测评。

早在1989年，瑞典就率先建立了瑞典顾客满意度指数（Sweden Customer Satisfaction Barometer，SCSB）模型，之后美国在SCSB模型的基础上建立了美国顾客满意度指数（American Customer Satisfaction Index，ACSI）模型，欧洲也随即建立了欧洲顾客满意度指数（Europe Customer Satisfaction Index，ECSI）模型，我国也在21世纪初设计了中国顾客满意度指数（China Customer Satisfaction Index，C-CSI）模型。

20世纪80年代以来，以顾客为中心，力求满足顾客需求，追求顾客满意和顾客忠诚的新理念在发达国家形成并发展。西方国家的一些学者最先对顾客满意度进行了研究，瑞典、美国等相继构建了顾客满意度指数模型，并开展了顾客满意度指数测评。

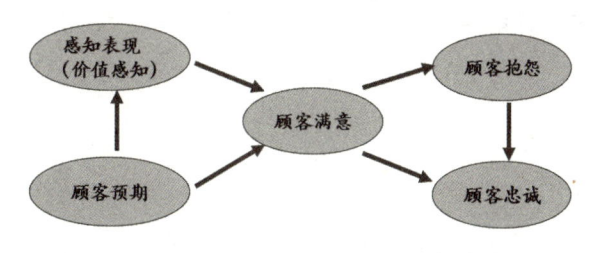

1. SCSB模型

SCSB模型是瑞典统计局于1989年在美国密歇根大学国家质量研究中心的帮助下构建的，是最早出现的顾客满意度指数模型，其顾客满意度指数测评逐步涵盖了瑞典31个行业100多家企业。SCSB模型包括顾客预期、感知表现（价值感知）、顾客满意、顾客抱怨及顾客忠诚五个指标，如图3-1所示。顾客预期和感知表现对顾客满意产生直接作用，是前因变量；顾客最终对产品的满意程度高低导致顾客对产品的忠诚或直接抛弃产品，顾客抱怨和顾客忠诚是结果变量。

图3-1 SCSB模型

2. ACSI模型

1990年，美国开始构建ACSI模型，1994年正式启动，至1998年，ACSI模型已用于美国7个部门34个行业中的200家企业的顾客满意度指数测评，是目前被广泛采用和借鉴的顾客满意度指数模型。ACSI 模型在 SCSB 模型的基础上增加了"质量感知"潜在变量，包括顾客预期、质量感知、价值感知、顾客满意、顾客抱怨和顾客忠诚六个指标，如图 3-2 所示。

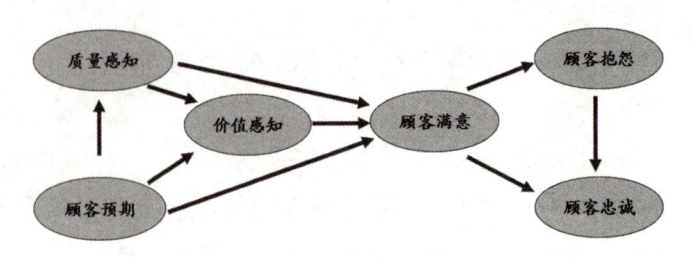

图 3-2　ACSI 模型

3. ECSI 模型

1998 年，欧盟成立了欧洲顾客满意度指数技术委员会，推进了顾客满意度指数在欧盟 11 个成员国的实施。ECSI 模型是在 ACSI 模型的基础上构建的，既继承了 ACSI 模型的基本架构和一些核心概念，又对 ACSI 模型进行了修改，主要表现为：去掉了 ACSI 模型中"顾客抱怨"这个潜在变量，因为许多国家的顾客投诉系统已经比较完备；同时，增加了一个潜在变量——企业形象，如图 3-3 所示。

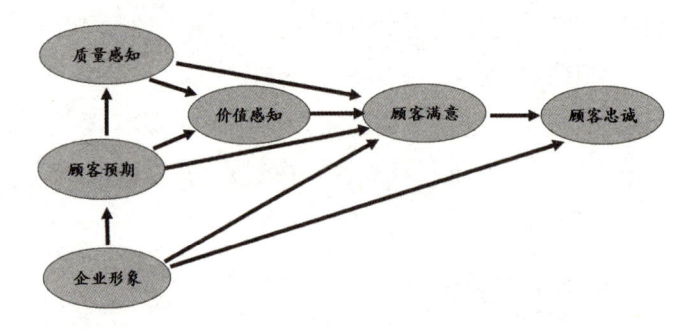

图 3-3　ECSI 模型

4. C-CSI 模型

C-CSI 模型是在学习和借鉴 ACSI 模型的基础上，根据中国国情对模型结构和评价指标体系进行必要的改造后而建立起来的具有中国特色的质量测评方法。它以顾客满意为核心，将品牌形象、顾客预期、质量感知和价值感知作为顾客满意的前因变量，将顾客忠诚作为顾客满意的结果变量，如图 3-4 所示。

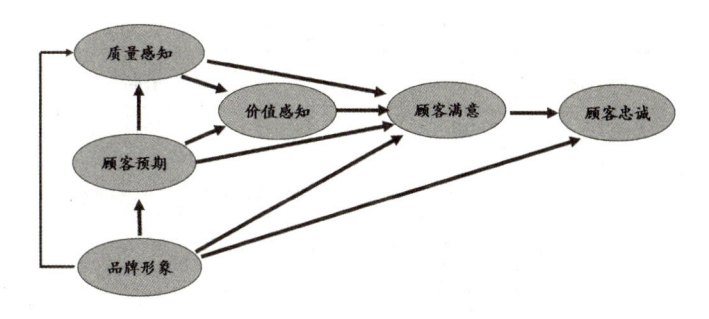

图 3-4　C-CSI 模型

二、客户满意度评价指标体系的构建

1. 客户满意度评价指标体系构建的原则

在构建客户满意度评价指标体系时需要遵循的原则如下。

全面性原则：所谓指标的全面性，是指评价指标应该涵盖客户满意度的各个角度，具有高度的概括性。不同的客户在不同的时期对产品或服务表现出来的期待有所不同，不能单方面独立分析或评估某个因素，要宏观、整体地看待每一个因素，只有这样才能系统、完整地反映客户对企业最本质、最重要的评价。

独立性原则：所谓指标的独立性，是指所选取的指标在同一层次要相对独立，彼此之间不能存在因果关系，不能相互重叠。在设计指标时应尽可能地减少各个指标之间的重叠区域，将其相关性降到最低限度。

可测性原则：所谓指标的可测性，是指指标必须是可测量、可量化的。在可测性的原则下，能有效地对测评结果进行统计、计算、分析，得出具体量化的数据，从而促使企业进行整改或提升。

可比性原则：所谓指标的可比性，是指选取指标要考虑行业存在的普遍特点，以竞争对手或同行业其他企业为主体，对影响因素进行分析与比较。要想构建一种具有针对性的评价指标体系，就应该对比知道自己的劣势在哪里，只有这样才能不断改进。

2. 客户满意度评价指标体系的内容

客户满意度评价指标体系是一种多指标的结构，运用层次化结构设定评价指标，能够由表及里、深入清晰地表述客户满意度评价指标的内涵。

每一层次的评价指标都是由上一层次的评价指标展开的，而上一层次的评价指标则是通过下一层次评价指标的测评结果反映出来的。结合 ACSI 模型，按照各个指标之间的关系，跨境电商客户满意度评价指标体系如表 3-5 所示。

表 3-5　跨境电商客户满意度评价指标体系

一级指标	二级指标	三级指标
跨境电商客户满意度指数	顾客预期	服务的个性化预期、服务的可靠性预期、总体预期
	质量感知	服务质量的个性化感知、服务质量的可靠性感知、总体感知
	价值感知	在给定价格条件下对质量的感受，在给定质量条件下对价格的感受
	顾客满意	实际与预期的质量差距、实际与预期的价值差距、总体满意程度
	顾客抱怨	通过企业客服人员或相关渠道进行投诉的正式抱怨，向其他顾客进行抱怨并且未来不会在平台发生购买行为的非正式抱怨
	顾客忠诚	重复使用或对价格变动高接受度的行为忠诚，向他人推荐的态度忠诚

三、ACSI 模型的应用

在诸多国内外顾客满意度指数模型中，ACSI 模型是应用最广泛的模型。与其他模型相比，ACSI 模型对顾客满意度与各个结构变量之间的关系进行了深入的梳理，同时模型整体相对简单，变量之间的逻辑关系更加清晰。再者，由于本节主要讨论的对象为跨境电商企业，利用 ACSI 模型有利于跨境电商企业结合自身经营特点来制定相关措施，以便进一步提高顾客满意度，因此本书选取 ACSI 模型作为跨境电商客户满意度评价指标体系优化的理论基础。

1. ACSI 模型的指标含义

顾客预期（Customer Expectations）：顾客利用过去经验性或非经验性的信息在购买和使用某种产品或服务之前对其质量进行的判断与预测。决定顾客预期的观测变量有三个：服务的个性化预期、服务的可靠性预期和总体预期。

质量感知（Perceived Quality）：顾客在使用产品或服务后对其整体卓越程度的判断。决定质量感知的观测变量有三个：服务质量的个性化感知、服务质量的可靠性感知和总体感知。

价值感知（Perceived Value）：顾客在购买和消费产品或服务的过程中，对所支付的费用和所达到的实际收益的体验。决定价值感知的观测变量有两个：在给定价格条件下对质量的感受，在给定质量条件下对价格的感受。顾客在给定价格条件下对质量的感受，是指顾客以得到某种产品或服务所支付的价格为基准，通过评价该产品或服务的质量来判断其感知价值。

顾客满意（Customer Satisfaction）：这个结构变量是通过计量经济学变换最终得到的顾

客满意度指数。决定顾客满意的观测变量有三个：实际与预期的质量差距、实际与预期的价值差距和总体满意程度。顾客满意度主要取决于顾客实际感受同预期质量的比较。同时，顾客的实际感受同预期价值的比较也影响顾客满意度，二者差距越小，顾客满意度就越高。

顾客抱怨（Customer Complaints）：顾客对企业不满的一种表达，希望以此使企业改变经营方式，提高产品或服务的质量，并且寻求获得某种形式的补偿，本质上是一种希望企业改变的意愿。决定顾客抱怨的观测变量有两个：通过企业客服人员或相关渠道进行投诉的正式抱怨，向其他顾客进行抱怨并且未来不会在平台发生购买行为的非正式抱怨。

顾客忠诚（Customer Loyalty）：顾客对某一品牌所表现出的长期的、有偏向性的重复购买行为。决定顾客忠诚的观测变量有两个：重复使用或对价格变动高接受度的行为忠诚，向他人推荐的态度忠诚。如果顾客对某种产品或服务感到满意，就会产生一定程度的忠诚度，表现为对该产品或服务的重复购买或向其他顾客推荐。

2. ACSI 模型的应用案例

以宁波小薇云集电子商务有限公司（以下简称"小薇云集"）为例，小薇云集建立了自己的跨境电商独立站，根据 ACSI 模型构建评价指标体系，对客户满意度展开详细的调查，并且得到准确的客户满意度数值，进而了解独立站自身的客户满意水平及在各个方面的表现，从而有针对性地做出调整，提升客户满意度。

（1）确定观测变量

运用 ACSI 模型评估企业客户满意度的第一步，是根据 ACSI 模型的三级指标确定观测变量。以模型中的六个结构变量为准则层，根据客户在独立站购物过程中影响最终结果的可能因素，选取了 X 个观测变量，记为"X_n"，构建小薇云集的客户满意度评价指标体系。需要注意的是，在实际应用中，观测变量可根据实际情况进行调整，不必完全按照表 3-5 中的内容设置。选取的观测变量如表 3-6 所示。

表 3-6　小薇云集独立站 ACSI 模型的观测变量

结构变量	观测变量（X）
顾客预期	独立站产品是否符合个人特定需要的预期值（X_1），客户对网站个人信息管理可靠性的预期（X_2），对独立站的总体预期（X_3）
质量感知	页面布局设计的合理性和友好性（X_4），产品质量的可靠性感知（X_5），客户操作的便利性（X_6）
价值感知	客户在独立站获取预期信息的程度（X_7），独立站是否提供高质量的产品或服务（X_8）
顾客满意	实际与预期的质量差距（X_9），实际与预期的价值差距（X_{10}），总体满意程度（X_{11}）

续表

结构变量	观测变量（X）
顾客抱怨	通过企业客服人员或相关渠道进行投诉的正式抱怨（X_{12}），向其他顾客进行抱怨并且未来不会在平台发生购买行为的非正式抱怨（X_{13}）
顾客忠诚	有使用需求会首先使用该独立站（X_{14}），愿意向他人推荐使用该独立站（X_{15}）

（2）开展调查并收集数据

选取了观测变量后，企业就需要围绕观测变量开展一系列调查。可以通过历年数据的统计进行调查，也可以通过向客户开展问卷调查得知。调查完毕后，企业需要收集并统计数据。

（3）数据分析

相关数据收集完毕后，企业就要进行数据分析。通常，数据分析包含以下三个方面。

① 可靠性分析

分析结论的可靠性建立在数据本身的可靠性基础上，企业需要分析样本的可靠性。数据信度可以通过稳定系数、等值系数、内在一致性系数等指标来表示。

② 描述性分析

描述性分析能够反映数据的基本表现，包括最小值、最大值、平均数、标准差（衡量数据离散程度）、偏度系数（描述数据分布偏离对称性程度）、峰度系数（表征概率密度分布曲线在平均值处峰值高低的特征数）等。小薇云集独立站的数据描述性分析结果如表3-7所示。

表3-7 小薇云集独立站的数据描述性分析结果

结构变量	观测变量	最小值	最大值	平均数	标准差	偏度系数	峰度系数
顾客预期	X_1	1	10	6.35	2.03	-0.65	0.19
	X_2	1	10	6.74	1.92	-0.87	1.01
	X_3	1	10	6.60	2.06	-0.56	0.34
质量感知	X_4	1	10	6.18	2.19	-0.72	-0.13
	X_5	1	10	6.30	2.18	-0.76	0.04
	X_6	1	10	6.15	2.08	-0.86	0.17
价值感知	X_7	1	10	6.83	1.97	-0.76	0.91
	X_8	1	10	6.62	2.02	-0.67	1.01

续表

结构变量	观测变量	最小值	最大值	平均数	标准差	偏度系数	峰度系数
顾客满意	X_9	1	10	6.65	1.92	−0.85	0.74
	X_{10}	1	10	6.64	2.06	−0.78	0.42
	X_{11}	1	10	6.68	1.95	−0.76	0.74
顾客抱怨	X_{12}	1	10	6.66	2.02	−0.75	0.72
	X_{13}	1	10	6.28	2.41	−0.56	0.26
顾客忠诚	X_{14}	1	10	6.96	1.84	−0.58	0.79
	X_{15}	1	10	6.15	2.08	−0.86	0.17

③模型参数分析

根据各个观测变量的数据表现，企业可以分析出各个观测变量对结构变量的影响，以及结构变量对客户满意度的影响。

（4）得出客户满意度

以数据分析结构为依据，在为各个结构变量与观测变量分配合理的权重后，企业即可建立起属于自己的 ACSI 模型。小薇云集独立站各变量权重如表 3-8 所示。

表 3-8 小薇云集独立站各变量权重

结构变量	权重	观测变量	权重
顾客预期	0.130	X_1	0.426
		X_2	0.388
		X_3	0.186
质量感知	0.234	X_4	0.241
		X_5	0.419
		X_6	0.340
价值感知	0.341	X_7	0.543
		X_8	0.457
顾客满意	0.135	X_9	0.429
		X_{10}	0.306
		X_{11}	0.265
顾客抱怨	0.052	X_{12}	0.429
		X_{13}	0.571

续表

结构变量	权重	观测变量	权重
顾客忠诚	0.108	X_{14}	0.555
		X_{15}	0.445

根据各个观测变量的平均得分及相应的权重，就能够得到独立站在各个结构变量上的得分（结构变量得分为各个观测变量加权得分的平均分），从而计算出客户满意度，如表3-9所示。根据得出的结构变量得分，企业就可以发现自己在哪些方面得分较低，从而有针对性地加强对这方面的管理。

表3-9　小薇云集独立站 ACSI 模型的得分

结构变量	观测变量	平均得分/分	权重	加权得分/分	结构变量得分/分
顾客预期	X_1	6.35	0.426	2.71	2.19
	X_2	6.74	0.388	2.62	
	X_3	6.60	0.186	1.23	
质量感知	X_4	6.18	0.241	1.49	2.07
	X_5	6.30	0.419	2.64	
	X_6	6.15	0.340	2.09	
价值感知	X_7	6.83	0.543	3.71	3.37
	X_8	6.62	0.457	3.03	
顾客满意	X_9	6.65	0.429	2.85	2.22
	X_{10}	6.64	0.306	2.03	
	X_{11}	6.68	0.265	1.77	
顾客抱怨	X_{12}	6.66	0.429	2.86	3.23
	X_{13}	6.28	0.571	3.59	
顾客忠诚	X_{14}	6.96	0.555	3.86	3.30
	X_{15}	6.15	0.445	2.74	

任务三　跨境电商客户满意度管理策略

📖 情景导入

客户满意度影响产品的排序曝光、其他客户的购买行为、卖家的星级，以及卖家能够享受到的平台给予的资源。因此，客户满意度对卖家来说非常重要。

Elsa 在整理客户数据的时候发现一种有趣的现象：客

户在平台下单后通常会询问客服人员什么时候可以发货，如果客服人员回复"下单立即发货"，两小时后即使平台的物流信息显示已发货，客户在评价的时候往往也不会选择非常满意，而如果客服人员回复"按照付款先后顺序发货，不过您放心，我们会于24小时之内发出"，12小时内平台的物流信息显示已发货，客户就会觉得非常满意。为什么让客户等待的时间长反而使其更满意呢？

项目任务书

1. 把握客户预期。
2. 让客户感知价值超越客户预期。

任务实施

1. 说明做好客户预期管理的三种方法。
2. 根据案例比较客户体验和客户预期，分析客户满意度，并创造性地提出自己的改进意见，将分析内容和结论填入表3-10。

案例：某客户在亚马逊平台上订购了12本书，选择了最便宜但耗时最长的邮政小包，半个月后客户收到货却发现只有11本，随即联系了平台卖家，但并无回音。没想到两天后，第12本书竟以最昂贵的快递方式被送到了客户手中，整个过程卖家没有问过客户任何问题，就把书寄给了客户。

表3-10　客户满意度分析

分析项目	现状分析	改进策略	备注
客户需求			
客户预期			
客户感知价值			
分析结论			

知识模块

客户满意度是客户体验与客户预期的匹配程度。换言之，就是客户通过对产品或服务的感知价值与其预期值相比较后得出的指数。客户满意与否是客户对产品或服务的实际感受与自己的预期进行比较的结果。依据客户关系管理中的客户满意度三角定律，要实现客户满意，根本的办法就是一方面提升客户体验，另一方面则需要准确把握客户预期并引导和降低客户预期（见图3-5）。如果客户体验与客户预期基本持平，那么客户满意度为一般水平。客户体验较客户预期越优，客户满意度越高；反之，客户体验较客户预期越劣，客户满意度越低。

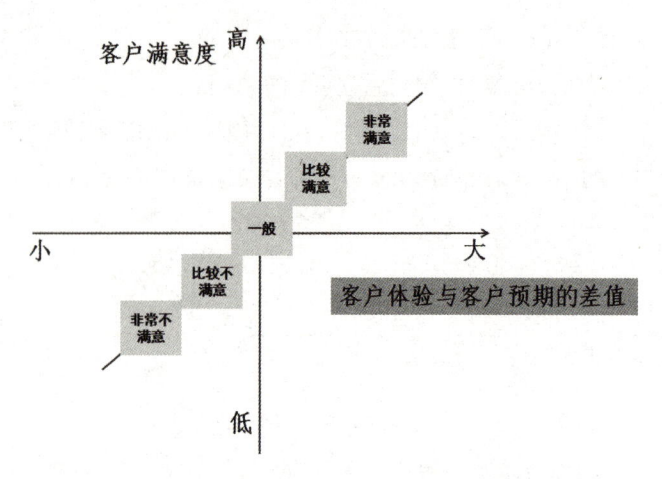

图 3-5　客户满意度三角定律示意图

一、了解客户预期

客户预期是客户在购买、消费产品或服务之前，对其价值、品质、价格等方面的主观认识或期待，与客户满意度负相关。它是一个动态的、可变化的区域，受到多种因素的影响。

客户的自身差异会导致客户预期不同，哪怕对同一产品或服务的同一因素，不同的客户往往也抱有完全不同的期待。例如，同样在亚马逊平台上下单，客户 A、B 都等了 48 小时才发货，但是客户 A 原本预计只等 24 小时，结果等了足足 48 小时，那么他自然对店铺服务不满。而客户 B 原本预计要等 72 小时，结果在 48 小时内就发货了，那么他自然对店铺服务感到满意。

同一客户在不同时段和不同境遇下的预期也是不同的。例如，客户 B 又在店铺下单，但这次他有急用，那么他对等待时间的预期自然就缩短了，同样等待 48 小时，他就会觉得店铺的发货时间太长，对店铺服务不满。若店铺对发货时间超过 24 小时的商品随包裹寄送一份小礼品或给予一定的优惠，那么客户 A 即使等了 48 小时可能也不会不满。

客户预期是可以管理和设计的，只要客户实际体验到的产品或服务落在预期内，客户就会接受这种产品或服务并感到满意。

二、做好客户预期管理

1. 掌握客户的心理预期

作为有效管理客户预期的基础，我们不能忽视客户基本信息的收集及统计，包括客户基本属性信息、平台页面停留时长、消费水平及波动、个人偏好、服务反馈和满意度等。这些信息的收集及统计为客户需求的分析与预期水平的评估提供了基础数据和信息支持。例如，据某电商平台客户反馈，"目前的会员专享服务没有特色，专属礼券、专属客服和活动赠礼力度不大，且会员专享券往往设置消费门槛"，通过该信息我们可以推断，对于会员专享这项服务，客户的预期是较高的。现实情况很可能是，店铺为新会员发放了大额优惠券，并在生日时送上定制礼物表示祝福，客户非常惊喜，大大提高了满意度。但随着时间的推移，虽然客户依然享受这项专属客服，也会定期收到各类优惠券，但服务每年如此，礼物年年送到，服务的质量没有区别。由于客户已经对该店铺的会员专享服务水平存在心理预期，而且服务体验很可能会逐年降低，因此最终导致客户满意度下降，进而产生抱怨情绪。显然，服务反馈是评估与管理客户预期的重要信息。

2．评估客户预期

客户需求分析是评估客户预期的重要依据和手段。跨境电商企业的服务对象众多，客户来自世界各地，文化背景不一，消费习惯和消费心理也各不相同，他们对产品或服务的需求自然也不一样。例如，速卖通数据显示，该平台跨境销售排前三位的分别是服装、手机、假发。"爆冷"进入前三的假发，每天的全球销量约4万套，其中90%以上的包裹发往黑人手中。究其原因是黑人的头发往往刚硬而卷曲，黑人女性尤其渴望有一头柔顺美丽的秀发，于是纷纷用假发来弥补这一先天缺憾。

依照客户对产品或服务的感受及需求满足程度，可将客户的需求分为三类，即基本需求、期望需求和惊喜需求，如图3-6所示。基本需求是客户认为企业理所应当提供的服务，需求满足程度低则很不满意，需求满足程度高也不会很满意；惊喜需求恰恰相反，需求满足程度低也不会不满意，需求满足程度高则会非常满意；期望需求则介于两者之间，需求满足程度与客户满意度基本呈线性相关。

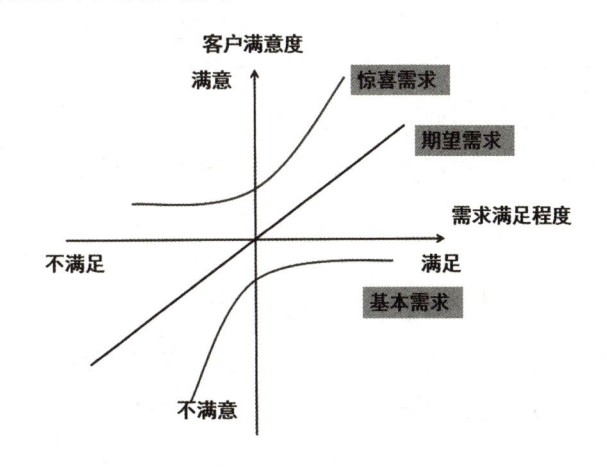

图3-6 客户需求层次

在三种类型的需求分析基础上，我们可以得出如下结论。一般情况下，客户对基本需求类服务有非常清楚的心理预期，且预期水平波动不大。如果该类需求得到满足，客户体验超过或持平预期水平，则对客户满意度的影响程度较低；如果该类需求未得到满足或满足程度较低，客户体验未达到预期水平，则客户满意度会急剧下降。惊喜需求类服务的客户预期水平较低或根本没有预期，其情况与基本需求类服务恰好相反。当为客户提供该项服务时，一般客户都会很满意。如果服务质量较好，则客户满意度会得到很大的提升；即使服务质量不尽如人意，客户也不会产生反感情绪，对客户满意度的影响程度较低。期望需求类服务则介于两者之间，客户有一定预期，客户体验与预期水平的差距决定其服务效果，即总体满意度变化。以下以一张示例表格来说明三类需求的不同，表 3-11 所示为速卖通平台某售卖假发店铺的客户需求层次。

表 3-11　速卖通平台某售卖假发店铺的客户需求层次

客户需求层次	示例
基本需求	发丝含量、质量符合相关标准，色牢度强，颜色均匀，无刺激性气味
期望需求	发丝柔顺光滑，颜色自然，价格低于市场价
惊喜需求	附赠假发营养护理液，卖家承担退换货运费

一项服务会随着时间的推移从较高位置向较低位置产生"掉落"现象。即随着时间的推移，原有的惊喜需求类服务可能会演变为期望需求类服务，甚至是基本需求类服务。可以说，这种现象很不利于客户预期的控制，因此如何减缓或消除服务的"掉落"现象是客户预期控制的重点内容。

3．引导客户预期

如果客户预期过高，客户就会对产品或服务有所挑剔，此时一旦企业提供给客户的产品或服务没有达到客户预期，就会导致客户失望和不满；但如果客户预期过低，那么客户根本就不会选择本企业的产品或服务。可见，客户预期无论是过高还是过低都不行，企业必须采取恰当的方式来引导客户预期，以保证客户预期处于合理的区间内。

（1）对客户坦诚相告

①全面介绍产品或服务

涉及在线购物时，客户对产品或服务的认识往往是不全面的，他们不喜欢惊喜，而是想在购买前获取所有相关信息。客户对产品信息描述不准确、含糊不清的行为不那么宽容，如果遇到这种情况，那么他们会表示怀疑。因此，企业应该在详情页全面、准确地介绍产品或服务，包括材料、参数、工艺、质量标准、储存与运输条件等，尽可能避免客户产生不合理的预期。

②合理地承诺和宣传

客户对产品或服务的期待很大程度上来自企业的承诺和宣传，正向的承诺和宣传能够吸引客户，但是过度的承诺和宣传反而会使客户建立过高的预期，致使客户满意度降低风险大幅度增加。同时，企业也可以直接指出自己产品或服务的不足，这样既能给客户留下坦诚、可信的印象，又能降低客户预期（值得注意的是，产品或服务的不足不能是影响客户做出购买决策的重要因素）。例如，在详情页及包装上醒目标明"服装面料做了磨毛处理，会有轻微粘毛现象""本品使用天然染料，无法避免褪色"等注意事项。

（2）灵活运用非产品因素

非产品因素往往也能影响客户预期。例如，产品的广告宣传、产品包装、客户评价、客户价值观、客户背景、竞争环境、电商平台信息、客户年龄、之前对该产品的体验、之前对其他品牌产品的体验等。每种因素的变化都会导致客户预期的变化，这种信息源的多样性导致客户预期的不确定性。企业灵活运用这些因素可以巧妙地引导客户预期。

（3）谨慎对待客户的额外要求

如果企业总是义务地承担额外的服务，那么客户就会习惯性地接受这一点，认为这本来就是自己应当接受的。一旦企业有一次未能"正确"完成这些额外的服务，等待企业的将是客户的不满。所以，在客户提出额外要求时，企业要谨慎，但这并不意味着"事不关己，高高挂起"，因为这样做换来的同样是客户的不满意。最好的做法是明确企业的服务内容，清楚地向客户表明他的这些要求是额外的，然后在自己的能力范围内帮助客户解决问题。对于企业可能无法做到的事，可以努力同客户一起筹划来解决问题，让客户觉得企业是"有办法"和"负责任"的，争取客户最大的支持，以便其在网站上留下正面评论。

三、让客户感知价值超越客户预期

> **案例**
>
> 越来越多的跨境电商平台在在线化服务中采用人机协作模式，客户有任何需求都可以在移动端发起与卖家的实时对话。对于退换货、开发票等常规需求，可以由客服机器人来处理，让客户体验到客服机器人的"秒回"服务。而对于产品咨询、交易争执等复杂问题，在线化服务将根据客户的升级需求，主动切换至人工模式，由客服人员来解决，直至客户满意为止。"机器＋人工"的双重保障做法，极大地提升了店铺的响应效率，满足了客户的各类需求，提高了客户的感知价值，降低了客户的沟通成本、等待成本，极大地提升了客户满意度。

1. 客户感知价值的概念

泽瑟摩尔（Zaithaml）在1988年从客户角度提出的客户感知价值理论得到了广泛的认可和应用。她将客户感知价值定义为：客户所能感知到的利得与其在获取产品或服务中所付出的成本进行权衡后对产品或服务效用的整体评价。

虽然中西方学者对客户感知价值的内涵有不同角度的阐释，但他们的观点都是一致的，即定义的核心在于感知利得与感知利失之间的一种权衡。其中，感知利得是客户从其所使用的特定产品或服务中所能感知到的包括产品内部实体属性及外部服务属性等的一系列利益；感知利失则是客户在评估、获得及使用特定产品或服务时所付出的一系列成本，包括所有与客户购买行为相关的物质和精神上的成本。客户感知价值具有两个基本特征：一是该价值存在于感知中，而非产品或服务；二是不同的人由于感知不同，对同一产品或服务会给出截然相反的价值判断和取舍。

在"客户感知价值"范畴里，价值是由主观最终决定的，而非单纯由客观存在物决定；价值是由客户决定的，而不是由企业决定的，企业为客户设计、创造、提供价值时应该从客户导向出发，把客户对价值的感知作为决定因素。在电商中，客户的感知价值不仅来源于产品或服务的实物价值，更重要的是来源于产品或服务的精神价值。因为在网络营销中，客户不能依靠触、摸、闻等来感知产品或服务的价值。具体到跨境电商领域，就是要提醒我们：跨境电商客户怎样感知自己的产品或服务，是跨境电商企业在研发、提供产品或服务的同时，就要进行调研的一项重要工作。跨境电商企业的产品或服务，只有在跨境电商客户通过感知系统权衡、评价，并且认可后才能发挥其价值。反之，如果客户在购买产品或服务时没有感受到其价值，那么企业的努力就无法得到回报。

2. 跨境电商环境下的客户感知价值

客户感知价值是一个多维度的变量。跨境电商环境下的客户感知价值可以划分为程序性价值、功能性价值、情感性价值和社会性价值四个维度。

程序性价值是客户在购物过程中，跨境电商平台提供产品或服务的过程能够满足客户需求程度的评价，其中包含页面友好性、操作便利性和系统安全性等与跨境电商市场的虚拟性及开放性的特点相关联的因素。

功能性价值是从产品或服务的感知质量或性能中所获得的收益。在跨境电商市场中，注重客户从产品或服务的基本性能中所获得的收益，包含产品的质量、产品的价格优势、产品的促销活动等。当产品或服务具有价格优势或有促销活动时，就会吸引客户的关注，当客户的期望得到满足时，客户满意度就会提升。

情感性价值是客户通过跨境电商平台购物所产生的喜悦、快乐或增加乐趣的感知。情感性价值会对客户满意度产生重要影响。当客户得到情感上的满足时，便会产生较高的满意度，进而刺激购买意愿。

社会性价值是源于产品或服务提高客户的社会性自我概念的能力所产生的效用。随着社会的发展，消费越发升级、分级，人们的消费观正从原来的产品更多地偏向情感与精神价值的消费，人们通过消费体验表达个人价值。例如，TOMS鞋"Buy One Give One"的捐购模式，让客户在购买过程中承担了社会责任，满足了其精神文化需求，从而使客户产生了更高的满意度，进而产生重复购买行为。

3. 跨境电商客户感知价值的影响因素

（1）习惯性认可

客户评价某种产品的价值大小主要根据自己往常购买本产品和相关产品的经历及其获得的由市场信息构成的购买印象，这就造成其对某种产品的习惯性认可。虽然产品价值具有客观性，但由于跨境电商客户的文化、习惯差异巨大，因此很难对其提供的价值进行客观、标准的评价，客户只能依赖以往的经验和所获信息做出判断。客户的习惯性认可往往会保持一段时间，并且影响着客户感知价值，从而影响客户的购买决策。

（2）预期风险

跨境电商客户在购买产品或享受服务时面临很多不确定的风险，这些风险来自产品质量不符合期望、个人隐私泄露、网上消费安全性低所带来的经济损失或身心健康损失，以及其他不确定性因素带来的意外损失。随着客户知识的丰富和信息的积累，他们的购买行为越来越趋于理性，在购买产品的时候，总是试图降低预期风险。当其他因素都稳定时，客户预期风险越小，客户感知价值就越大；反之则越小。

（3）品牌

产品的品牌形象是其价值的浓缩，优质的品牌形象有利于客户形成对产品价值的有利评判，节省客户比较、挑选各种产品的时间成本和精力成本，从而提升产品的价值。同时，优质的品牌形象也能让客户获得超越产品的感知益处。之所以有人愿意花高价购买某种产品，是因为产品的品牌所带来的形象价值高。

（4）信息

信息影响着客户感知价值的两个层面，即水平层面和范围层面。信息对客户感知价值水平层面的影响是指客户的个人知识、经历、获得信息的有限性，限定了客户价值的感知程度，从而不能对客户价值进行周全、客观的判定与评价。信息对客户感知价值范围层面的影响是指因客户了解产品信息的有限性，导致客户在进行价值感知的时候，只能参照部分产品进行对比和衡量。

4. 提升跨境电商客户感知价值的措施

（1）增强购物的便利性

电商打破了时空的限制，省时省力，因此便利性是跨境电商中客户感知的利得因素。企业需要在保证产品质量的前提下，尽可能减少客户的时间支出，如通过优化店铺的购物环境，提高关键词的匹配度，提高跨境电商的物流配送速度等方式来降低客户的时间感知成本，提升客户感知价值。

（2）丰富产品种类

客户对价值的感知往往与其需要相匹配，客户越需要具备某一功能的产品，就会赋予其越高的价值。在电商中，客户可以买到无法从实体店铺中买到的产品，因此丰富产品种类和提供个性化的产品可以间接达到提升客户感知价值的效果。企业可以积极地收集并分析客户意见，了解客户对产品的需求，为客户提供定制化产品。

（3）提高产品信息的质量

在跨境购物过程中，产品信息是客户做出购买决策的依据。因此，保证产品信息的质量是降低客户的精力成本，提升客户感知价值的重要手段。例如，及时更新产品信息，以保证产品信息的准确性；突出"保价""免费安装指导""运费险"等关键性承诺，免除客户有关"买完就降价""不会安装""退货成本太高"等的担心。

（4）让客户更多地参与到购物过程中

从客户的角度出发，更多地考虑客户的需求，完善与客户的互动方式，实现与客户的有效沟通，提升客户的购物体验，进而提升客户感知价值。

（5）提升购物安全保障

在网购中，客户会面临个人资料与支付环境的安全性问题，因此企业应该重点关注信息安全问题，为客户提供全面、有效的信息安全保护。网购环境的高安全性可以提升客户感知价值。

知识拓展

锚定效应

所谓"锚定效应"，是指人们在做决定或下判断前，容易受到之前的信息影响。该信息犹如一个沉重的锚，沉到了海底，让人们的思维以该信息为基准，在它的一定范围内做判断。

例如，亚马逊某平台卖家将一款茶叶拆成三个SKU（库存量单位）来主推，分别是 100 克装售价 45 元，200 克装售价 79 元，500 克装售价 219 元。调整 SKU 后，这款茶叶的转化率提升了一倍，客户以买 200 克装的为主。调整前，这款茶叶仅有一个售价 39 元的 100 克装 SKU，拆分是为了让 100 克茶叶需要 45 元成为客户心里的那个锚，使客户产生 200 克茶叶只要 79 元，远低于锚值 90 元的感觉，从而激发客户更高程度的购买意愿。实际上，卖家只是拆分了 SKU，200 克装就是两包一起打包发货，500 克装就是五包一起打包发货，但这不仅大大提高了销售额，还降低了发货成本。

课后习题

一、不定项选择题

1. 在客户关系管理里，客户的满意度是由（ ）因素决定的。
   A．客户的期望和感知 B．客户的抱怨和忠诚
   C．产品的质量和价值 D．产品的性能和价格

2. 降低客户预期的前期准备是（ ）。
   A．了解客户预期 B．根据客户预期进行自我调整
   C．提前告知以调整客户预期 D．以上都不是

3. 客户满意度 =（ ）。
   A．客户体验 + 客户预期 B．客户预期 - 客户体验
   C．客户体验 × 客户预期 D．客户体验 - 客户预期

4. 客户满意中超出期望的式子是（ ）。
   A．感知服务 > 预期服务 B．感知服务 < 预期服务
   C．感知服务 = 预期服务 D．感知服务 ≥ 预期服务

5. （ ）越大，客户满意度就越高。
   A．公司价值
   B．客户体验与客户预期的差值
   C．客户忠诚度
   D．客户关系价

6. 跨境电商客户满意度的影响因素主要包括（ ）。
   A．平台（网站）特性 B．支付方式
   C．物流配送 D．产品

7．跨境电商客户满意度的影响因素中有关平台（网站）特性的主要包括（　　）。

　　A．网页美学设计

　　B．分类检索的便捷性

　　C．服务器的稳定性

　　D．平台（网站）信息的质量

8．跨境电商客户需求的特点有（　　）。

　　A．广泛性　　　　　　　　　　B．个性化

　　C．及时性　　　　　　　　　　D．普遍性

9．以下说法正确的是（　　）。

　　A．客户基本需求得到满足，对客户满意度的影响程度较低

　　B．客户物质满意、精神满意、社会满意三个层次具有递进关系

　　C．ACSI模型包含顾客预期、质量感知、价值感知等六个指标

　　D．客户预期与客户满意度正相关

10．关于产品咨询问题，售前客服人员主要提供（　　）信息。

　　A．关于付款方式等交易流程咨询

　　B．产品的功能性和兼容性

　　C．相关细节

　　D．包裹内件详情

二、简答题

1．影响跨境电商客户满意度的因素有哪些？

2．简述提升跨境电商客户感知价值的措施。

三、实践操作题

实训主题：选取某款熟悉的品牌产品开展客户满意度调查，分析该品牌产品在各个维度的得分情况，并提出提高其客户满意度的策略。

实训过程设计：

1．分组，每组3～4人，讨论确定品牌。

2．根据ACSI模型，分解该品牌产品的观测变量。

3．根据观测变量，设计电子问卷并进行问卷调查。

4．根据调查结果，提出针对性意见。

任务评价

评价项目	评价内容	评价（5 分制）	
		自我评价	小组评价
知识与技能	完成课前预习与课后复习		
	积极参与教学活动，全勤		
	理解、掌握核心概念		
	主动学习，拓展知识		
	完成项目任务		
思政与素质	自主学习能力		
	团队合作能力		
	创新能力		
	责任意识		
	敬业精神		
平均分			
教师总评			

项目四

跨境电商客户的忠诚度管理

📖 **知识目标**

1. 理解跨境电商客户忠诚的含义。
2. 了解跨境电商客户忠诚的意义。
3. 掌握跨境电商客户忠诚度的影响因素。
4. 理解客户忠诚与客户满意的关系。
5. 掌握跨境电商客户忠诚度管理策略。

📖 **能力目标**

1. 能分析客户满意对客户忠诚产生影响的若干因素。
2. 能正确衡量客户忠诚度。
3. 能合理分析客户忠诚对跨境电商企业的影响。
4. 能良好地运用各种策略提升客户忠诚度。
5. 能设计、执行、调整客户忠诚计划。

📖 **思政小课堂**

习近平总书记指出："调查研究是我们党的传家宝，是做好各项工作的基本功。"调查研究必须坚持问题导向，发扬求真务实的作风。在培养客户忠诚度的过程中，要对客户的情况、信息进行收集与分析，深入了解客户的体验和行为，努力提升客户满意度，实现客户忠诚。

项目导学

众所周知，忠诚客户是决定企业长期收益的关键因素之一，只有能获得忠诚客户的企业才保住了市场竞争力。贝恩咨询公司的研究报告显示，老客户的购买力会比新客户高出67%，这进一步验证了客户忠诚是企业取得长期利润增长的根本源泉，更是企业提高竞争力的重要决定因素。随着跨境电商的迅速发展，在跨境电商企业之间的竞争全面升级的背景下，客户忠诚度管理是打造忠诚客户的强有力武器。只有不断提升客户忠诚度，才能为企业的健康发展提供最为坚实的支撑。本项目主要介绍跨境电商客户忠诚度概述、跨境电商客户忠诚度的影响因素，以及跨境电商客户忠诚度管理策略。

任务一　跨境电商客户忠诚度概述

情景导入

宁波小薇云集电子商务有限公司的跨境电商客服专员Elsa，目前跟着经理帮助专注母婴智趣用品研发与销售的A公司运营速卖通平台上的店铺。她在整理客户的消费数据时发现，有些客户会定期在这家店铺里为自己的孩子采购适合本年龄段的生活用品，即使有时候店铺的优惠与打折力度低于平台上的其他母婴用品品牌，这些客户依然毫不犹豫地选择它，他们的回购率很高，并且热衷分享；有些客户对产品表现出很大的兴趣，也会给予较高的评价，但是购买次数不多；有些客户有几次回购行为，但似乎对产品评价并不高；有些客户只是一次购买，之后杳无音信。在经理的要求下，Elsa开始对客户进行分析和归类，衡量客户的忠诚度。

项目任务书

1. 明确跨境电商客户忠诚的含义。
2. 区分客户忠诚的四个层次。
3. 分析跨境电商客户忠诚的意义。

📖 **任务实施**

1. 理解跨境电商客户忠诚的含义。
2. 区分客户忠诚的四个层次，判断客户忠诚度。

客户 A、B 的购物数据如表 4-1 所示，请据此判断客户是否忠诚，若是请说出其属于哪种类型的忠诚客户。

表 4-1　客户 A、B 的购物数据

项目	客户 A	客户 B	店铺会员平均数值
每月复购次数／次	10	8	7.26
平均挑选时间／分钟	7.12	2.56	5.73
每月购物金额／元	5824	4386	3576.4
购买该品牌产品支出占购买同类产品支出的比例	43%	61%	53%

操作步骤：（1）区分忠诚客户和不忠诚客户。
　　　　　（2）判断客户忠诚度。
3. 总结并分析客户忠诚对跨境电商企业的意义。

_____

_____

知识模块

一、跨境电商客户忠诚的含义

客户忠诚是企业取得竞争优势的源泉，是客户在消费后对某种产品、品牌或企业的信赖、维护和希望重复购买的一种心理倾向。通俗地讲，跨境电商客户忠诚就是跨境电商客户保持与现跨境电商店铺（平台）交易关系的强烈意愿。忠诚客户趋向于购买更多的产品、对价格更不敏感，而且主动为本企业传递好的口碑、推荐新的客户。因此，拥有长期忠诚客户的跨境电商企业比拥有低单位成本、高市场份额但客户流失率高的竞争对手更有竞争优势。企业实施客户关系管理的目的是通过合适的客户保持战略，不断强化客户的关系持续意愿，最终形成忠诚客户，从而实现长期稳定的客户重复购买。因此，跨境电商客户忠诚是跨境电商企业实施客户关系管理所追求的根本目标。

二、客户忠诚的分类

客户忠诚的形成分为认知、偏好、认证和形成四个阶段,它们形成于客户关系发展的不同阶段,代表了客户忠诚的不同水平。据此,客户忠诚可以分为认知忠诚、情感忠诚、意向忠诚和行为忠诚,这四个层次由浅及深。

第一个层次是认知忠诚,是指经由产品品质信息直接形成的,认为该产品优于其他产品的忠诚,是客户忠诚的一种低级形式。它不能反映客户对企业的态度是积极的还是消极的,因为同样是重复购买,有些客户可能是基于对产品的满意或对企业的信任而愿意重复购买,而有些客户可能是出于转换成本高而不得不重复购买。因此,在产品流转中,要注意目标受众的心理,给目标受众留下美好的第一印象。第二个层次是情感忠诚,是指客户在情感上对企业及其员工、产品或服务的偏爱所产生的一种强烈的情感依附状态,反映了一种积极的客户态度。第三个层次是客户有了再次购买的想法,但是还差实际行动,属于意向忠诚。最后一个层次是既有态度上的偏爱,又有再次购买的行为,即行为忠诚。它以客户可持续的重复购买为主要行为特征,是客户忠诚的最高形式,它的形成基于高水平的双赢交易关系,客户和企业都从这段关系中获得了收益,并且客户认为双方的获益是对等的,因而客户的这种忠诚是可持续的。

跨境电商客户忠诚是内部态度和外部行为的统一,即客户长期偏好某企业的产品或服务。跨境电商忠诚客户的行为表现有三种:重复购买、交叉购买和新客户推荐。重复购买即客户反复访问该网站,并坚持长期购买,这是各种形式客户忠诚的基本行为表现。交叉购买和新客户推荐是情感忠诚及可持续行为忠诚才有的行为表现,指客户对产品感到满意,给出积极良好的综合评价,尝试购买其他品类产品,或者推荐新客户购买,反映了客户对企业的积极态度。

三、跨境电商客户忠诚的意义

产品的同质化及信息的易得性使企业之间的竞争愈加激烈,流量成本的提升已然变成一种不可逆转的趋势,要想降低成本,就需要将有限的资源发挥最大的价值。对企业来说,已有的客户资源无疑就是最值得开发的,因此提升客户忠诚度是一项非常重要的工作。忠诚客户为企业带来的收益更加持续可观,注重培养客户忠诚度是企业获得长远竞争优势的必然要求。

1. 节约开发新客户的成本,降低企业的营销成本

跨境电商的终端客户除具有网购者的共同特征外,还因为卖家分属于不同国家而更缺乏安全感。当前,各大跨境电商平台之间及各平台店铺之间,都在为争夺客户资源使出浑身解数。平台营销的最主要目的就是获取新客户,留住老客户。有数据表明,开发一个新

客户的营销成本支出远高于留住一个老客户的成本支出，营销成本成为跨境电商平台最为重要的成本支出之一。在平台之间的"营销战"愈演愈烈的情况下，营销成本支出呈现不断攀升的势头。从营销成本的角度来看，提升客户忠诚度有助于降低营销成本，从经济的角度来看，留住老客户显然更加划算。因此，企业应该把营销成本支出用到"刀刃"上，适度向老客户进行倾斜，提升客户忠诚度，从而实现营销成本的降低。

> **案例**
>
> 　　跨境电商企业投身独立站的趋势愈加明显，不过对独立站卖家而言，流量成本越来越高，产品利润却持续下降。2021年，Facebook广告的平均每次点击费用为0.97美元，每次点击费用范围为0.5～3.5美元。而2020年Facebook广告的每次点击费用范围为0.7～1.01美元，仅一年时间，最高每次点击费用就增长不少。无独有偶，Google在一年的时间里广告费用上涨了1～2倍。广告费用的大幅上涨，导致独立站卖家的获客成本直线上升。在这样的情况下，卖家只有把握住每一个客源，才能最大限度地降低成本。

2. 降低企业的经营风险，提升企业的利润水平

获取利润是企业经营的主要目的，而利润主要来自客户。企业的利润等于营收减去各种成本支出，客户忠诚度的提升意味着企业可以从客户身上获得更大的价值，也意味着在企业营收不变的情况下，可以改善企业的利润状况，提升其利润水平。客户忠诚对企业利润的影响主要表现为两个方面。其一，高忠诚度的客户对企业的产品、品牌及服务高度认可，高频率的重复购买在很大程度上增加了企业的收入。与此同时，随着客户对价格敏感度的降低，小幅度的价格提升也会提升企业收入。其二，高忠诚度的客户有助于降低企业的服务成本。许多新客户因为对产品不熟悉，对平台、卖家不信任而缺少安全感，当遇到类似产品使用疑问、货物漏发、物流延迟、包裹遗失等订单问题时更容易质疑企业的服务，需要较高的服务成本投入。相比新客户，企业不再需要对老客户花费太多时间以应付层出不穷的问题，可以集中精力和资源为稳定的忠诚客户提供更完美的服务，有效提高了服务效率，从而降低了企业的运营成本。海外调研机构的数据显示，客户保留率每增加5%，利润最多可提高95%。因此，客户忠诚度的提升，不仅可以带来企业收入的稳定增加，还可以减少企业的运营成本支出，有效实现企业各项利润指标的大幅度提升。

3. 增强企业的核心竞争力，促进企业发展进入良性循环

当前，企业之间的竞争归根结底是核心竞争力的竞争，而客户忠诚度是企业核心竞争力非常重要的组成部分。不断提升客户忠诚度，可以让企业的核心竞争力得到强化，反之则会降低企业的核心竞争力。拥有高质量和多数量忠诚客户的企业，能够树立良好的企业形象，取得口碑传播的独特效果，使网站转化率不断提升，企业资金回收速度加快，利润

不断增长，企业规模随之扩大，进而有利于企业稳定忠诚客户资源，强化客户忠诚，使企业发展进入良性循环。因此，提升客户忠诚度是增强企业核心竞争力的有效途径，企业需要从核心竞争力的角度出发，着力提升客户忠诚度。

任务二　跨境电商客户忠诚度的影响因素

📖 情景导入

作为最早进入跨境电商领域的企业之一，A 公司抓住机遇，在各大跨境电商平台上销售以牙胶为主的母婴用品，因同类企业和产品少，产品利润率高，A 公司的规模得到快速扩张。但随着跨境电商的快速发展，商家看到商机，纷纷涌入各大跨境电商平台，跟风售卖热门产品。A 公司主打的牙胶产品为贴牌生产，产品价格定位为中上水平，由于产品同质化严重，且同行相互打压价格，致使产品利润率下降，企业发展受阻。A 公司主要的销售平台为速卖通，产品 SKU 多，实行铺货策略。目前企业存在的主要问题是：因客单价偏低，约 80% 的客户选择平邮小包，店铺物流评分仅 4.6 分，且因丢包产生许多订单纠纷；一笔订单中可能包含多款多色产品，而配货单为英语，配货员不具备英语能力，配货出错率较高；A 公司虽然在产品描述方面表现突出，客户评分为 4.9 分，高出其他企业 3.16%，但为节约成本，A 公司将不同品牌的图片、文案、产品描述等交叉使用，造成不同品牌网页相似度高，品牌辨识度低。

📖 项目任务书

1. 掌握影响跨境电商客户忠诚度的因素。
2. 对影响跨境电商客户忠诚度的各个因素进行分析。
3. 理解客户忠诚与客户满意的关系。

📖 任务实施

1. 根据导入案例查找影响跨境电商客户忠诚度的具体因素，并一一列举，完成表 4-2。

表 4-2　跨境电商客户忠诚度影响因素分析

序号	影响因素类别	具体内容
1	客户认知价值	

续表

序号	影响因素类别	具体内容
2	客户转换成本	
3	客户信任	
4	客户满意	

2. 理解"客户满意不等于客户忠诚",完成表 4-3。

表 4-3 跨境电商客户忠诚的分类

类型	客户特点	购买特点	客户满意度	客户忠诚度
完全忠诚				
利益忠诚				
虚假忠诚				
低度忠诚				

3. 总结跨境电商客户忠诚度的影响因素,明确客户满意是建立客户忠诚的前提条件,是维持老客户的最好方法。

知识模块

一、影响跨境电商客户忠诚度的因素

建立客户忠诚是一个长期积累的过程。在跨境电商平台上,从客户浏览产品到下单支付的交易过程中,存在很多影响客户忠诚度的因素。跨境电商企业需要对所有可能的因素进行有效分析,避免削弱客户忠诚度的情况发生,以提升客户忠诚度。

影响客户忠诚度的因素包括客户认知价值、客户转换成本、客户信任和客户满意四个方面。客户认知价值指客户对企业提供的产品或服务相对价值的主观评价。客户转换成本指客户对结束与本企业的关系和建立新的替代关系所涉及的相关成本的主观认知。客户信任指客户对可信的交易伙伴的一种依赖意愿,包括可信性和友善性两个维度。客户满意指客户对本企业提供的产品或服务的总体评价。客户满意是建立客户忠诚的前提条件,客户信任是核心因素,客户转换成本是关键因素,而客户认知价值则是提升客户忠诚度的根本动力。

1. 客户认知价值

客户认知价值是指客户对获得产品或服务所获利得和所付出利失之间的偏好与评价，包括产品价值、服务价值、安全价值和社会价值四个维度。

（1）产品价值

产品价值是客户选购产品的首要因素，是客户与企业关系的基础，企业所提供的产品或服务最起码要满足客户的需求和期望。产品价值在跨境电商平台上表现为与产品相关的方面，包括质量、价格、种类、货源、特性等。随着人们对生活质量的要求越来越高，客户越来越重视产品价值带来的满足感。如果客户在平台上买到了假冒产品，如导致婴儿过敏的尿不湿，味道和国内专柜不一样的高价护肤品，那么他们对平台的信任度会降低，并且产生不满情绪，进而转向选择其他平台进行购物。除了产品的品质，平台还要靠产品的差异性激发客户的重复购买欲望。也就是说，如果一个平台提供的产品和别的平台所售卖的无差异，可替代性强，那么客户随时可能转换平台进行购物。因此，为客户提供种类齐全、品牌多样的产品，甚至是独家授权的产品，有利于提升客户对平台的忠诚度。对跨境电商平台来说，引入多种多样的品牌，也能提升客户的满意度。

（2）服务价值

服务价值是指从购物全过程的服务体验中所产生的收益。在电商活动中，客户通过体验平台服务来评定服务质量与价值，具体包括网站的设计、店铺提供的售后服务、物流服务等。对跨境电商平台来说，平台设计、页面布局是卖家的重要工作，影响客户的购物体验。从购物前的浏览与咨询到支付及售后查询过程，客户在每一个阶段对平台设计的体验都会对购物整体体验产生影响，这也是客户一步步对平台建立信任的机会。每一个环节的体验，包括页面布局、操作便捷性、信息完整度、与客户的互动程度、产品的推荐精准度、客服人员回答的及时性和精准性、产品的发货时间、收到产品的完好程度、售后处理效率等都会形成客户对服务质量的感知，也会最终影响客户整个购物过程的满意度和再次购买的意愿。

（3）安全价值

安全价值是指客户在购物过程中对平台提供的支付安全性和隐私保护的评价，包括支付的安全程度、方便程度和客户隐私保护程度。支付安全是客户对使用跨境电商平台进行购物支付时可能带来的风险的感知，包括个人信息的保护、交易过程的安全等。交易安全一直是跨境电商平台重视的问题，因为在网购时，客户的很多隐私暴露给了平台和卖家，如果平台能做到强有力的隐私监管和保护，能消除客户付款时的顾虑，那么客户在下次购物时会优先选择该平台。支付便捷是指支付时可供客户选择的支付方式齐全。由于跨境电商平台支付的特殊性，平台支付方式的便捷性能更大程度地满足客户的购物需求，刺激客户重复购买的欲望。

（4）社会价值

社会价值是指客户在使用产品的过程中与其他社会群体发生联系所产生的效用，是客户对企业深层次的认同，即产品能够带给客户自我满足和社会认同感，唤醒客户的自尊或让别人认可自己的形象。在跨境电商中，客户对产品会有更多不确定性的担忧与感知风险，在选择跨境电商平台时，平台口碑成了客户看重的重要因素之一。另外，分享、关注、点赞、评论等社交化元素与跨境电商相融合，会产生强有力的导购效应。平台通过社交流量和热度导入，可以吸引更多客户对产品的关注从而带动销售。而客户也可以在其中获取更多的产品信息，同时结交志同道合的朋友，从而产生社会价值。平台口碑和平台社交化可以有效提升客户忠诚度。

2. 客户转换成本

在商品交易过程中，既有货币成本，又有转换成本。客户转换成本是客户关系倒退的重要阻力，客户转换成本越高，客户越难下决心更换产品的提供者，因此客户转换成本的提高有利于客户忠诚的建立和维系。跨境电商客户从现有店铺或平台购买产品转向从其他店铺或平台购买产品时主要会面临以下三种成本：交易成本、学习成本和心理成本。交易成本包含重新寻找店铺或平台，对比店铺或平台产品优劣花费的时间和精力，与新店铺或新平台建立关系的成本，以及从当前店铺或平台转向其他店铺或平台时可能损失的折扣和收益等；学习成本主要指客户更换店铺或平台后需要花费时间、精力去学习一套新的使用方法和服务流程的成本；心理成本则是指网络的虚拟性及多样性使客户心理在转换店铺或平台的过程中呈现的不确定性，包括个人关系损失成本及品牌关系损失成本。

客户转换成本直接影响客户忠诚度。对理性客户来说，只有当预期转换的价值大于转换成本时，转换才会发生。客户使用跨境电商平台的首要目的是购物，其次是娱乐和社交，在平台的转换过程中，除基本的时间、精力、金钱等"显性成本"外，还有转换后一定概率造成心理不适的"隐性成本"，这些因素的共同作用可能会让跨境电商平台的受众保持对于旧平台的原有使用状态，而非轻易地进行转换，以体现对于常用平台的忠诚。

> **案例**
>
> A公司在速卖通平台上主要销售3C产品，一开始为客户提供有效的服务支持，包括系统安装、零部件更换维修、设备保养及特殊状况处理等，成为客户日常设备使用的管理中枢。一段时间后，客户对设备操作变得驾轻就熟，但仍高度依赖店铺的服务支持。这时，如果客户导入一套新的软件系统或更换店铺购买零部件、耗材，就意味着从头开始（学习成本），重新搜索比价、重新设计网络架构（交易成本），还要与新的卖家慢慢磨合（心理成本），这些种种显性或隐性成本往往会阻碍客户更换供应商。

3. 客户信任

联邦快递的创始人弗雷德•史密斯有一句名言:"想称霸市场,首先要让客户的心跟着你走,然后才能让客户的腰包跟着你走。"客户信任是客户在感知质量、感知价值上有了好的体验之后形成的结果,包括对跨境电商卖家提供产品或服务能力的信任、对购物渠道的信任、对与业务和监管环境相关的保障体系的信任。信任使客户重复购买行为的实施变得简单,同时也使客户对企业(品牌)产生依赖感。对客户来说,在进行跨境网购时,通常将信任作为维系彼此交易关系的纽带,缺乏信任将会对客户在跨境电商平台上的购买行为造成消极的影响。

> **案例**
>
> Alice是一位有着多年跨境网购经验的老买家,从最初在亚马逊上尝试购买一双鞋子开始,到现在自己的服饰、鞋包、化妆品,老公的电子产品,甚至孩子的玩具、零食都从亚马逊上购买。作为亚马逊Prime资深会员的她表示,自己有需求时喜欢到购买过并且体验良好的店铺回购,因为可以省去对产品质量、售后服务等方面的担忧。

从上述案例中可以看出,客户为了减少和避免跨境网购过程中的产品质量、售后服务等风险,总是倾向于从自己信任的店铺中购买产品或服务。因为信任,所以客户对店铺产生依赖;因为信任,所以客户愿意进行长期的重复购买。因此,企业通常需要通过提高产品或服务质量,来提升客户价值,提高客户满意度,获得客户信任,从而提升客户忠诚度。

4. 客户满意

客户满意是决定客户忠诚的一个重要因素,是客户真正忠诚的前提。客户满意度越高,重复购买的可能性就越大,对产品及品牌的忠诚度就会越持久,客户不满意则一般不忠诚。大量的有关客户满意和客户忠诚的研究表明,虽然在满意度和忠诚度之间并无强相关关系,但无论行业竞争状况如何,客户忠诚度都会随着客户满意度的提高而提高。

客户忠诚的形成是一个动态过程,客户一般需要经过连续不断的满意消费经历以后,才能由满意客户转变为忠诚客户。也就是说,客户满意是客户忠诚的必要不充分条件,客户满意不一定导致客户忠诚,但忠诚客户通常来源于满意客户。当客户的基本期望没有得到满足时,客户肯定不满意,即使基本期望得到了满足,客户满意度也不一定高,只有潜在期望得到了满足,客户才会完全满意,才会愉悦,才会最终形成忠诚。

二、客户忠诚与客户满意的关系

1. 客户满意不等于客户忠诚

客户满意不等于客户忠诚。客户满意是一种期望与可感知效果比较后的结果,是客户的一种心理倾向，仅满意并不能决定客户的购买决策。客户忠诚是一种客户行为的持续性。也就是说，客户即使有了一定程度的"满意"，也不意味着他一定会有重复购买行为。

有以下四种客户忠诚。

（1）完全忠诚

如果客户出现重复购买行为，那么在大部分情况下，客户对所购买的产品或服务应该是满意的，因为只有在消费之后达到了心理层面的满足才能推动客户从"意愿"向"行为"的转化，促使重复购买行为的发生。完全忠诚就是客户在完全满意的基础上，对店铺的产品或服务充分信赖并进行重复购买，同时具有明显的排他性。完全忠诚客户一般不会在需要产品或服务时寻找其他店铺再进行对比与选择，即使其他店铺在价格上有更大的优惠，所以这类客户对店铺有持久可靠的忠诚度，是店铺忠诚度最高的客户群体，是店铺最重要的资源。例如，个别狂热的"苹果"产品用户，宁愿加价也要购买该品牌的产品。

（2）利益忠诚

利益忠诚是客户对产品或服务并未达到完全满意的程度，而是对其中某个方面（如物流、客服或价格）满意的时候所表现出来的忠诚。利益忠诚客户对店铺并非全心全意信任与依赖，他们的忠诚基于某种既得利益或害怕遭受某些损失，一旦没有了这些诱惑和障碍，他们就会立刻转向其他店铺。这类客户因产品或服务的某些好处而表现出忠诚，一旦竞争对手给出更优惠的方案，这类客户就可能会流失。例如，一家售卖节日用品的速卖通店铺，在圣诞节活动期间在包邮的基础上推出消费累计满20美元送圣诞帽，满100美元送圣诞树装饰套装等促销活动。部分客户虽然对店铺的客服人员的回应速度很不满意，但仍然决定今年的圣诞用品都在这家店铺购买，等获得圣诞树装饰套装（赠品）后就转向其他店铺。

（3）虚假忠诚

在正常情况下，如果客户对产品或服务感到不满意就不会出现重复购买行为，但是当以下两者情况出现时，客户即使对某款产品或某次服务不满意，也会出现长期持续购买或使用的"忠诚"现象。

①惰性忠诚

惰性忠诚是指客户由于惰性或习惯而不愿意去寻找其他店铺。惰性忠诚客户是低依恋、高重复购买的群体，典型行为表现是持续性地购买同一品牌。这种习惯性购买的产生只是因为客户不愿意重复进行耗时耗力的决策过程，或者对客户来说重新决策是不值得的。在这种情况下，客户往往缺乏动机考虑其他店铺，于是他们日复一日地重复同样的购买行为，不需要耗费任何精力与时间。即使遭遇了服务失败或对产品质量的不满意感知，他们依然被动地、毫无意识地重复原有的购买行为。这种惰性购买行为是不稳定的，如果竞争对手给出有诱惑力的优惠，客户就会转而投向竞争对手。

②垄断忠诚

垄断忠诚是指客户在卖方占主导地位的市场条件下，或者在不开放的市场条件下，尽管对产品或服务不满意，但因别无选择，找不到其他替代品只能顺从的态度。例如，市场上仅有一家供应商，或是政府规定的，或是通过兼并形成的寡头垄断，在这种垄断的背景下，满意度对忠诚度不起什么作用——尽管不满意，客户仍然会保持很高的忠诚度，因为根本没有"存有二心"的机会和条件。

（4）低度忠诚

"不满意"则一般"不忠诚"。低度忠诚客户是低依恋、低重复购买的群体。一般来说，要让不满意的客户忠诚的可能性是很小的，如果不是无可奈何、迫不得已，客户是不会"愚忠"于某家店铺的。或者说，一个不满意的客户迫于某种压力，不一定会马上流失、马上不忠诚，但一旦条件成熟，他就会立马转向。

2. 客户忠诚是客户满意的升华

客户忠诚是客户满意的升华。客户满意度越高，重复购买或推荐产品的意愿就越强，客户忠诚度往往就越高。对大多数企业来说，客户忠诚才是最重要的，也是更需要关注的。"客户满意一钱不值，客户忠诚至尊无价"讲的就是这个道理，因为任何一家出售同类产品的跨境电商店铺都有可能实现"客户满意"。

3. 市场环境对客户满意度和客户忠诚度关系的影响

美国学者琼斯和赛塞经研究发现：客户满意度和客户忠诚度之间的关系受市场竞争情况的影响，具体表现如图4-1所示。

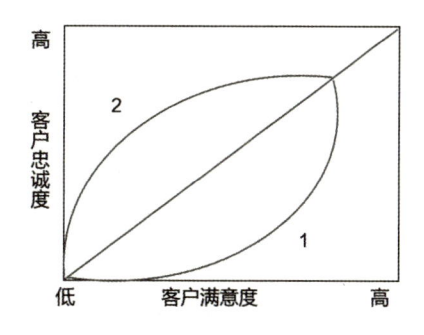

图4-1 客户满意度和客户忠诚度的关系

从图4-1中可以看出，在高竞争区（曲线1），客户满意度必须达到一定的区间，客户忠诚度才有较明显的提高。也就是说，客户只有在非常满意的情况下，才会对企业产生忠诚感。而在低竞争区（曲线2），只要客户满意度提高较小幅度就可以得到较高的客户忠诚度。

网经社的相关数据显示，2022年我国跨境电商行业的规模增长近10%。其中，出口跨境电商以欧美地区为主要目标市场，市场体量庞大、生态良好，消费电子、服装、家居装饰等品类为热门赛道，品类结构中3C电子、家居装饰、服饰的占比较高。在出口跨境电商平台中，3C电子、家居装饰类生产企业的产业壁垒低，直接品竞争与替代品竞争非常激烈，客户面临的选择越多，能够让客户感到基本满意的产品或服务也就越多。因此，面对低竞争的市场环境，基本满意已经成为低忠诚度的代名词，客户满意度对客户忠诚度的重要性显而易见。

任务三　跨境电商客户忠诚度管理策略

情景导入

海关统计数据显示，自2017年以来，我国跨境电商规模5年内增长近10倍；2022年我国跨境电商进出口2.11万亿元，增长9.8%。其中，出口1.55万亿元，增长11.7%；进口0.56万亿元，增长4.9%。跨境电商平台业务的爆发式增长吸引了众多卖家入驻，日益激烈的竞争使卖家不得不面对这样一个现实：各个店铺出售的产品差异性越来越小，促销手段也大同小异，竞争对手越来越多，客户需求千变万化。在这种情况下，店铺该如何生存？

项目任务书

1. 掌握提升跨境电商客户忠诚度的各种策略。
2. 理解客户忠诚计划。
3. 能将提升客户忠诚度的理念运用到跨境电商客户关系管理的工作中。

任务实施

1. 理解跨境电商客户忠诚度的提升策略。

案例：速卖通平台卖家Tom主要销售帐篷及其他户外用品。Tom对自己的产品非常有信心，因为产品在线下销售时广受好评。但在经营过程中，Tom发现有兴趣咨询的客户非常多，订单量却非常少，而且每个客户的下单耗时都较长。因为客户购买帐篷大部分用于露营，对帐篷的质量及安全性有较高的要求，所以客户总会就各种可能的安全隐患、质量问题及操作步骤进行咨询。

　　根据客户的消费数据及售后回访，统计得出了表 4-4 中的调查数据。请根据调查结果，分析 Tom 经营的店铺应如何培养客户忠诚度，并提出几个具体措施。

表 4-4　客户评价汇总表

指标	平均得分 / 分	行业平均分 / 分
品牌知名度	4.56	6.56
对产品的整体期望	5.34	5.25
对产品使用体验的感知	6.33	5.60
与同价位竞品的比较	5.65	5.67
购物体验	4.60	5.50
重复购买该产品的可能性	2.10	2.50
向他人推荐的可能性	5.68	7.27

　　2. 总结并归纳在培养客户忠诚度的过程中经常使用到的策略与方法。

知识模块

　　跨境电商作为新型外贸模式，以黑马之姿从我国经济发展建设中脱颖而出。忠诚客户是跨境电商企业巨大的财富，能为企业带来现实与潜在的价值。随着跨境电商市场逐渐成熟，竞争持续加剧，各个平台的卖家之间要想在激烈的市场竞争中站稳脚跟，必须重视客户忠诚的特殊作用，加强分析，不断提升客户忠诚度，提升客户黏性，进而获得更好的经济效益和社会效益。影响跨境电商客户忠诚度的因素包括客户认知价值、客户转换成本、客户信任和客户满意。基于此，企业可以参考以下策略实现跨境电商客户忠诚度的提升。

一、提升客户认知价值

　　客户认知价值是客户在感知到产品或服务的利益之后，减去其在获取产品或服务时所付出的成本，从而得到的对产品或服务效用的主观评价。它是一切商业活动的起点和基础，是企业建立客户关系的基石，也是提升客户忠诚度的有效途径。因本项目任务二中已详细介绍过客户认知价值，故这里仅做简单概述。提升客户认知价值可以从两个方面来考虑：

一方面是增加客户的总体价值，包括产品价值、服务价值等；另一方面是尽可能降低客户的总成本，包括货币成本、时间成本、情感成本等。

> **案例**
>
> 　　在对新兴市场越南、马来西亚、印度、印度尼西亚等国家的调查中发现，有62%的客户最常使用智能手机或平板电脑进行跨境网购，移动设备是跨境网购的最主要渠道。与成熟市场的客户相比，新兴市场的客户使用移动设备购买的可能性更大，对卖家回应和产品运送的速度要求更高，希望获得即时性服务。数据显示，成熟市场的客户一般愿意花12～24小时等待卖家回应，而新兴市场的客户只愿意等1～5分钟，同时也会更认真地阅读退货政策。这就要求那些主打新兴市场的跨境电商企业针对移动设备不断优化购物页面和购物体验，在提升人工在线客服水准的同时，引入聊天机器人等自动回复工具，满足客户对即时性服务的需求，尤其是关于订单详情和货物跟踪等简单信息的查询。移动设备购物页面的优化进一步增强了新兴市场客户对服务利益、产品利益的感知。"实时聊天"能让客户立即与客服人员取得联系，及时答复客户疑问，处理客户意见，有效降低了客户的行动成本、决策成本，从而实现客户认知价值超越客户预期。

二、提高客户转换成本

　　客户转换成本是指客户从现有店铺（平台）购买产品转向从其他店铺（平台）购买产品时面临的一次性成本。它主要包括三种类型：一是已经做出的决策带来的沉没成本；二是潜在的决策成本；三是转移引起的机会成本。客户转换成本的类型如表4-5所示。客户转换成本决定企业与客户关系的紧密程度和持久性。因此，企业要想实现客户的忠诚，不仅要提供让客户真正满意的产品或服务，还要善于采取有效的方法和策略，正确运用客户转换成本。

表4-5　客户转换成本的类型

类型		含义
已经做出的决策带来的沉没成本	搜寻成本	付出的寻找合适产品所投入的时间和精力
	学习成本	付出的熟悉原有店铺（平台）服务流程的成本
	关系成本	付出的与原有店铺（平台）建立关系的成本
	心理成本	终止购买喜欢的品牌带来的心理成本
	重复购买的优惠	重复购买后获得的各种优惠在转移后失去

续表

类型		含义
潜在的决策成本	搜寻成本	寻找新的合适的店铺（平台）所花费的成本
	学习成本	必须付出的学习新店铺（平台）服务流程的成本
	关系成本	必须付出的与新店铺（平台）建立关系的成本
转移引起的机会成本	机会成本	转移店铺（平台）失去的机会

1. 在产品中增加独特性和增值服务

个性化的产品是客户关系发展到一定程度时的必然要求。企业可以在产品的设计中强化产品的独特性，使其产品拥有个性化和差异化优势，或者通过提供增值服务来提高客户转换成本，锁定客户。例如，销售电子产品的卖家可以通过提供有效的服务支持，包括免费教学、维修保养服务及低价原厂配件购买服务等来强化与客户的关系。个性化的服务、技术支持等可以将自己和竞争对手区分开来，发展成不可替代的优势，提高客户转换成本，实现客户忠诚。

案例

亚马逊推出的 Interesting Finds 网站，类似商店，客户可以在这里发现亚马逊全网站中好玩的产品。亚马逊想把这个网站打造成人们发现新奇产品的地方，从而刺激消费。如果客户在这个网站上发现了自己喜欢的产品，则可以在产品左上角点击"喜欢"（红心），这样客户喜欢的产品就会出现在"My Hearts"栏目中。全新的功能"My Mix"就位于 Interesting Finds 页面可滚动条类别栏的开头，当有新的推荐产品时，该栏目旁边会显示一个红色的通知点。"My Mix"中是一些客户喜欢的产品和亚马逊基于客户之前点击"喜欢"的行为推算出客户可能喜欢的产品，它相当于一个专门为某位客户开设的商店。

2. 制订促销计划

通过促销计划提高客户转换成本的方法有产品试用、产品使用培训、提供增量购买优惠等。产品试用可以让客户在使用产品的过程中感受和体验产品，进而培养客户的产品使用习惯和发展品牌偏好，降低客户进一步搜索其他品牌的欲望。另外，也可以通过对产品使用进行培训，使客户掌握产品的使用方法，提高客户对产品的依赖程度。最后，向已经有购买历史的客户提供增量购买优惠，也可以提高客户转换成本。使用这种方法要建立客户数据库，对客户的购买历史和购买行为进行记录与追踪，对大量购买者给予奖励，以吸引更多的客户成为大量购买者，对少量购买者提供增量购买优惠，促使他们增加购买次数。

三、增强客户信任

> **案例**
>
> 京东全球购曾因"发错货"与作家六六展开了一场关于海外商品质量问题的"口水仗"，一时间跨境电商商品质量不过关、消费投诉难解决等质疑笼罩着中国跨境电商行业。面对消费者的质疑，京东全球购借助区块链技术将商品生产过程、流通过程、营销过程的信息进行整合并写入区块链，实现精细到一物一码的全流程正品追溯，且每条信息都附有各主体的数字签名和时间戳，供消费者查询和校验。如今在京东全球购平台上，可追溯品牌有很多，消费者在京东App中找到订单，单击"一键溯源"或直接扫描一下商品上的溯源码，就可以追溯商品的信息。京东全球购用技术的力量赢得了消费者的信任，也为平台积累了更多忠实的消费者。

跨境电商平台交易的虚拟性使客户的购买行为存在较大的风险，因此客户往往会倾向于选择信任的店铺进行购买。累积的客户满意形成客户信任，长期的客户信任建立客户忠诚。对跨境电商企业来说，应更为重视客户信任因素，以获得客户的永久忠诚。

随着网购环境的整顿，跨境电商企业的经营越来越规范，客户的综合素质也渐趋提高。越来越多的客户在选择店铺时，不再一味看重低廉的价格，他们更重视交易的安全性，包括产品质量、交易过程中个人信息及支付方式的安全性。对卖家而言，客户信任主要包含提供产品或服务的能力、对客户的善意和企业信誉三个支持性部分。卖家只有同时在这三个方面都得到客户的认可，才能逐渐建立起客户与店铺的信任关系，从而让客户对店铺的产品产生信任与依赖。

1. 建立"以客户为中心"的理念

建立"以客户为中心"的理念就是了解客户的需求，为客户提供可以满足其需求的产品或服务。卖家要保证自身在平台上发布的产品介绍、发货时间及客服联系方式等真实、准确、有效；如实告知客户在使用产品时可能遇到的风险，针对性地提出保证或承诺，以减少他们的顾虑；如期履行订单，尽早发货，及时更新物流信息。例如，专业优秀的Listing（清单）打造。电商的载体是个人计算机、手机、平板电脑等，产品的展现形式就是Listing，打造专业优秀的Listing是产品给客户留下良好的第一印象的前提。一般客户浏览一份Listing的时间为5～10秒，但如果页面清晰，内容对客户有价值，可以使这一时间变得更长，吸引客户更多的注意力。这样，卖家就可以依据客户的访问行为不断优化自身的产品服务、活动信息、促销信息，让店铺的页面信息为客户提供更多的价值，从而取得更多的信任，提升客户忠诚度。试想，如果产品的图片模糊不清，标题杂乱无章，描述不知所云，那么如何取得客户的信任？在打造产品的Listing时，最好能从多个角度、多个方面来做描述，提供尽可能多的产品图片，以供客户全方位了解产品。当然，Listing并非越复杂越好，简单的Listing更能赢得客户的信任。

2. 加强与客户的沟通，及时反馈信息

"客户就是上帝"，要想提升客户忠诚度，少不了要加强与客户的沟通，通过深入沟通更好地了解客户的所思所想，能够做到站在客户的角度来对产品进行设计、宣传、推广，从而更好地满足客户的需求。另外，要采取多元化的沟通方式加强与客户的沟通，确保双方沟通无障碍。对于客户反馈的各种信息要及时进行处理，收到产品有瑕疵或存在质量问题的投诉时，应及时采取补救措施。

> **案例**
>
> 普华永道的一项调查显示，超过30%的客户会在一次糟糕的售后体验后离开他们喜爱的品牌，而大约60%的人会在经历两三次负面售后体验后彻底放弃这个品牌。在这个数字时代，卖家需要不断投入时间和资源来获取新客户。对卖家而言，最致命的就是客户的投诉，因为这可能会破坏店铺的声誉并阻碍新客户尝试店铺的品牌。
>
> 优质的售后服务就是巩固与客户长期关系的保障。在这个快节奏的"互联网+"时代，客户追求便捷高效的服务，在遇到问题时迫切希望可以得到及时反馈，并需要和一个"真正的人"取得联系，而不是一张仅提供一般性建议的常见问题页面。有研究显示，有1/3失望的客户会把不愉快的购物经历归咎于无法及时联系客服人员。因此，实时聊天成为客户联系卖家的首选方式。越来越多的跨境电商店铺采用人机协作模式，默认先由客服机器人来解答80%~90%的问题，如果解答不了再转由人工客服来解答。"智能机器人+真人业务代表"人机全程无缝协作的模式，可以帮助卖家将客服水平向优质、专业、高效转化，进而显著提高海外订单的成交率，助力跨境电商店铺在全球进一步提升市场占有率。

3. 搭建社交分享体系，提升客户黏性

客户只有对企业产生足够的信任才能支持企业的长久发展，对信任需求更大的跨境电商平台来说更是如此。根据艾媒咨询的数据，跨境电商客户认为亲朋好友推荐最能够提升其对跨境电商平台的信任度，这说明口碑的传播对于品牌的打造效果更好。因此，卖家应极力搭建社交分享体系，通过客户自发评论中的感知质量和感知价值来提升客户的信任度，缩短客户下单犹豫的时间，提升客户黏性，达到增加多次消费和平台订单量的目的。

4．注重品牌建设，提高企业信誉和形象

良好的品牌形象可以有效提升客户忠诚度，企业要加强品牌建设，通过有效的品牌管理，提升企业的品牌资产价值，让企业的品牌在客户心中占据独特的位置，从而增强客户对于企业产品的情感认同。品牌建设是一项系统性的工程，需要持之以恒地努力，不断创新品牌推广方法，注重提炼文化内涵，并通过对品牌的塑造、对产品的包装设计等把企业文化传达给客户，引起客户的共鸣，并维护企业的品牌形象，实现品牌影响力的不断提升。

那么，企业如何提升品牌形象呢？企业的信任特征包括有能力、善良、诚实、可预测四个方面，即企业有能力为客户提供满意的产品、不欺骗客户、不损害客户利益等。塑造良好的企业形象有利于增强客户对企业的正面感知，从而增强企业在客户心目中的信任。为了增强企业的信任特征，可以从以下四个方面来做：第一，与KOL合作，利用优质KOL的影响力为企业背书，提高企业的品牌知名度和品牌形象；第二，加强企业社会责任担当并践行，积极参与公益事业，塑造有担当的企业形象，提升公众对企业的好感度；第三，通过相关的制度约束，提高企业行为的可预测性；第四，以诚信的态度进行售后服务和危机公关，树立高尚的企业形象。

四、奖励忠诚客户

企业在客户表现不忠诚（不活跃）时，就需要建立客户忠诚计划，对忠诚客户进行奖励，奖励的目的是让客户从忠诚中获益，以确保潜在客户升级为真实客户，忠诚客户继续保持忠诚。

客户忠诚计划是企业为消费相对频繁的客户提供的一系列购买优惠、增值服务或其他奖励的计划，其目的在于奖励忠诚客户、刺激消费并留住核心客户。Merkle发布的《2022年客户忠诚度发展趋势报告》显示，在其调查的1500多名18～65岁的美国居民中，有79%的消费者表示更愿意继续购买有"客户忠诚计划"的品牌产品。这表明客户忠诚计划能够帮助品牌商建立良好的客户关系，有效提升客户忠诚度。

不同的企业处于不同的行业、不同的发展阶段，客户对于企业的认知程度完全不同。因此，不同的企业应该采取不同的方法，找出自己的目标细分忠诚客户群，通过控制他们对于企业产品或服务的满意度，提高他们在不同层面的转换成本，来制订客户忠诚计划，实现客户对企业的忠诚。

1．一级阶梯客户忠诚计划

这一级别的客户忠诚计划最重要的手段是价格刺激，或者用额外的利益奖励经常光顾的客户，奖励的形式包括给予折扣、累计积分、赠送礼品或奖品等，从而提升他们的购买

频率。一级阶梯客户忠诚计划又称奖励驱动型客户忠诚计划，它的核心定位是识别忠诚客户并提供基于奖励的差别化服务，以这种转移支付的方式避免他们因无差别化的产品价格吸引而转向竞争对手那里。一级阶梯客户忠诚计划通常适合那些目标客户群庞大，且单位产品的边际利润较低的企业。例如，丝芙兰的 Beauty Insider 奖励计划广受欢迎。该计划拥有 1700 多万个忠实会员，会员贡献了丝芙兰 80% 的年销售额，而会员每次购买都会基于传统积分系统赢取奖励。对丝芙兰的"粉丝"来说，最大的阻碍之一就是价格——丝芙兰的产品并不便宜。Beauty Insider 会员可以将其奖励积分兑换成礼品卡或折扣券，用来抵扣购买价格而不会降低产品价值，积分还可以用来兑换更多专享优惠，如限量版产品或店内美容教程。

2. 二级阶梯客户忠诚计划

这一级别的客户忠诚计划的主要形式是建立客户组织，包括建立客户档案、正式或非正式的俱乐部及客户协会等。企业通过更好地了解客户的需要和欲望，促使其提供的产品或服务更加个性化和人性化，更好地满足客户的需求，从而使客户成为企业的忠诚客户。这一级别的客户忠诚计划属于数据驱动型的关系忠诚。例如，美国的药品零售企业CVS（西维斯健康）的"特别护理计划"。该计划拥有超过 8000 万个活跃会员，以其庞大的数据分析技术为基础，为会员创造价值和提供个性化服务。CVS 通过记录会员的购买频率、购物车中商品的数量和类别、每件商品的数量和价格等信息挖掘并分析会员的购买习惯，最终确定应该向每个会员发放何种优惠券，并与内部研究（如在线社区调查）配对，以提供个性化的优惠和营销传播。Sofia 就是这样一位 CVS 忠诚卡的 VIP 客户，她这样说："这个免费的 App 会向你的邮箱里不定时地发送个性化的优惠券，邮件内容让你觉得它不是药店，而是你身边的一个朋友或家人。"

3. 三级阶梯客户忠诚计划

这一级别的客户忠诚计划主要为客户提供有价值的资源，而这种资源是客户不能通过其他来源得到的，借此提高客户转向竞争对手的机会成本，同时也将增加客户脱离竞争对手而转向本企业的收益。这一级别的客户忠诚计划属于互动驱动型的数字化忠诚，它的重心已经不再是如何获取数据，而是如何提升数据质量并应用数据洞察来加强与客户之间的结构性纽带，同时附加社会利益。三级阶梯客户忠诚计划往往也以俱乐部等客户组织的形态存在，但与二级阶梯客户忠诚计划中的客户组织有着关键的不同。首先，它会花大力气为会员提供不能通过其他来源得到的资源，以此来显示会员的特权，这对会员的吸引力是非常大的。其次，更为重要的是，这类客户组织往往会延伸、演变为一个个"社区"，让志趣相投的人可以在这个"社区"中交流情感、分享生活。如果企业的客户群比较集中，而且单位产品的边际利润很高，则适合采用三级阶梯客户忠诚计划。例如，哈雷·戴维森摩托车公司建立了哈雷所有者团体，拥有30万个会员。哈雷·戴维森摩托车的拥有者具有明显的共性——向往大自然，追求自由的生活。他们常常聚在一起，比试爱车、兜风旅游。因此，哈雷所有者团体设计了一系列有针对性的活动，将这一团体变成"哈雷·戴维森"之家。这一团体除提供紧急修理服务、特别设计的保险项目、35美元的零件更新服务外，还会提供一本杂志（介绍摩托车知识，报道国内外的骑乘赛事）、一本旅游手册（推荐价格优惠的旅馆），并经常举办骑乘培训班和周末骑车大赛，向度假会员廉价出租哈雷·戴维森摩托车。

案例分析

跨境电商企业如何从零创建客户忠诚计划

一份成熟的客户忠诚计划并非能一蹴而就，而是需要投入大量的人力、物力和时间成本，且好的客户忠诚计划必须在实践中不断优化与调整。只有这样，才能获得一份切实为客户提供优质服务，实现与客户深度互动沟通的客户忠诚计划，最终实现企业利润的增长。

第一个阶段：探索

在设计客户忠诚计划的探索阶段，企业应以实际运营情况和客户痛点为基础来明确目标客户群体并搭建客户忠诚计划的框架。可以通过以下三条渠道精准挖掘客户痛点。

（1）官方渠道。可以在官网设置一个在线客服入口，以便客户能够选择一对一反馈。同时，也可以开展客户意愿调查，通过客户评价的方式，收集相关反馈。

（2）竞争对手阵地。通过了解竞争对手的营销活动、产品迭代功能及市场评价来发现客户痛点。

（3）关键词指数。关键词指数反映客户的搜索量，可以时刻关注平台的关键词指数和榜单，并关注由此产生的关联词和热门文章。

第二个阶段：评估和规划设计

这也是整个设计流程的关键部分。利用第一个阶段收集到的信息对运营中的五个重要因素，即竞争力（Competitiveness）、文化（Culture）、公司（Company）、成本收益（Cost Benefit）和客户（Customer）进行分析与评估，完成对品牌的客户洞察、客户细分画像、竞争对手分析，明确客户忠诚计划的类型。重点围绕以下几个步骤进行。

（1）分析企业产品在目前的跨境电商平台上具备什么样的竞争优势，是否具有足以发挥较大影响力的品牌文化。

（2）评估现有的客户数据是否足以预测客户的需求。

（3）进行财务预测分析，基于成本收益构建财务模型。

（4）明确提供产品或服务的最初目的，选择要奖励的客户行为。

（5）明确客户加入客户忠诚计划的方式与途径，划分等级，实现客户忠诚度管理的分层化设计。

第三个阶段：启动和推广计划

在客户忠诚计划开始测试后，企业需要密切跟踪，在测试周期内根据预设的指标对照测试结果进行评定。比如，在此期间有多少客户成为客户忠诚计划的会员？他们在此期间获得了多少积分？积分兑换率是多少？最受欢迎的奖励是什么？企业需要定期进行项目测试前后的结果对比，计算项目带来的收入增长变化，从中发现不足，并及时进行优化。同时，可以制定内部培训方案，将客户关心的问题（如如何成为会员，加入客户忠诚计划的好处等）整理成册，派发给与客户直接互动的销售人员或客服人员学习；还可以建立一支专门负责日常维护及运行客户忠诚计划的技术团队，以确保计划的顺利实施，提升客户体验，等等。

五、建立员工忠诚

在科技日益发达、技术日益进步并全球扩展的今天，产品的质量已不是企业追求的重点，真正的角逐在于服务，真正赢得客户、留住客户的也是服务。对跨境电商企业来说，客服人员是与客户直接接触的群体。客户在选择产品时，面对的是员工的服务，对客户而言，此时的员工就是企业的代表，就是产品的代言人，此时员工的态度与努力在很大程度上就左右了客户的选择。因此，要想提升客户忠诚度，也应建立员工对企业的忠诚。

要想培养员工的忠诚度，就要提升员工的满意度，这就需要为员工提供富有挑战性的工作和舒适的工作环境，建立合理的薪酬制度和公平透明的晋升制度，对员工进行人性化的管理。除此之外，还必须培养员工的归属感，让员工知道自己是企业不可或缺的一员。只有这样，员工才能忠于企业，才能把工作视为自己生活的重要部分。首先，营造团结、诚实、尊重、信任、公平的企业文化，形成一种精神力量，以促进企业全体员工奋发向上，形成良好的工作氛围。其次，加强培训，在培训环节树立"客户至上"的理念，使员工认识到他们的工作将如何影响客户和其他部门人员，从而最终影响到客户的忠诚和企业的生存，同时给予员工相关知识和技能的培训与指导。再次，与员工进行良好的沟通。良好的沟通是建立员工与企业之间信任的重要前提，也是企业形成团结、诚实、尊重、信任、公平的企业文化的基石。良好的沟通来源于企业信息的有效传达，员工可获得的信息多少及其重要程度，不仅直接影响员工的工作绩效，而且会影响其对自己在企业中地位和重要性的评价。除此之外，员工的想法或问题能否得到回应与答复也会对员工的工作积极性产生较大的影响。如果企业能做到内部信息通畅，做到"把所有的事告诉所有的人"，就可以营造一种坦诚相待、相互信任的"家庭"氛围，使员工发自内心地忠于企业。最后，尊重与授权。员工只有当因被邀请参与企业决策和管理而受到重视时，才会在工作中获得满足感。员工参与企业决策和管理的范围越广、程度越深，他们对自己在企业中地位和重要性的评价就越高。只有这样，员工才能视企业为家，建立对企业的高度忠诚。总之，只有建立员工对企业的忠诚，才能让员工更好地服务客户，提升客户忠诚度，从而提高企业的经济效益，使企业在市场竞争中取胜。

知识拓展

1. 净推荐值

净推荐值（Net Promoter Score，NPS）最早是由贝恩咨询公司的创始人弗雷德在2003年哈佛大学的一篇商业评论文章中提出的概念，是一种计量某个客户将向其他人推荐某家企业或某种服务可能性的指数。随后，他在《终极问题》这本书里阐述了NPS的重要性，NPS如何促进营利性增长，以及如何用NPS赢得成果，这本书是对NPS解释最系统、最权威的作品。

那么，到底什么是NPS？其实很容易理解，NPS就是别人愿不愿意把你推荐给朋友的一个指标，是国际上通用的忠诚度分析指标。NPS的计算方式特别简单，先通过问卷形式收集客户推荐产品意愿的相关数据，再根据计算公式得出NPS的分数即可。问卷问题的设计也特别简单："您在多大程度上会将×××（产品名）推荐给身边的朋友？"客户需要从0～10分中选择一个，0分代表完全不可能，10分代表非常有可能。根据得分情况，把客户分为三类。

（1）推荐者（得分为9分或10分）：

忠诚客户，他们会继续购买产品并将产品推荐给其他人。

（2）被动者（得分为7分或8分）：

总体满意但并不热衷，会考虑竞争对手的产品。

（3）贬损者（得分为0～6分）：

使用并不满意，没有忠诚度。

再代入公式：NPS的得分 =（推荐者数量 − 贬损者数量）/ 总样本数量 ×100%。

例如，你发出了100份问卷调查，其中10个人给了0～6分，70个人给了9分或10分，那么你的NPS得分就是（70-10）/100×100%=60%。分数越高，代表你的客户忠诚度越高，客户转介绍的可能性也就越大。NPS的得分值在50%以上可以认为客户对产品的感知较好，而如果NPS的得分值为70%～80%，则说明产品拥有一批高忠诚度的客户。

NPS是一个能够反映企业持续增长力的指标，如今国内外的各大跨境电商平台纷纷将其作为一个重要的指标引入工作中。例如，欧洲领先跨境电商平台Fnac为了了解客户对服务的满意度，使用NPS绩效指标，对卖家的店铺进行考核。平台会随机抽取每个卖家店铺20%的客户，来计算店铺的NPS，而且是每周计算一次。客户在下单后会收到系统发送的问卷调查，以便对卖家进行打分。平台通过计算NPS指标达到监控卖家店铺的质量绩效的目的。

2. 中国顾客推荐度指数

中国顾客推荐度指数（China Net Promoter Score，C-NPS）是由中国领先的品牌评级与品牌顾问机构Chnbrand推出的中国首个顾客推荐度评价体系，2015年首次推出并获得工业和信息化部品牌政策专项资金的扶持。C-NPS可反映有消费体验的消费者愿意向他人推荐企业产品或服务的程度，是企业产品或服务的现有客户中积极推荐者的比例减去贬损者的比例，从而得到的值。C-NPS是测定品牌口碑的重要指标，也是衡量客户忠诚度的关键指标。作为一个连续的年度调查项目，C-NPS每年向全社会发布最新调查结果，这些完全来自消费者的反馈，真实传递消费者心声的独立、科学、即时的评价结果可作为中国消费风向标，为中国消费者做出明智的品牌选择提供了极具价值的指导。同时，C-NPS的研究成果对于帮助企业提升市场占有率、增加销售额，预测企业未来成长的可能性有着重要的价值。

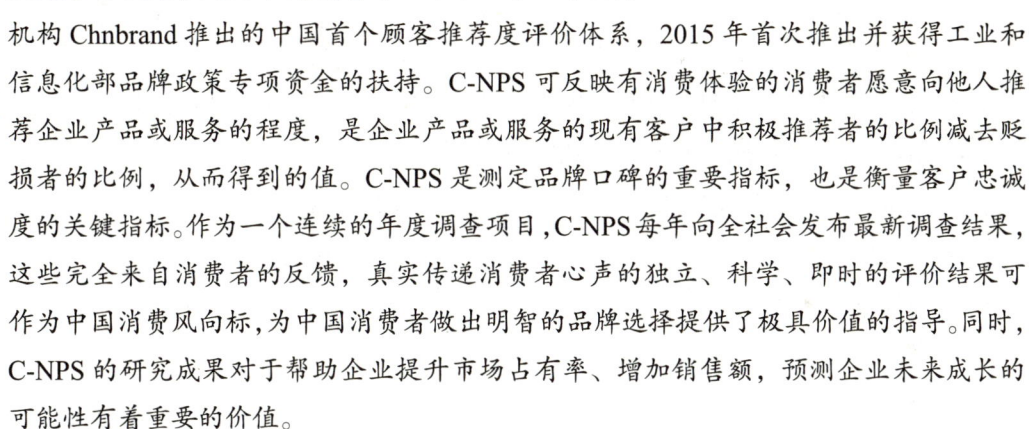

2023年，C-NPS调查区域覆盖全国100个城市，调查对象为15～64岁的常住居民，并根据性别、年龄、收入进行随机抽样，采用线上线下相结合的调查方式完成，覆盖173个细分行业，涉及被评价主流品牌1万余个。

课后习题

一、单选题

1. （　　）是指客户对某一特定产品或服务产生了好感，形成了偏好，进而重复购买的一种趋向。

　　A. 客户满意度　　　　　　　　　　　B. 客户价值

C．客户忠诚度 D．客户利润率

2．客户"不满意"也有可能表现出"忠诚"的是（ ）。

A．完全忠诚 B．利益忠诚 C．虚假忠诚 D．低度忠诚

3．对企业来说，达到（ ）是基本任务，否则产品卖不出去，而获得（ ）是在市场竞争中取胜的保证。

A．客户忠诚，客户满意 B．客户价值，客户忠诚

C．客户满意，客户价值 D．客户满意，客户忠诚

4．以下不是培养客户忠诚度方法的是（ ）。

A．提升客户满意度 B．降低客户转换成本

C．提高客户转换成本 D．留住有核心客户的员工

5．在客户关系管理里，以下哪种情况不是客户忠诚的表现（ ）。

A．对企业的品牌产生情感和依赖

B．重复购买

C．即便对企业的产品不满意，也不会向企业投诉

D．有向身边的朋友推荐企业产品的意愿

6．客户对供电公司所提供的电力服务的使用是基于以下哪种类型的忠诚（ ）。

A．垄断忠诚 B．低度忠诚 C．惰性忠诚 D．虚假忠诚

7．在竞争激烈的行业，客户满意与客户忠诚的相关性（ ）。

A．较大 B．较小

C．无关 D．客户忠诚是客户满意的基础

8．客户的利益忠诚来源不包括（ ）。

A．价格刺激 B．促销政策

C．产品推广时的优惠 D．方便

9．客户忠诚度是建立在（ ）基础之上的，因此提供高品质的产品、无可挑剔的基本服务，增加客户关怀是必不可少的。

A．客户的盈利率 B．客户的忠诚度

C．客户的满意度 D．客户价值

10．以下不属于跨境电商客户忠诚的意义的是（ ）。

A．节约开发新客户的成本

B．提升跨境电商客户的满意度

C．降低企业的经营风险

D．增强企业的核心竞争力

二、多选题

1．客户忠诚给企业带来的效应包括（　　）。

A．长期订单　　　　　　　　　B．回头客

C．额外的价格　　　　　　　　D．良好的口碑

2．大量的研究表明，客户满意度和客户忠诚度之间存在一定的关系，以下说法正确的是（　　）。

A．客户满意度和客户忠诚度是线性的关系

B．客户满意不一定必然导致客户忠诚

C．客户忠诚度的获得必须有一个最低的客户满意度

D．客户满意度上升或下降不会引起客户忠诚度的巨大变化

3．客户认知价值包含哪几个维度（　　）。

A．产品价值　　　　　　　　　B．服务价值

C．安全价值　　　　　　　　　D．社会价值

4．客户忠诚体现为（　　）。

A．客户满意度提高　　　　　　B．客户关系的持久性

C．客户对企业有很深的感情　　D．客户在企业中的消费金额提高

5．客户忠诚计划可分为（　　）。

A．一级阶梯客户忠诚计划

B．二级阶梯客户忠诚计划

C．三级阶梯客户忠诚计划

D．四级阶梯客户忠诚计划

6．影响跨境电商客户忠诚度的因素包括（　　）。

A．客户转换成本　　　　　　　B．客户信任

C．客户满意　　　　　　　　　D．客户自身因素

三、简答题

1．什么是客户忠诚？它有哪些类型？

2．影响跨境电商客户忠诚度的因素有哪些？如何对客户忠诚度进行衡量？

3．简析不同市场环境下的客户满意度与客户忠诚度的关系。

4．什么是客户忠诚计划？

四、案例分析题

案例：在德国有过一次客户忠诚计划的创新。最初的客户忠诚计划是独立的，航空公司有自己的，加油站有自己的，超市也有自己的。后来，它们制订了联合客户忠诚计划，推出了一张联合积分卡。也就是说，航空公司的积分可以用来在超市里买东西，也可以用来加油，加油的积分可以转换成航空里程。积分卡作为中间的载体，实现所谓的互换。超市里有专门的设备可以用积分卡来支付，并且通过先进的计算机软件来跟踪客户的消费行为，分析客户的积分是从哪里来的，消费频率有多高。通过这些分析，就可以告诉联盟的伙伴们应该采取什么样的促销活动，以及当客户的积分达到一定程度的时候，如何获取新的销售机会。在两年多的时间内，这张卡变成了德国人钱包里必不可少的一张卡，曾获得欧洲年度创新大奖。

阅读案例，回答以下问题：

1．以上案例是针对老客户还是针对新客户？

2．以上案例的客户忠诚计划属于哪一级计划，该计划又是如何提高客户有效性的？

五、实践操作题

实训主题：选取熟悉的品牌，为该品牌制订一份客户忠诚计划。

实训过程设计：

1．分组，每组 3～4 人，讨论确定品牌。

2．针对该品牌分析影响客户忠诚度的因素并拟定忠诚度测评指标。

3．制订客户忠诚计划。

4．汇报计划内容。

5．小组互评和教师评价。

任务评价

评价项目	评价内容	评价（5 分制）	
		自我评价	小组评价
知识与技能	完成课前预习与课后复习		
	积极参与教学活动，全勤		
	理解、掌握核心概念		
	主动学习，拓展知识		
	完成项目任务		

续表

评价项目	评价内容	评价（5分制）	
		自我评价	小组评价
思政与素质	自主学习能力		
	团队合作能力		
	创新能力		
	责任意识		
	敬业精神		
平均分			
教师总评			

项目五

跨境电商客户流失管理与挽回

📖 知识目标

1. 熟悉跨境电商客户流失的概念、特点和分类。
2. 能够描述跨境电商新老客户的购物过程,分析跨境电商客户流失产生的经济效果。
3. 熟悉跨境电商客户流失的评估指标,掌握跨境电商客户流失率的计算。
4. 熟悉跨境电商客户流失的内部和外部原因。
5. 了解制定防止跨境电商客户流失策略的原则。
6. 掌握防止跨境电商客户流失的策略。

📖 能力目标

1. 能描述跨境电商客户流失的特点,科学地对流失的跨境电商客户进行分类。
2. 能深刻理解跨境电商客户流失产生的经济效果。
3. 能描述跨境电商客户流失的评估指标,会计算跨境电商客户流失率和流失成本。
4. 能合理分析跨境电商客户流失的内部和外部原因。
5. 能根据跨境电商客户流失的原因合理制定防止跨境电商客户流失的策略。
6. 能良好地运用防止跨境电商客户流失的策略挽回流失的客户。

📖 思政小课堂

党的二十大报告提出:"推动货物贸易优化升级,创新服务贸易发展机制,发展数字贸易,加快建设贸易强国。""坚持把发展经济的着力点放在实体经济上,推进新型工业化,加快建设制造强国、质量强国、航天强国、交通强国、网络强国、数字中国。"在"双循环"的新发展格局下,外贸发展面临时代新形势。跨境电商是打造国内大循环的强劲动力,是实现中国产业转型升级的重要抓手,也是贯通内循环和外循环的重要引擎。通过大力发展跨境电商，壮大外贸新业态，培育外贸新的增长点，推动中国经济深度融入全球产业链和供应链，打造国内国际双循环，增强品牌培育能力，实现产业集聚、数字化赋能、品牌出海，打造贸易高质量发展新格局。

项目导学

在跨境电商迅速发展的同时，各跨境电商企业对有限客户资源的争夺变得更加激烈，一系列的问题也逐渐显现，尤以客户流失现象最为严重。在有限的网络市场资源中，随着市场竞争的进一步加剧，跨境电商客户流失的形势将更加严峻。客户流失意味着这些客户不再为企业创造价值，带来销售收入，更不能带来利润，对企业的可持续发展非常不利。因此，跨境电商企业应该意识到客户流失问题的严重性，研究客户流失情况，分析客户流失原因，并采取相应措施尽量降低客户流失率。只有这样，才能稳定客户群，在激烈的市场竞争中脱颖而出，使企业稳步发展，成为跨境电商领域的胜利者。本项目主要介绍跨境电商客户流失概述、评估跨境电商客户流失情况、跨境电商客户流失的原因分析、防止跨境电商客户流失。

任务一　跨境电商客户流失概述

📖情景导入

宁波小薇云集电子商务有限公司的跨境电商客服专员 Elsa 在经理的要求下，开始整理店铺内客户流失的信息，并对流失的客户进行分类。

📖项目任务书

1．了解跨境电商客户流失的概念和特点。
2．对跨境电商客户流失进行分类。
3．重视跨境电商客户流失。

📖任务实施

一、了解跨境电商客户流失的概念和特点

1．在整理跨境电商客户流失信息前弄清楚跨境电商客户流失的概念。
2．接着了解跨境电商客户流失有什么特点，并完成表 5-1。

项目五　跨境电商客户流失管理与挽回　**127**

表 5-1　跨境电商客户流失的特点及原因

序号	跨境电商客户流失的特点	原因
1	跨境电商企业与跨境电商客户之间关系的终止（　　）被企业提前观察或意识到	
2	客户的稳定性（　　）	
3	客户的流失率（　　）	

二、对跨境电商客户流失进行分类

根据不同的角度，对跨境电商客户流失进行分类，并完成表 5-2。

表 5-2　跨境电商客户流失的分类

序号	跨境电商客户流失的分类方式	具体分类
1	按（　　）划分	可分为：
2	按（　　）划分	可分为：
3	按（　　）划分	可分为：
4	按（　　）划分	可分为：
5	按（　　）划分	可分为：

三、重视跨境电商客户流失

1. 分别从客户数量效应、客户保持时间效应两个方面分析客户流失产生的经济效果。

2. 比较与分析跨境电商新老客户的购物过程，并完成表 5-3。

表 5-3　跨境电商新老客户的购物过程

流程	新客户	老客户
第一步		
第二步		
第三步		
第四步		
第五步		

3. 总结并分析新老客户购物过程的不同。

> 知识模块

一、跨境电商客户流失的概念

客户是一家企业最宝贵的财富。传统经营管理思想有一个误区，其中的企业似乎只关心如何获取新客户，如何增加销售额，而忽略了如何维护已有的老客户。其实，老客户才是企业最具吸引力的群体。维护老客户并使其增多是一家企业最重要的事情，也是一项艰巨的任务。相比国内客户，国外客户在某个店铺成交之后，一旦拥有良好的购物体验，就会对该店铺产生较强的依赖性，很有可能再次购买。数据表明，维护一个老客户的成本比开发一个新客户的成本低得多。如果企业能认真对成交的客户进行管理和维护，促使他们再次购买，使新客户变成老客户，老客户变成重要客户，那么企业将在市场竞争中占据优势地位。

在成功获取新客户之后，企业需要根据客户的终身价值，确定与客户建立何种类型的关系，并提供相应的产品或服务，以维护老客户，防止客户流失。如果留不住有价值的客户，前期为获取新客户所产生的支出就无法补齐，企业就无法实施升级销售和交叉销售等客户开发活动，客户忠诚度的培养也不能延续。要想弄清楚客户流失的概念，得先了解与客户流失相对的客户保持的概念。

客户保持看似简单，但其概念不容易界定。如何确定一个客户已经被保持了呢？一般情况下，如果客户在一定时期内持续地购买企业的产品或服务，就可以视为这个客户被成功保持。但这个概念里的"一定时期"到底是多久呢？以一个会计年度（12个月）为"一定时期"的界限显然是不合理的，因为产品的用途、性能、结构等因素会影响客户的复购次数和间隔时间。很多产品的平均购买周期（购买周期是指客户两次购买行为之间相隔的时间）都超过12个月，有的长达数年，所以企业要根据不同产品的性质，在了解客户购买周期的基础上确定"一定时期"这一指标的合理界限，不能一概而论。例如，婴幼儿用品一般购买周期不会太长，而小家电这类购买周期比较长的产品可能在一年或更久之后才会有购买需求。原则上，"一定时期"应该大于客户的购买周期。

客户流失和客户保持刚好相反，可译为"Lost Customer"，从表面上可以理解为失去的客户。具体来说，（跨境电商）客户流失就是客户为企业带来的价值减少的状态，不仅包括客户与企业完全中断业务关系，还包括客户逐步减少对企业产品或服务的消费，或者减少购买数量，转而购买该企业竞争对手提供的产品或服务。所以，只要一个客户为企业带来的价值处于减少状态，就可以认定该客户正处于流失状态。客户流失既可以是与企业发生一次交易的新客户的流失，也可以是与企业长期交易的老客户的流失，既可以是中间客户（代理商、经销商、批发商和零售商）的流失，也可以是最终客户的流失。通常，老客户的流失率小于新客户的流失率，中间客户的流失率小于最终客户的流失率。

二、跨境电商客户流失的特点

跨境电商客户流失即跨境电商客户因某些原因而离开当前为其提供产品或服务的跨境电商企业。它是一种非契约关系下的客户流失，主要特点如下。

跨境电商企业与跨境电商客户之间关系建立的标志是客户的首次购买行为，往后该客户的购买行为则很难进行判定。在非契约关系下，我们很难判定跨境电商客户是继续选择同一购物网站还是转向别的购物网站。因此，即便跨境电商企业与跨境电商客户之间的关系发生了终止也很难被企业提前观察或意识到。

由于跨境电商跨越了地域和时间的限制，因此客户的购物选择面更广，客户的稳定性较差，流失率较高。因为客户在满意或不满意的情况下都可能会自愿终止与企业的关系，把购买的目光转移到其他相关企业上。对客户来说，相比实体店购物，通过跨境电商渠道购物的成本更低、选择更多，而转向其他企业几乎没有转换成本，这使客户的流失率偏高。

三、跨境电商客户流失的分类

1. 按流失的最终结果划分

从流失的最终结果来看，跨境电商客户流失可分为完全流失和部分流失。

完全流失是指由于某些原因，客户不再到本企业购买产品或服务，改到其他企业进行消费，在一段时间内在本企业的交易次数为零。这种流失也叫零次消费流失或显性流失。

部分流失是指客户在购买本企业产品或服务的同时也购买竞争对手的产品或服务，从而在本企业根据产品的购买周期规定的某个时间段内的交易量相对减少，在本企业的消费额逐渐降低，客户的价值由高变低。简而言之，部分流失就是客户在数量上逐步减少购买本企业的产品或服务，或者购买行为从高价值产品或服务逐渐转向低价值产品或服务，购买金额逐步减少。

2. 按客户流失原因划分

从客户流失原因来看，跨境电商客户流失可分为自然消亡类客户流失、需求变化类客户流失、趋利流失类客户流失和失望流失类客户流失。

自然消亡类客户流失是指客户因破产、身故、移民或迁徙等，无法再享受企业的产品或服务，或者客户目前所处的地理位置位于企业产品或服务的覆盖范围之外。

需求变化类客户流失是指客户自身的需求发生了变化，导致对产品或服务不再需要。

需求变化类客户流失往往是伴随着科技进步和社会习俗的变化而产生的。

趋利流失类客户流失是指因受本企业竞争对手的营销活动诱惑，客户终止与本企业的合作关系，而转变为本企业竞争对手的客户。

失望流失类客户流失是指因对本企业的产品或服务不满意，客户终止与本企业的合作关系。客户因失望而流失的具体原因可能是多方面的。例如，该跨境电商企业的产品或服务价格偏高，或者客户感觉到该企业的产品主要性能不足或服务不佳（如不回答客户问题，随意回答客户问题，回答客户问题时与客户争执，把产品或服务缺陷的责任归于客户误操作等）。另外，未能处理好投诉（如处理得不及时或不恰当）、消极的服务接触（如客服人员不能尽力满足客户需求）、伦理道德问题（如客户认为企业有违法违规、越权等问题）等都有可能造成客户失望，从而不再到该企业消费。

3. 按客户流失时间划分

从客户流失时间来看，跨境电商客户流失可分为缓慢流失型客户流失和突然流失型客户流失。

一般来说，缓慢流失型客户流失前是有一定征兆的，如购买频率降低、购买量减少、购买产品的单位价值降低、对企业的抱怨增多等，而企业一般对客户的这种相对缓慢的改变缺乏敏感度，往往忽略了客户心理上的变化，最后导致客户行动上的"背叛"。因此，企业应该实时关注此类客户的行为，定期对客户的各项数据进行统计分析，及时发现问题，随时修正客户服务方案。而突然流失型客户流失是没有任何信号的，是由于某些突发事件所引发的客户流失。

4. 按客户流失的主动性划分

从客户流失的主动性来看，跨境电商客户流失可分为客户主动流失和客户被动流失。

客户主动流失是指客户主动地不再选择本企业进行交易，而是选择购买其他企业的产品或服务。客户主动流失主要是由于客户自身的原因，如生活习惯和方式发生了变化。例如，客户以前喜欢吃辣的，现在由于胃病不能吃辣的食物，所以就不再购买此类食物。

客户主动流失也有可能是因为客户对本企业的产品或服务不是很满意。客户主动离开企业的原因有以下几种类型。

A．价格流失型。价格流失型是指客户转向提供低廉价格的产品或服务的竞争对手，此时赢回流失客户的途径就是提供比竞争对手价格更低的产品或服务。

B．产品流失型。产品流失型是指客户转向提供高质量产品的竞争对手，或者因发现本企业提供的产品是假冒伪劣产品而离开。这种流失逆转的可能性要小得多。因为价格原因流失的客户还可以再"买"回来，但是如果客户认为竞争对手的产品质量更好，那么把他们争取过来的最好方法是采取举措提高产品的质量，但这样成本可能会相对较高。

C．服务流失型。服务流失型是指客户由于企业服务恶劣而离开。其中，服务人员的素质和态度起着非常重要的作用。服务人员的失误主要源于服务人员的态度，如对客户漠不关心，不礼貌，反应滞后或缺乏专业的知识和经验、技能。另外，售后服务人员对客户的抱怨和投诉没有及时处理也会导致客户流失。

D．技术流失型。技术流失型是指客户转向购买其他行业的企业提供的新产品或服务。

E．便利流失型。便利流失型是指客户因现有产品或服务购买的不便性而流失。这里的不便性包括客户因等待服务或收到货的时间、等待预约的时间等太长而产生的不方便的感觉。

客户被动流失是指由于企业未能有效地监控到那些具有流失风险的客户，并且没有适时采取措施而造成的客户流失；或者由于客户本身的原因被企业排除在交易范围外，这样的客户流失也是客户被动流失。后者一般是因客户的信用度不佳或客户故意诈骗等原因导致的。

5．按客户流失程度划分

从客户流失程度来看，跨境电商客户流失可分为永久性流失和暂时性流失。

永久性流失是指客户终止了与企业的合作关系；暂时性流失是指客户在某一段时间内没有购买行为，但是过了一段时间又再次购买该企业的产品或服务。对于永久性流失客户，企业对其无能为力，这是企业的永久性损失；对于暂时性流失客户，企业可以通过一定的策略，将其召回。

四、重视跨境电商客户流失

1．客户的两大力量

处于同一行业的各个企业之间的业绩存在着巨大的差距，而导致巨大差距的原因，用常规的市场份额、经营规模、单位成本、服务质量等战略因素已无法解释。那么，问题的根源究竟在哪里呢？贝恩咨询公司通过对几十个行业长达十年的调查，发现了人们从未注意和研究过的因素，这个因素便是客户保持情况，换言之就是客户流失情况。西方一些领先企业的大量经营实践证明，较低的客户流失率是企业经营成功和持续发展的基础与重要动力之一。客户流失率低的企业的利润额始终保持高位，增长速度也较快。客户流失之所以会产生如此大的经济效果，主要源于以下两种力量。

（1）客户数量效应

客户数量效应即客户流失情况对企业客户存量的影响。假设有两家企业，一家企业的客户流失率是每年 5%，而另一家企业的客户流失率是每年 10%，即前者的客户保持率为 95%，后者为 90%。再假设两家企业每年的新客户增长率均是 10%，那么第一家企业的客户存量每年将净增 5%，而第二家企业则为零增长。这样持续几年后，前者的客户存量可能翻一番，而后者却没有实质性的增长。

（2）客户保持时间效应

客户保持时间效应主要表现为两个方面：一方面是老客户为企业贡献更多的利润，另一方面是企业维护老客户的成本要比获取新客户的成本低得多。

美国市场营销协会客户满意手册的统计数据表明，吸引一个新客户所耗费的成本大概相当于保持一个现有客户的 5 倍，减少客户流失就意味着用更低的成本减少利润的流失。在成熟期的产品市场中，要开发新客户很不容易。客户的忠诚度是一家企业能够生存与发展的最重要的资产之一。在大多数情况下，企业从每位客户那里赚取的利润与客户保持的时间成正比。随着客户保持时间的延长，投资回报率会呈现规律性增长。在大多数行业里，长期客户对企业的贡献随着时间的延长而增加。因为高满意度的客户随着时间的累积会购买更多的产品或服务，并愿意为物有所值的产品或服务付出额外的费用。同时，高忠诚度的客户在已经建立信赖感的前提下，其交易行为会为双方节省大量的时间、精力成本，而企业也可以花费较少的成本来服务客户，降低自身的服务成本。而且忠诚的客户会对企业进行正面宣传，并把企业推荐给其他客户，从而为企业带来新的交易，进而间接地为企业创造更多的收入和利润。当面临企业合理的价格调整时，长期客户对价格的敏感度较低，不会因一点儿小利而离开。企业一旦无法留住客户，不仅会失去原有客户带来的收益，而且需要花费更多的成本去寻求新的客户以取代原有客户，因此客户的转换行为会造成企业的成本负担加重。而拥有长久且比较忠诚的客户，对企业的运营与收益较为有益。

2. 跨境电商新老客户的购物过程比较

跨境电商企业要先通过各类推广活动吸引客户访问并使其成为潜在购买客户，再通过客服人员的咨询服务将其转化成购买客户。每一个客户的获取都要耗费较高的广告成本与人力成本。等这个客户成为该企业的购买客户后，如果他的购物体验很好，那么他就极有可能重复购买。这是我们为客户规划的成长路径：访问客户→潜在购买客户→购买客户→重复购买客户→忠诚客户。

很多企业非常注重开发新客户，所以在广告投放、活动策划等环节投入巨大，而往往忽略了对老客户的维护与挖掘。付出不菲的营销费用，带来的收益增长却只有一天或相当短的时期。那么，如何使这些营销费用持续为企业贡献效果？如何让这些营销费用的效果最大化？这两个问题归根结底，就是如何让客户带来持续的价值。

新客户一般通过搜索或广告进入店铺。因为第一次购买顾虑比较多，所以进店之后要看产品款式、看店铺信誉、看销售记录、比较产品价格、看客户评价，还要询价、还价、咨询售后服务，最后才购买。若某一个环节服务不到位或与客户沟通不畅，就很容易产生纠纷。而老客户一般通过收藏或网址直接进入店铺，因为之前有过购买经历，所以对店铺的产品或服务比较放心。老客户会比较看重产品款式与店内活动，简单咨询之后就直接拍下付款，收货之后的纠纷也会比较少，满意度很高。

接下来，将对新客户和老客户的购买行为进行比较，如图5-1所示。显而易见，老客户比新客户的购物过程更加简单，服务成本更低。

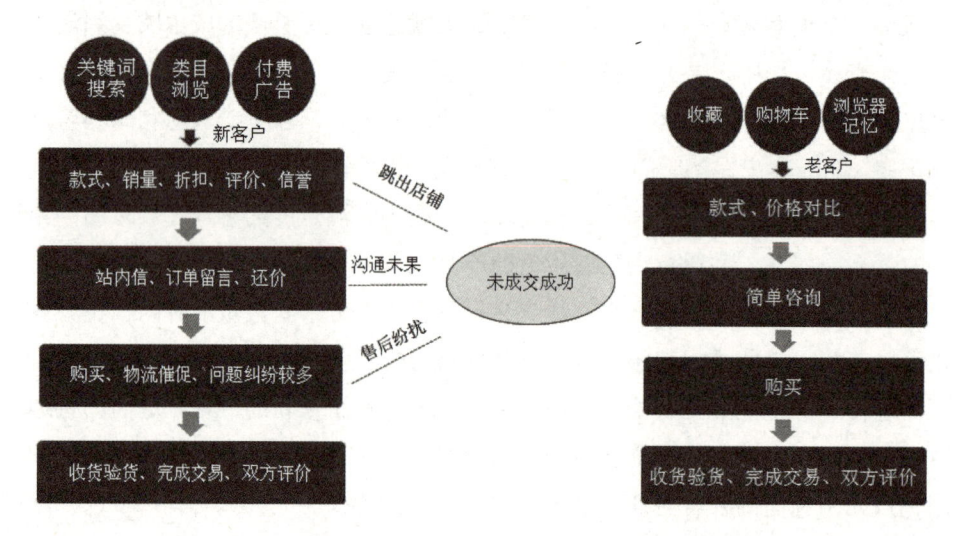

图 5-1 新老客户购买行为比较

老客户不仅重复购买的开发成本更低，而且他们对店铺的品牌与产品更加认同，黏性很高。很多老客户会一次购买更多的产品，客单价高。并且因为对店铺较为认同，所以与卖家沟通会更加顺畅，即使卖家的服务有不到位的地方，老客户也能够理解，对产品的评分也很高。还有很多老客户愿意写下非常精彩的好评或心得分享，给卖家带来了很好的口碑传播效果。

总之，无论是实体环境下的企业还是跨境电商环境下的企业，相对稳定的客户群对企业而言都起着至关重要的作用。它可以使企业少受许多不确定性因素的干扰，从而做出高效的决策。而且稳定的客户群、极低的流失率可以提升企业的口碑效应，企业在推出新的产品或服务时，这些稳定的客户群更容易接受。跨境电商企业能够保持稳定的客户群，就相当于企业能够保持稳定的利润与收入，并且在稳定的基础上能够持续地增长。

任务二　评估跨境电商客户流失情况

📖 情景导入

开发新客户对企业来说非常重要，但在产品供大于求、竞争激烈的市场上，新市场的开拓毕竟有限，成本也很高。因此，保持老客户的忠诚，防止老客户流失成为企业营销的一大重点。在激烈的市场竞争中能够脱颖而出的企业都有一个共同点，就是客户流失率比较低。那么，企业该如何评估客户流失情况呢？一般可以通过一系列指标来实现，而客户流失率就是反映客户流失情况的主要指标。

宁波小薇云集电子商务有限公司近期客户流失现象特别严重，有很多客户只有一次购买记录，而且距离一个购买周期已经很长时间了。在经理的要求下，Elsa 开始统计并计算企业的客户流失率，并且预估流失这些客户给企业带来的损失。

📖 项目任务书

1. 计算跨境电商客户流失率。
2. 计算跨境电商客户流失成本。

📖 任务实施

一、计算跨境电商客户流失率

统计企业的原有客户数量、当前客户数量，计算流失客户数量和客户流失率，并完成表 5-4。

表 5-4　跨境电商客户流失率的计算

序号	项目	数据
1	原有客户数量	
2	当前客户数量	
3	流失客户数量	
4	客户流失率	

二、计算跨境电商客户流失成本

1. 根据企业的销售额计算平均一个客户给企业带来的营业收入。

2. 用流失客户数量乘以平均一个客户给企业带来的营业收入即可估算出流失客户给企业带来的营业收入损失。

3. 为了进一步计算给企业带来的利润损失，先计算企业的盈利率，然后用损失的营业收入乘以盈利率即可得出流失客户给企业带来的利润损失。

4. 根据以上步骤，完成表5-5。

表5-5 跨境电商客户流失成本的计算

序号	项目	数据
1	企业的销售额	
2	平均一个客户给企业带来的营业收入	
3	流失客户给企业带来的营业收入损失	
4	企业的盈利率	
5	流失客户给企业带来的利润损失	

知识模块

一、跨境电商客户流失率

1. 跨境电商客户流失率的概念

跨境电商客户流失率衡量的是在指定时间段内跨境电商企业失去客户的比率，是流失客户数量占消费产品或服务的全部客户数量的比重。它是客户流失的定量表述，是判断客户流失情况的主要指标，直接反映了企业经营与管理的现状。

我们可以通过客户最近一次消费距离当前的时间来鉴定客户是否流失，因此要分析客户流失就需要知道每个客户最近一次消费的时间。一般在企业的客户管理系统数据库中会有相应的客户购买信息，建议在存储客户基础信息的同时记录客户的最近一次消费时间，这样就能准确地计算客户最近一次消费距离当前的时间，进而判断该客户是否流失。在获取数据时要区别产品或服务的购买周期问题。同时，需要注意客户的流失可能并不是永久的，也许客户在一段时间内对企业确实没有任何需求，因此会离开企业一段时间，但有些流失客户也会因为企业的某次营销活动或质量的改善而重新回来。

2. 跨境电商客户流失率的计算

跨境电商客户流失率有绝对客户流失率和相对客户流失率之分。绝对客户流失率衡量的是客户流失的数量比例趋势。而相对客户流失率考虑了流失客户对企业销售额的贡献程度，更能够反映流失客户对企业的影响。因此，客户流失率有两种计算方法：

绝对客户流失率＝流失客户数量/全部客户数量×100%

相对客户流失率＝流失客户数量/全部客户数量×流失客户的相对购买额×100%

其中：

流失客户的相对购买额＝流失客户的平均购买额/全部客户的平均购买额

> **案例**
>
> 一家跨境电商企业的客户数量从500人减少到475人，它的流失客户数量为25人，则：
>
> 绝对客户流失率＝25/500×100%＝5%。
>
> 若流失的25个客户的平均购买额与全部客户的平均购买额的比例为3∶1，那么：
>
> 相对客户流失率＝25/500×3×100%＝15%。

下面以案例说明如何计算客户流失率。

> **案例**
>
> 据内部资料统计，某跨境电商企业2017年与其有业务往来的客户数量为320人，到了2021年，这些老客户中只有60人还在与该跨境电商企业合作，如表5-6所示。

表5-6　某跨境电商企业2017—2021年原有客户流失情况（1）

项目	2017年	2018年	2019年	2020年	2021年
原有客户数量/人	320	210	150	90	60
年度绝对客户流失率	—	34.38%	28.57%	40.00%	33.33%
5年绝对客户流失率	81.25%				

假设只考虑原有客户的流失（含完全流失和部分流失），不考虑新增客户的流失，则第 N 年绝对客户流失率应为：

$$第N年绝对客户流失率 = \frac{第(N-1)年原有客户数量 - 第N年原有客户数量}{第(N-1)年原有客户数量} \times 100\%$$

根据绝对客户流失率公式依次计算如下。

2018年的绝对客户流失率为：（320-210）/320×100%＝34.38%。

2019年的绝对客户流失率为：（210-150）/210×100%＝28.57%。

以此类推，得出2020年和2021年的绝对客户流失率分别为40.00%和33.33%。

而该跨境电商企业5年的绝对客户流失率为：（320-60）/320×100%＝81.25%。

根据计算可知，绝对客户流失率每年为28%～40%，而5年的绝对客户流失率高达81.25%。这意味着经过5年，该跨境电商企业的原有客户只有不到20%保留了下来，其他客户都流失了。

如果要计算相对客户流失率，就需要先计算流失客户的相对购买额（＝流失客户的平均购买额/全部客户的平均购买额），再用流失客户数量与全部客户数量的比值乘以流失客户的相对购买额，如表5-7所示。

表5-7 某跨境电商企业2017—2021年原有客户流失情况（2）

项目	2017年	2018年	2019年	2020年	2021年
原有客户数量/人	320	210	150	90	60
原有流失客户数量/人	—	110	60	60	30
年度流失客户的相对购买额	—	1.20	1.40	1.30	1.10
5年流失客户的相对购买额	1.21				
年度相对客户流失率	—	41.25%	40.00%	52.00%	36.67%
5年相对客户流失率	98.31%				

根据相对客户流失率公式依次计算如下。

2018年的相对客户流失率为：110/320×1.20×100%=41.25%。

2019年的相对客户流失率为：60/210×1.40×100%=40.00%。

以此类推，得出2020年和2021年的相对客户流失率分别为52.00%和36.67%。

而该跨境电商企业5年的相对客户流失率为：（320-60）/320×1.21×100%=98.31%。

根据计算可知，相对客户流失率每年为36%～52%，而5年的相对客户流失率高达98.31%。这意味着经过5年，该跨境电商企业的原有客户基本上已经不能为企业的销售额带来贡献了。

3. 其他评估客户流失情况的指标

除客户流失率外，客户保持率、客户推荐率也能够反映客户流失情况。

（1）客户保持率

客户保持率是客户保持的定量表述。客户保持是指企业维持已建立的客户关系，使客户不断重复购买产品或服务的过程。客户保持率也是判断客户流失情况的重要指标，与客户流失率完全相反，客户保持率越高，客户流失率越低。它反映了客户忠诚的程度，是企业经营与管理业绩的一种重要体现。客户保持率的计算公式如下：

客户保持率＝客户保持数/消费人数×100%＝1－客户流失率

（2）客户推荐率

客户推荐率是指客户消费产品或服务后介绍他人消费的比例。需要注意的是，客户流失率与客户推荐率成反比。

跨境电商企业还可以通过市场预测统计部门获得的市场指标来评估客户流失情况，如市场占有率、市场增长率、市场规模等，通常客户流失率与上述指标成反比。此外，还可以通过营业部门和财务部门获得的销售收入、净利润、投资收益率等收入利润指标来评估客户流失情况，或者借助行业协会开展的各类诸如排名、达标、评比等活动，以及权威部门和人士发布的统计资料判定企业的竞争力指标，从而评估客户流失情况。

二、跨境电商客户流失成本的计算

> **案例**
>
> 一位妇女每周都会固定在一家杂货店购买日常用品，在持续购买了3年后，有一次店内的一位服务员对她态度不好，于是她换到其他杂货店买东西。12年后，她再度来到这家杂货店，并且决定告诉老板为何她不再到店里购物。老板耐心地倾听，并且向她道歉。等到这位妇女走后，他拿来计算器计算杂货店的损失。假设这位妇女每周都到店里消费25美元，那么12年她将消费约1.56万美元。只是因为12年前的一个小疏忽，导致他的杂货店少做了1.56万美元的生意！

整个企业的总体客户流失率可以反映企业的客户流失情况，但不能揭示客户流失的内在结构。如果企业单凭总体客户保持率来衡量客户保持工作的效果，则往往会出现较大的偏差。因为不同的客户在购买量、购买行为等方面存在差异，所以不同的客户贡献的价值也有所区别。例如，甲企业2020年和2021年的客户流失率都是10%，但2020年流失的10%的客户属于高价值客户，他们的消费总额占整个企业销售总额的30%，或者他们贡献的利润占企业净利润的50%，而2021年流失的10%的客户属于低价值客户，他们的消费总额只占整个企业销售总额的5%，或者他们贡献的利润只占企业净利润的3%。很明显，尽管这两年的总体客户流失率是一样的，但实际上2020年的情况要比2021年严重得多，说明企业经过一系列的调整和努力，经营状况已经得到了极大的改善。所以，为了让客户流失率得到更加准确的反映，我们还需要计算企业的"基于销售额的客户流失率（额）"或"基于利润的客户流失率（额）"。

> **案例**
>
> 假设一家跨境电商企业有6400个客户，由于服务的质量问题，2021年流失了20%的客户，也就是有1280（=6400×20%）个客户流失。若平均每流失一个客户，营业收入就损失4000元，则企业基于销售额的客户流失额为1280×4000，即一共损失了5 120 000元的营业收入。假如企业的盈利率为10%，那其基于利润的客户流失额为5 120 000×10%，即损失了512 000元的利润。而且随着时间的推移，企业的损失会更大。

或许面对单个客户的流失，很多企业会不以为然，而一旦看到这个惊人的数字，就不

项目五　跨境电商客户流失管理与挽回　**139**

由从心底重视起来。除此之外，客户流失还会有潜在成本的损失。据统计，获取一个新客户的成本是维护一个老客户成本的5倍，而且一个不满意的客户平均要影响5个人。以此类推，企业每失去一个客户，其实就意味着失去了一系列的客户，对口碑效应的影响无可估量，也就是说客户流失的成本是巨大的。为有效防止客户流失，就要让员工真正从心底认识到客户流失问题的严重性，在日常工作中加以防范。

任务三　跨境电商客户流失的原因分析

情景导入

宁波小薇云集电子商务有限公司经营的速卖通饰品店铺，经过各方努力，其销售业绩已比较可观。但最近销售经理发现客户数量好像少了很多，销售业绩也有所下滑。销售经理很是着急，急切地想找出原因，并把这项任务交给了Elsa。那么，Elsa应该如何开展这项工作呢？

项目任务书

1．分析影响跨境电商客户流失的因素。
2．分析跨境电商客户流失的特征。
3．分析跨境电商客户流失的原因。

任务实施

一、分析影响跨境电商客户流失的因素
查找影响跨境电商客户流失的因素并予以列举。

二、分析跨境电商客户流失的特征
1．根据跨境电商客户的订单信息，找出流失客户。
2．关注细节，深入分析流失客户的流失环节、流失时间。
3．根据以上信息，完成表5-8。

表5-8　跨境电商客户流失信息统计

项目	流失客户1	流失客户2	流失客户3	流失客户4	流失客户5	流失客户6	…	流失客户N
流失环节								
流失时间								

4. 对比并总结与企业有长久业务往来的跨境电商客户和已流失的跨境电商客户的客户特点、购买特点、购买频率和购买金额，找出差异点，并完成表5-9。

表5-9　不同跨境电商客户的差异分析

项目	与企业有长久业务往来的跨境电商客户	已流失的跨境电商客户	与企业有长久业务往来的跨境电商客户和已流失的跨境电商客户的差异
客户特点			
购买特点			
购买频率			
购买金额			

三、分析跨境电商客户流失的原因

1. 根据跨境电商客户流失的特征，分析流失原因。
2. 对跨境电商客户流失的原因进行分类，并完成表5-10。

表5-10　跨境电商客户流失的原因分析

流失客户	流失原因	流失原因分类
流失客户1		
流失客户2		
流失客户3		
流失客户4		
流失客户5		
流失客户6		
…		
流失客户N		

知识模块

在竞争日趋激烈的跨境电商行业，客户拥有量的多少决定了一家企业能否长久发展。跨境电商企业不能一味地寻求新客户，不重视维护老客户，而是需要在寻求新客户的同时，分析老客户的特点和心理，并根据老客户的特点，从企业内部和外部环境中寻求有可能导致客户流失的原因，再制定相应的对策来留住老客户。

一、影响跨境电商客户流失的因素

一些跨境电商企业的销售人员常说："不久前与客户的关系还是好好的，一会儿'风向'就变了，客户跑了，真不明白。"客户流失已成为很多企业急需解决的问题。这些企业的销售人员也都知道失去一个老客户将带来巨大的损失，需要至少再开发10个新客户才能弥补。但当被问及企业客户为什么流失时，很多销售人员总是一脸迷茫，而谈到如何防范时，他们更是不知所措。互联网的发展对跨境电商行业来说，既是机遇，又是挑战。面对新的机遇和挑战，要抓住发展的战略期，迎接挑战。在竞争日益激烈的跨境电商行业，如何正确了解并及时把握当前跨境电商环境下客户的行为特点及规律，紧紧抓住老客户，同时发展新客户；如何有效识别潜在的流失客户，分析流失原因，进而采取相应措施留住价值高的老客户，尽量减少损失，实现利益最大化和企业的可持续发展，是每家跨境电商企业都要认真思考的问题。而在分析客户流失的原因之前，我们也需要了解跨境电商客户的特点。

跨境电商客户所处的特殊消费环境和使用的特殊消费方式，使跨境电商客户进行在线消费不受地域的限制和消费时间的影响。同时，在线客户通过互联网传递卖家的信息，使卖家的影响力得到极大的提升，客户之间相互影响的效应尤为明显。而客户对产品或服务的选择空间大，致使其对企业的忠诚度不断降低，流动性和流失率不断提升。这就需要跨境电商企业分析客户流失的原因，对症下药，从而有针对性地减少客户流失。

客户流失对每家企业来说都不可避免。跨境电商客户新特点的出现，使其流失的原因也变得多种多样。通过分析客户流失的原因，有利于企业采取相应策略来降低有价值客户的流失率，真正地提高成本收益比。通常，影响跨境电商客户流失的因素有：A．企业经营不善（产品质量、服务质量不高，员工流失，市场营销手段不当，如产品定位或定价不合理，企业缺乏创新等）；B．竞争对手的争夺；C．客户主观原因（被竞争对手吸引、需求发生变化、恶意离开）；D．服务细节疏忽导致客户对产品或服务不满意；E．系统智能化、网页技术、网页设计与布局不够吸引客户；F．售后服务不佳（物流配送、售后服务方面及退货政策等存在问题）；G．企业诚信问题；H．市场波动；等等。这些都有可能造成跨境电商客户流失。

仔细观察上述影响跨境电商客户流失的因素，就会发现除市场竞争、客户主观原因及市场波动外，其他导致跨境电商客户流失的因素都归结于企业自身的原因，是可以控制的部分。因此，跨境电商企业可以通过找出客户流失的原因，分析企业自身存在的问题并改进，来减少客户流失情况的出现。

二、跨境电商客户流失的内部原因分析

导致跨境电商客户流失的内部因素一般表现为以下几个方面。

1. 员工跳槽

在跨境电商企业平时的业务往来中，主要由销售人员直接与客户联系，如果企业缺乏对客户信息和客户关系的规范管理，就会造成客户只认销售人员、不认企业的现象。一旦销售人员跳槽到竞争对手处，客户就很容易在销售人员的鼓动下被带到竞争对手那里，从而给企业带来相应客户的流失，与此同时带来的是竞争对手实力的增强。

2. 服务差使客户不满意

员工是企业的名片，每个员工的言行都直接或间接地影响着客户的思维和情感，从而对客户的购买行为产生推动或阻碍作用。在跨境电商企业日常的工作中，通常以销售人员为核心开展工作，其他部门提供服务和支持。如果企业各部门间缺乏必要的沟通机制，员工（主要指客服人员）在工作中缺乏营销的观念，认为自己的工作与销售无关，不会影响到企业的经营业绩，那么员工的服务意识就会淡薄，这会让客户在购物过程中产生不满情绪，不再继续到企业消费。例如，员工较为傲慢，客户提出的问题不能得到及时解决，咨询无人理睬，投诉没人处理，员工工作效率低下，没有及时发货，销售过程中售前态度和售后态度相差很大，完成交易后就不再理睬客户等，都会直接导致客户不满意，进而导致客户不会再次购买企业的产品或服务。当客户对企业的服务质量感到不满且问题得不到解决的时候，客户就会转而投向竞争对手。这部分客户给企业造成的负面影响很大，而且回归的可能性很小，挽回这部分客户需要投入大量的人力和物力。

3. 诚信问题

一旦客户认为企业有诚信问题，就会选择离开，不再光顾企业。

有些企业为了笼络客户，会夸大宣传和承诺，将客户的期望抬得过高，但是很多时候由于超出企业的能力范围而无法兑现承诺，致使客户更加失望。例如，有时候为了使自己的产品看起来比较有吸引力，企业会在处理图片时或多或少地添加一些产品本身没有的效果，这样会给客户带来一种美好的心理预期，从而提高客户对产品的期望值。然而，一旦客户收到的实物与图片差别很大，就会非常失望。因此，企业必须诚信经营，当遇到实物与图片有差距时，应提前告知客户。如果只是因为小部分修图处理造成的色差，合理的解释还是能赢得客户的信任的。其实，企业在上传产品图片时，可以展示多角度的细节，尽量让客户对产品产生真实、全面的视觉印象。

如果企业将客户的期望定得太低，则无法对客户产生足够的吸引力。因此，企业一定

要遵循以下两个基本原则。

第一，做到才能说到，说到一定做到。首先要了解企业的能力与客户的需求，然后实事求是地给出承诺。

第二，一旦做出承诺，就一定要确保承诺得到履行，通过加强对执行环节的监控等手段为客户提供符合或超出承诺的服务。客户可能对产品或服务的多个属性都有一定的期望，如产品质量、服务反应速度、价格稳定性、客服人员素质等，这些属性对客户而言不可能是同等重要的，只要在客户认为非常重要的属性上表现优异，就能够抓住客户的心，长期保持与客户的关系。例如，戴尔公司发现客户在网上购买计算机时，特别在意订单处理的速度与准确性、价格优惠程度、产品或服务质量和网站页面的友好程度等属性，因此戴尔公司便根据自身的能力，集中精力在订单处理、产品质量和售后服务这三个方面进行改善，深得目标客户的喜爱。

4．质量不稳定

由于企业的产品或服务质量不稳定，导致客户利益受损，这是经常能够看到的，相关的案例也特别多。

案例

凭借厂家的高返利政策，某跨境电商企业与国外A经销商达成了交易，首批货很快在国外A经销商所在地试销成功。但由于产品质量不太稳定，第二批货的部分指标不合格。面对与该客户近10万元的交易，该跨境电商企业一心想保住自己的利益，选择隐瞒了实情，结果遭到了国外A经销商的投诉和索赔，并最终致使其断绝了与本企业的合作关系。

5．缺乏对员工的培训

某些企业缺乏系统的员工培训计划，很多时候都是进行最简单的岗前培训，或者让老员工带新员工，导致员工不能完整、全面地获得相关的知识和技能，对企业的文化了解不深，缺乏对物流市场或竞争对手的了解，工作混乱，员工工作技能的提高基本依赖个人的学习和积累。如果企业没有提供针对性的知识和服务技能培训，那么销售或客服人员在遇到突发事件时会不知如何处理，在接到客户投诉时也束手无策，经常听之任之甚至置之不理，很容易造成客户流失。同时，缺乏对员工的系统培训，会使员工失去对企业的归属感，极大地影响员工的积极性，也会影响客户与企业合作的态度，造成客户流失。

6．缺乏创新

如果企业缺乏创新，客户就可能"移情别恋"。在B2B、B2C的商业关系中，若企业不能及时进行创新，当竞争对手推出功能更多和质量更高的产品或服务时，客户就会转移。特别是随着产品生命周期的行将结束，产品带给客户的利益空间也会越来越小。这时候，如果企业不能在技术和质量上及时创新，就会丧失对客户的吸引力，导致客户另寻他路。毕竟利益才是维系企业与客户之间关系的最佳杠杆。

7. 价格不稳定

产品的价格往往是客户最为关注的因素。同样的产品，大部分人会选择价格稳定且较低的企业进行消费。

8. 客户关系不佳

如果企业不注意维护与客户的关系，不注重客户关系的有效管理，则势必会加快客户的流失。因此，企业应对客户关系管理给予充分的重视，认真分析客户流失的原因并着手改善和解决。

9. 企业自身业务衰退或倒闭

任何企业在发展中都会遭受震荡，企业的波动期往往是客户流失的高频时段。如果企业资金出现暂时的紧张，如出现意外的灾害等，则会使企业出现波动，这时嗅觉灵敏的客户也许就会"倒戈"。

三、跨境电商客户流失的外部原因分析

导致跨境电商客户流失的外部因素一般表现为以下几个方面。

1. 竞争对手夺走客户

任何一个行业的客户都是有限的，特别是优秀的客户更是弥足珍贵。而任何一家企业都有软肋，竞争对手往往最容易抓住企业的软肋，一有机会，就会乘虚而入，进而造成本企业客户流失。同时，为了能够迅速在市场中获得有利地位，竞争对手往往会不惜代价，采取优惠、特价、折扣等措施来吸引客户，将原先属于本企业的客户挖走。

2. 客户忠诚度较低

客户忠诚是实现客户重复购买的保证，客户忠诚度低也是企业容易流失客户的一个重要原因。通常，忠诚的客户不容易流失。对于比较忠诚的客户要加以重视，不能因为管理或服务不到位而失去这些客户。

忠诚的客户对价格不敏感，愿意为企业的优质产品或服务支付较高的价格，愿意为企业做有利的口头宣传。他们一般不易受到竞争对手的影响，较少花费时间和精力收集其他

企业的信息，不会因其他企业的促销措施而改购其他企业的产品或服务。例如，忠诚度高的客户在预订酒店时很少询问房价，相比忠诚度低的客户更容易使用酒店的其他服务（如洗衣等）。忠诚的客户还会为酒店做正面的口头宣传，向朋友和同事推荐。

那么，我们该如何判断客户是否属于忠诚类型，从而判断他们是否容易流失呢？可以用以下标准衡量。

（1）重复购买次数

在一定时期内，客户对某一品牌的产品或服务的重复购买次数越多，说明对这一品牌的忠诚度越高，就越不容易流失。

（2）挑选时间

任何客户购买产品或服务都要经过挑选这一过程，但是由于信赖程度的差异，对于不同的产品或服务，客户挑选的时间是不同的。根据挑选时间的长短，可以确定客户的品牌忠诚度。通常来说，客户挑选的时间越短，说明他们对该品牌的忠诚度越高；反之，则说明他们对该品牌的忠诚度越低。在利用客户挑选时间测定品牌忠诚度时，也要考虑产品或服务的属性。对于个别属性的产品或服务，客户几乎对品牌不太介意；而对于化妆品、烟酒、计算机、汽车等产品，品牌在客户做出购买决策时则起着举足轻重的作用。

（3）对价格的敏感程度

客户对价格是非常重视的，但这并不意味着客户对产品或服务价格变动的敏感程度相同。事实表明，对于喜爱和信赖的产品或服务，客户对其价格变动的承受能力强，即敏感度低；而对于不喜爱和不信赖的产品或服务，客户对其价格变动的承受能力弱，即敏感度高。

（4）对竞争品牌产品的态度

根据客户对竞争品牌产品的态度，可以从侧面判断其对某一品牌产品的忠诚度。如果客户对竞争品牌的产品有兴趣并抱有好感，那么表明他对本品牌产品的忠诚度较低；而如果客户对竞争品牌的产品不感兴趣，或者没有好感，就可以推断他对本品牌产品的忠诚度较高。一般来说，对某种产品忠诚度高的客户会不自觉地排斥其他品牌的产品。

（5）对产品质量的承受能力

任何产品或服务都有可能出现由各种原因造成的质量问题。如果客户对该品牌产品的忠诚度较高，那么当其产品出现质量问题时，他们会采取宽容、谅解和协商解决的态度，不会由此而失去对该品牌的偏好；而如果客户的品牌忠诚度较低，当其产品出现质量问题时，他们会深深感到自己的正当权益被侵犯了，可能产生很大的反感情绪，甚至通过法律进行索赔。

3．客户记不住店铺的名称

这种情况在电商网站上经常遇到。有时，客户想要购买某一产品，便随便选择了一家店铺进行购买,但并没有记住该店铺的名称,等到下次购买时,便再次随便选择一家店铺进行购买。

任务四　防止跨境电商客户流失

📖 情景导入

随着网络市场竞争愈发激烈,很多企业已经意识到发展一个新客户所花费的成本要远远高于留住一个老客户所花费的成本,因此老客户成为各大企业想要极力保持的重要资源。然而,客户的流失是每家企业都要面对的问题。采用什么样的方法对跨境电商客户的流失进行预测、识别,采取怎样的策略尽量挽回有价值的客户,成为每家跨境电商企业都需要认真思考的问题。宁波小薇云集电子商务有限公司的跨境电商客服专员 Elsa 在经理的要求下,开始制定策略防止跨境电商客户流失。

📖 项目任务书

1. 了解制定防止跨境电商客户流失策略的原则。
2. 制定防止跨境电商客户流失的策略。
3. 应用防止跨境电商客户流失的策略。

📖 任务实施

一、了解制定防止跨境电商客户流失策略的原则

1. 查找并学习制定防止跨境电商客户流失策略的资料,了解制定防止跨境电商客户流失策略的原则。
2. 根据收集到的信息,完成表 5-11。

表 5-11　制定防止跨境电商客户流失策略的原则

序号	具体原则
1	
2	
3	
4	

二、制定防止跨境电商客户流失的策略

1. 根据跨境电商客户流失的原因,将造成跨境电商客户流失的最主要原因列为重点整改的内容。

2. 结合跨境电商企业自身的情况,有针对性地制定防止跨境电商客户流失的策略。

3. 完成表 5-12。

表 5-12 防止跨境电商客户流失的策略

序号	重点整改项	整改策略
1		
2		
3		
4		
5		
6		
7		
…		

三、应用防止跨境电商客户流失的策略

1. 计算为降低跨境电商客户流失率,保持跨境电商客户所需花费的费用。

2. 评估为防止跨境电商客户流失所需花费的费用,以及会给企业带来的效应。如果效应大于所需花费的费用,企业就应该花这笔钱采取该策略,以防止跨境电商客户流失。

3. 完成表 5-13。

表 5-13 应用防止跨境电商客户流失的策略

序号	为防止跨境电商客户流失所需花费的费用	预估会给企业带来的效应	是否应用该策略
1			
2			
3			
4			
5			
6			
7			
…			

知识模块

一、制定防止跨境电商客户流失策略的原则

客户发生流失的原因复杂多样，若要减少客户流失，则需要结合企业特点、客户定位等进行具体分析。一般企业在制定防止客户流失的策略时，要考虑策略的可信性、可靠性及可操作性，对跨境电商企业来说，这些原则同样适用。但跨境电商企业在制定防止跨境电商客户流失的策略时，还应考虑其本身具有的特性，并且结合其与一般企业的相似性及差异性进行分析。通常，跨境电商企业在制定防止跨境电商客户流失的策略时需要考虑以下几个原则。

1. 实用性

任何策略都不是凭空想象出来的，都必须能够具体实践与操作、具有使用价值。如果跨境电商企业制定出来的防止跨境电商客户流失的策略不具有实用性，那最终将起不到任何作用。

2. 时效性

互联网技术的高速发展和市场相关信息的逐渐透明化，使客户的要求也随之越来越高。如果跨境电商企业不能及时了解客户的需求，就可能被客户所抛弃。因此，企业必须及时准确地掌握客户动向，对流失客户采取的控制策略必须能够达到立竿见影的效果，否则其控制策略就没有起到应有的作用。

3. 整体性

有些跨境电商企业制定的防止跨境电商客户流失的策略是着眼于短期市场发生的一些变化而采取的临时控制措施，虽然这些策略考虑到了时效性，但由于制定得匆忙，这些策略考虑到的因素不全面，也没有从整体出发。为避免出现相互重叠、矛盾的局面，制定的控制策略需要整体协调，在考虑时效性的同时，也要全局考虑策略的整体性。

4. 针对性

在对跨境电商流失客户进行分析的时候，要有针对性，因为影响跨境电商客户流失的因素各不相同。在制定防止跨境电商客户流失的策略时应注意分清主要因素和次要因素，找出那些对客户流失起决定作用的关键因素，并根据关键因素制定合适的控制策略。

二、防止跨境电商客户流失的策略

跨境电商企业想要留住客户，有效地控制客户流失，通常可以采取以下策略。

1. 提高产品的价格竞争力

产品价格无疑是关乎跨境电商企业生死存亡的问题。跨境电商企业可以为异国客户呈现直观的产品或服务，这使交易和服务可以突破时间与空间的限制，保证客户能够随时随地精心挑选和货比三家。在这种情况下，企业更应关注产品价格，需要结合多方面因素制定所售产品的价格。

通常客户都有追求物美价廉的消费心理，如果企业制定的价格不够诱人，那将很快被市场所淘汰。过低的价格，尽管有时能够吸引客户，但从长远来看，利用低价销售将减少企业的盈利，会使企业后续的产品或服务质量降低。而且过低的价格将使客户对产品或服务的质量产生怀疑，因此基于此吸引来的客户很容易流失。跨境电商企业在制定有竞争力的价格之前，必须对市场进行分析，以市场为导向，结合企业的经营成本，建立合适的价格机制。同时，可以通过明确产品价格优惠权限，或者采取产品或服务的差异化策略转移客户对价格的敏感度。

2. 增强企业的品牌效应

与在传统卖场中购物一样，跨境电商客户在网购时更多的还是购买品牌产品。因此，跨境电商企业也应意识到产品品牌的重要性，实行品牌经营，树立品牌意识，将品牌建设列入工作范畴。在客户认可了企业的品牌理念后，就不会随意转移到其他同类企业进行消费了。企业的品牌建设要结合客户的需求，不拘泥于理论，只有这样才能设计出更为合理的网站结构。数据调查表明，从男女在网站购买品牌产品的类别来看，女性的选择会涉及很多类别，而男性主要是对体育产品进行品牌消费，更多地关注实用性产品。对此，跨境电商企业可以针对男女不同的特点，引导客户消费，在店铺中分别设置男性区和女性区。在不同区设置不同的品牌空间，就是一种很好的营销理念。

3. 加强产品质量管理

质量是产品实体价值的体现，好的质量能够提升产品的价值。通用电气公司的董事长杰克·韦尔奇说过："质量是通用维护客户忠诚度最好的保证，是通用对付竞争者的最有力的武器，是通用保持增长和盈利的唯一途径。"客户关注企业的产品，并不代表客户就对企业满意和忠诚，必须促进客户达成消费和重复消费，才能锁定客户，进而提高客户的忠诚度。在市场同质化竞争日趋激烈的情况下，企业必须重视产品的质量，创新采用多种技术和手段来提高产品的科技含量，以新颖、高质的产品立足于市场。优胜劣汰是市场经济发展的必然结果，也是市场经济主体参与市场竞争，实现健康良性发展的内在要求。

在跨境电商模式下，客户可以轻易地货比三家，根据销量排序、信用排序、综合排序等多种方式，来选择质量更高、服务更优的产品。如果跨境电商企业的产品质量不高，客户在消费一次后，就可能不会再继续关注，而是探寻质量更高的产品。久而久之，产品质量不高的企业的关注度就会越来越低，产品销量就会越来越少，导致企业经营管理最终走向失败；而产品质量高的企业的客户满意度和忠诚度会越来越高，产品销量越来越多，企业效益就能实现良性循环。因此，产品的质量对跨境电商企业来说至关重要，是企业的生命，直接影响客户流失情况。企业只有在产品的质量上下功夫，以保证产品的耐用性、可靠性、精确性等价值属性，才能在市场竞争中取得优势，才能为产品的销售及品牌的推广创造良好的运作基础。质量是"根"，品牌是"叶"，只有"根深"才能"叶茂"，唯有此才能真正吸引客户、留住客户。如果产品在质量上令客户不满意，客户就不会长久地给跨境电商企业带来荣誉和财富。另外，跨境电商企业在网上提供的产品应当与在实际中提供的产品一致，不能以次充好，以彼代此，否则客户就会认为企业信用不好，会有上当受骗的感觉，也就无从谈及再次购买了。

4．建立良好的客户关系管理系统，加强客户关系管理

很多销售人员跳槽能带走客户，很大的原因就是企业对客户的情况不了解，缺乏与客户的沟通和联系。跨境电商企业只有详细地收集客户资料，建立客户档案，归类管理并适时把握客户需求，才能真正实现管理客户的目的。当客户数量累积到一定程度时，企业可以建立良好的客户关系管理系统。市场上流行的客户关系管理系统给企业提供了了解客户和掌握客户资料的条件，它主要使用通信和互联网技术实现对客户的统一管理，建立客户档案，注明其名称、地址、资金实力、经营范围、信用情况、购买记录等。企业可以通过参考市场上的相关系统建立自己的客户关系管理系统。

企业可以根据完善的客户资料做到对客户的情况了然于胸。通过客户关系管理系统，企业可以利用信息技术实现市场营销、销售、服务等活动的自动化，从而更高效地为客户提供满意、周到的服务，以提高客户的满意度、忠诚度。通过对数据进行整理，可以定期联系客户，定期沟通，提升企业的服务。同时，通过提高现有客户的满意度，可以达到挖掘客户潜在价值的目的，从而赢得更多高价值的客户；通过客户关系管理系统，可以保持和赢得更多的客户，提高企业的竞争力，从而提高企业的利润，防止客户流失。

通过客户关系管理系统，企业可以根据客户金字塔理论，考虑客户为企业贡献的利润，将客户分为关键客户、普通客户和小客户，从而确定需要重点维护的客户群体。例如，考虑把为企业创造价值最多的前5%的客户划为关键客户，把为企业提供一定盈利的客户划为普通客户，把其他对企业贡献度低的客户划为小客户。企业应该保证关键客户和普通客户优先占有绝大部分的企业资源。尤其对关键客户，可以专门为其提供优先条件，最大限度地实现对其的保留。还可以给不同等级的客户设定不同的优惠政策，如积分兑换、折扣。这样不仅满足了细分客户的需求，也满足了客户的情感需求，尤其当优质客户获得了相对优质的服务时，更会提升其对企业的满意度，从而防止客户流失。

企业还可以通过客户关系管理系统判断客户的价值。终身价值高、战略重要性高、管理难度低的客户是企业重点保留的对象，而对于其他的客户群体可以采取有选择地保留的策略。根据客户贡献价值变化的趋势来调整保留的力度及方法，从而有针对性地保留客户，防止客户流失。

5. 实行差异化、个性化的营销策略

跨境电商市场发展到今天，多数产品或服务无论是在数量上还是在质量上都极为丰富，跨境电商客户能够以个人心理愿望为基础挑选和购买产品或服务。现代跨境电商客户往往富有想象力，渴望变化，喜欢创新，有强烈的好奇心，对产品或服务的个性化提出了更高的要求。他们所选择的已不仅是产品或服务的实用价值，更要与众不同，充分体现个体的自身价值，这已经成为他们消费的首要标准。在跨境电商客户对不同领域的创新倾向和行为有明显差异的情况下，跨境电商企业要想吸引客户，保持客户的兴趣，防止客户流失，就必须差异化地对待客户，为他们提供个性化的产品或服务。企业要对不同的客户进行分析，了解他们的需求，从而为他们量身定制个性化的产品或服务。如果客户需求量比较大、需求业务种类繁多，企业就必须能够提供多样化的解决方案以满足他们的需求。

6. 提高服务质量

在跨境电商快速发展的今天，企业比的不仅是价格，还有产品或服务的质量。高质量的产品和优质的服务是跨境电商企业赖以生存、持续发展的根本。跨境电商企业的服务态度、服务质量将直接影响客户对企业的印象。这就需要企业帮助员工树立"客户至上"的意识，认识到客户的重要性。只有认识到了客户的重要性，才能真正为客户着想，使客户满意。同时，还要培养员工的服务意识，在企业建立"无客户流失"文化，并将其渗透到员工的观念里，贯彻到员工的行动中。

跨境电商企业的售前、售中和售后服务，一定要有亲和力。客服人员一定要耐心、细致地解答客户的疑问，将产品的优势和特点及使用感受借助图文并茂的在线交流方式，尽可能详尽地传达给客户，以打动客户。这样，不仅能给客户带来"上帝"的感觉，而且会增强客户对产品的好感，从而促进客户消费。在消费达成后，客服人员要催促仓库及时发货。发货的效率非常重要，因此选择合适的物流也是非常重要的。因为发货是否及时，同样会影响到客户是否会再次购买。如果在售后环节发生客户抱怨，甚至投诉的问题，那么客服人员一定要坚持从客户角度出发，换位思考，积极协助解决。企业的优质服务能让客户在愉快的心情下完成购物。企业的优质服务应当是主动而热情的服务，在整个消费过程中，使客户自始至终都能获得美好的消费体验，从而吸引客户、留住客户，防止客户流失。

> **案例**
>
> 当客户光顾你的店铺，询问产品信息时，要亲切、自然地表达出你的热情。这里给出一个优秀卖家的客服人员回复模板，供参考。
>
> Hello, my dear friend. Thank you for your visiting to my store, you can find the products you need from my store. If there is not what you need, you can tell us, and we can help you to find the source, please feel free to buy anything. Thanks again.
>
> 发货之后提醒客户已经发货，如下模板供参考。
>
> Dear friend, your package has been send out, the tracking number is ×××× via DHL, please keep an eye on it, hope you love our hair and wish to do more business with you in the future. Good luck!
>
> 完成交易后要表示感谢，并希望客户能够再次购买，如下模板供参考。
>
> Thank you for your purchase. I have prepared you some gifts, which will be sent to you along with the goods. Sincerely hope you like it. I will give you a discount if you like to purchase other products.

7. 倾听客户的意见和建议

客户与企业间是一种平等的交易关系。跨境电商企业应尊重客户，认真地对待客户提出的各种意见和建议，并真正重视起来，只有这样才能得到有效的改进。在客户抱怨时，销售人员要及时调查客户的反映是否属实，迅速将解决方法及结果反馈给客户，并提请其监督，让客户觉得自己得到了重视，对方对自己的意见有所考虑，以提高客户的忠诚度，防止客户流失。

同时，客户意见是企业创新的源泉。通过客户意见的反馈，企业可以得到有效的信息，将信息融入企业各项工作的改进中，这样一方面可以使客户知晓企业的经营意图，另一方面可以有效调整企业的营销策略，以适应客户需求的变化，并据此进行创新，促进企业更好的发展，为客户创造更多的价值。客户反馈的信息不仅包括企业的一些政策，如新制定的对客户的奖励政策、返利的变化、促销活动的开展、广告的发放等，还包括产品的相关信息，如新产品的开发、产品价格的变动等。

8. 加强与客户的沟通

如果客户属于经销商性质，跨境电商企业还可以向客户灌输长期合作的重要性及好处，并对其短期行为进行成本分析，指出其短期行为不仅会给本企业带来损失，还会给客户本身带来资源和成本的浪费。而双方合作的目的是追求双赢。长期合作可以保证企业产品销售的稳定，使其获得持续的利润和更大程度的支持。同时，通过长期合作，企业还可以向老客户充分阐述企业的美好远景，使老客户认识到自己跟随企业能够获得长期的利益，避免被短期的高额利益所迷惑，转而投向竞争对手。

9．进行客户满意度调查

研究表明，客户每四次购买中会有一次不满意，而只有5%的不满意客户会抱怨，大多数客户会少买或转向其他企业。所以，跨境电商企业不能以抱怨水平来衡量客户满意度，而是应该通过定期调查来测定客户的满意情况。测定的方法是在现有的跨境电商客户中随机抽取样本，向其发送调查问卷，以了解客户对企业业绩各方面的印象。企业还可以通过电话或邮件的形式向最近的买主询问满意情况。调查结果可以分为高度满意、一般满意、无意见、有些不满意、极不满意。一般而言，客户越是满意，再次购买的可能性就越大。企业只有了解了客户存在的不满意才能更好地改进，从而赢得客户的满意，防止客户流失。

10．与客户建立情感联系

情感联系是维系客户关系的主要方式，节日的真诚问候、过生日时的真诚祝福，都会使客户深受感动。交易的结束并不意味着客户关系的结束，在售后企业还需与客户保持联系，以确保关系持续下去。维系客户关系是企业工作的目的。

11．提高客户的转换成本，降低客户的机会成本

转换成本是指客户结束与现有企业的关系，建立新的替代关系的成本（包括经济与非经济成本）。当客户的转换成本较高时，其忠诚度会更高，具体体现为客户将长期与企业保持联系，并持续从企业购买产品或服务；反之，如果客户的转换成本较低，则客户忠诚度会较低，企业将更容易流失客户。提高转换成本将削弱客户搜索其他企业的努力，限制客户的购买决策过程。因此，转换成本是企业及客户都需要考虑的一个问题。对客户来说，如果轻易地转换目标企业，则其投入的时间、精力，以及对原有店铺会员的一系列优厚政策将会丧失。与企业的客户关系持续时间越长，客户的转换成本就越高，这将使客户的忠诚度提高。企业可以基于此采取一些会员优惠、积分兑换礼品、售后服务延长等活动来提高客户的转换成本，使客户不愿意更换店铺。然而，在现在激烈的市场竞争中，竞争对手往往试图削弱客户对转换成本的感知，如竞争对手可以为原企业的客户直接提供客户在原企业所获得的折扣，或者采用主动推销、免费送货等方式来增强客户对本企业产品的认知。

跨境电商企业要慎用通过提高客户转换成本来防止客户流失的方法，不然会给客户一种被动、不乐意的感觉。有的时候这种感觉越强烈，客户重新考虑的意愿则更强，甚至会把这种不满传递给周围的人，这无疑将大大增加企业获取新客户的难度。

机会成本也是企业需要考虑的一个问题。机会成本可以理解为选择一种方式时所牺牲

的选择其他方式能够带来的益处。跨境电商客户选择网上购物意味着其放弃了实体商店购物，而在实体商店购物中享有的各种益处就构成了客户此次购物的机会成本，如可以直接接触产品，清楚地知道产品的质量、提供的一系列优惠活动等。所以，降低客户的机会成本也是降低客户流失率的方法。跨境电商企业可以为客户提供丰富的店铺链接和更多的关怀，深入了解客户的需求，为其提供有高客户价值的问题解决方案，让客户在购前、购中、购后都能感到满意，降低客户的机会成本，从而减少客户流失。

12. 加深客户对店铺的印象

有时客户记不住店铺的名称，便随便选择一家店铺购买产品。为防止这类客户流失，跨境电商企业就要在以下几个方面努力。

A. 提高网站的设计水平。独具特色的网站设计风格能给客户带来良好的、个性化的第一印象。网站内容的丰富多彩和图文的生动形象，不仅能吸引客户，而且能让其在浏览和欣赏的过程中体验到消费的乐趣。

B. 创新产品的宣传与推广策略，以独具创意的方式，吸引客户参与消费。例如，使用网络流行语言，定期举办活动，根据节假日集中开展促销活动，如"黑色星期五""圣诞节""万圣节"等。

C. 提供便捷的在线自助服务，使客户能自行解决可能出现的问题，而不必非要等待客服人员的回复。

D. 针对客户类型给予客户VIP身份并给予特殊的优惠政策，通过不断变化的促销方案回馈老客户。

另外，企业还可以根据客户类型提供丰富有效的产品资讯、专业知识等，以提升客户黏性，以及通过不定期的短信、邮件回访让客户加深印象，使客户在情感上更加忠诚于企业，从而多次回购，防止客户流失。

三、防止跨境电商客户流失策略的应用

降低客户流失率对跨境电商企业而言是非常重要的。企业只有长期留住客户，才有可能获得客户的终身价值，才可以在更长的时间内分摊获取该客户的成本，才能有更多的机会与客户接触，从而培养客户的品牌忠诚，进而使客户购买更多的产品，降低交易成本并为企业带来利润。

客户流失管理既是一门艺术，又是一门科学，需要企业不断地创造、传递优质的客户价值，只有这样才能最终获得、保持和增加客户，提高企业的核心竞争力，使企业拥有立足于市场的资本。如果企业不能给客户提供优质的产品或服务，就不会建立较高的客户忠诚度，客户就不可能会为企业带来丰厚的收益并与企业建立牢固的关系。因此，企业应实

施全面质量管理策略，在产品价格和质量、服务质量、客户满意度等方面形成优势。此外，还要建立客户档案，加强客户关系管理，加强与客户的沟通，加深客户对店铺的印象，倾听客户的意见和建议，实行差异化、个性化的营销策略并与客户建立情感联系。同时，企业还可以通过提高客户的转换成本，降低客户的机会成本来挽回客户，防止客户流失。

但在客户挽回活动中，由于客户流失的原因不同，因此客户挽回的成功概率不同，客户挽回的价值也不同。企业应根据客户流失的具体原因选定挽回的客户群。趋利流失类客户和失望流失类客户有可能挽回成功，因此适合选为挽回对象，其中挽回的重点应选择失望流失类客户。因自然消亡原因或需求变化原因造成的客户流失，一般来说，企业的挽回策略是无效的，因此不适合选为挽回对象。但对有实力的企业来说，如果流失的客户群对企业的生存和发展非常关键，也可以通过扩展业务范围或研发新产品等方法加以挽回。

同时，企业要知道客户流失是不可避免的，而且适度的客户流失有时可有利于企业的良性发展，因为客户的价值不是固定不变的，而且客户的需求也会随着各种因素的变化而变化，企业需要做的不是消除客户流失，而是确保流失率控制在较低水平。当客户的确不再对企业的产品或服务有客观需求，或蜕变为低价值客户，或挽回成本严重超过其利润贡献时，主动放弃该客户会提高企业的整体盈利水平，方便企业集中资源更好地服务于有价值的客户。所以，在提高客户保持率的同时，企业要监测客户对企业利润的影响，不要因盲目地保持客户而损害了企业的长期盈利能力。

案例分析

1. 案例背景

某速卖通店铺非常注重开发新客户，在广告投放、活动策划等环节投入了巨大的营销费用。但卖家发现有些客户在购买时，顾虑特别多，从最初交流到最终购买要花很长时间，增加了成本不说，有时弄得业务人员特别"心累"。当然，也有部分客户在购买时很爽快，简单咨询后就会下单。业务经理要求业务人员分析一下这两类客户的不同，并找出能够降低营销成本的办法。

2. 操作步骤

（1）按照每次购买产品的时间长短，对客户进行分类。
（2）找出步骤1中分类客户的共同特性：是初次购买，还是再次购买的回头客？
（3）分别对初次购买和再次购买的客户购买流程进行梳理。
（4）根据新老客户购买流程的不同，找出能够帮助企业降低成本、促进客户购买的办法，具体问题具体分析。

3. 案例总结

如何使广告投放、活动策划等营销费用的效用最大化，并使这些费用持续为卖家贡献价值？归根结底，就是思考如何让客户带来持续的价值。然而，有些跨境电商企业往往忽略了对老客户的维护与挖掘，将精力放在寻找新客户上。这样的后果就是店铺需要不断地投入广告费用，增加营销成本。企业应该意识到保留客户的重要性，尽量降低客户流失率。只有这样，才能稳定客户群，降低企业的营销成本。

知识拓展

展会如何赢回流失的客户

一场成功的展会必然拥有良好和稳固的客户关系。据不完全统计，展会的客户流失率很高，有的甚至高达75%。任何展会策划人员都不希望自己的客户大量流失。客户暂时流失，展会策划人员一般还会继续跟踪该客户，并希望通过努力来赢回他们，而不至于永久流失。那么，如何才能赢回这些流失的客户？

1. 了解客户流失的原因

对于赢回流失的客户，既有优势又有困难：优势在于展会策划人员已经拥有该客户的大量信息，可以很方便地分析出该客户的特征和偏好；困难在于重新树立该客户对展会的信心，这绝非易事。为了赢回流失的客户，必须先弄清楚客户流失的原因。

从展会流失的客户一般有以下六种类型。

（1）展会有意摒弃的客户：因不具有潜在价值或不符合参加展会的要求而被展会主动摒弃的客户。

（2）需求无法满足的客户：试图挽留，但因展会本身功能无法满足客户的需求而流失的客户。

（3）被竞争对手吸引的客户：不是因为竞争对手的价格更低，而是因为它们的展会对自己而言价值更大而流失的客户。

（4）低价寻求型客户：认为本展会的价格太高，因而转向更低价格的同类展会而流失的客户。

（5）条件丧失型客户：因客户本身的某些条件发生变化，如其产品市场方向改变、产品转产、受突发事件影响、营销策略调整等原因而流失的客户。

（6）服务流失型客户：因不满意展会的服务而流失的客户。

上述流失的客户，除非条件发生变化，否则对第四种和某些第五种客户基本不抱太大的赢回希望，对第一种客户基本上也没有赢回的打算。展会策划人员希望赢回的客户，主要是第二、三、六种客户。

2. 赢回流失客户的关键

为客户创造更多的价值是赢回流失客户的关键。价值是客户的选择，也是其忠诚度的晴雨表，一旦展会停止了为客户创造更多价值的脚步，客户最终必将远离展会而去。要想更多地为客户创造价值，可以从两个方面入手。

（1）提高客户感知的价值收益。客户能从展会上感到的价值是由五部分组成的，即展会价值、服务价值、人员价值、形象价值和个人价值。要提高客户感知的价值收益，就要从这五个方面入手。

第一，提高展会本身的价值。展会本身的价值是客户价值的第一构成要素，是客户参加展会的核心价值所在。

第二，改善展会的服务。展会服务包括现场服务、展前和展后服务，展会服务一定要为客户量身定制。

第三，提高展会的人员价值。加大对展会工作人员和服务人员的培训，使他们在语言、行为、穿着、服务态度、专业知识、服务技能等方面得到提高，让客户满意。

第四，提高展会的形象价值。良好的展会形象可以降低客户参加展会的风险，使客户获得额外的社会、心理收益。

第五，增加个人价值。通过开展展会相关活动，增加客户的个人知识和社会阅历，为他们广泛开拓社会关系网络提供平台。

（2）降低客户感知的成本支出。客户参加展会的成本由四个方面组成，即货币成本、时间成本、精力成本和心理成本，降低他们在这些方面的支出就是帮助他们增加价值。

第一，减少客户参加展会的货币成本。展位租赁费一般难以变动，但我们可以帮助客户降低其展品运输费、展位装修费、人员费和相关宣传费用。

第二，减少客户参加展会的时间成本。安排好展会的开幕时间和展览时间，对重要客户参加展会的时间安排提出合理的建议。

第三，减少客户参加展会的精力成本。尽量为客户着想，帮助和指导客户安排好交通、住宿、吃饭、安全等问题，节省客户为了解决这些问题而花费的时间和精力。

第四，减少客户参加展会的心理成本。通过营销和人员沟通等手段，降低客户对参加展会各种可能风险的担忧，通过良好的现场布置来降低展会噪声和拥挤对客户的影响，使客户参加展会的心情舒畅。

3. 赢回流失客户的办法

一是健全展会功能，改善展会服务。展会独特的功能和良好的展会服务对客户最具吸引力，这是展会的核心竞争力。

二是寻求与客户建立某种社会连接。为客户参加展会赋予一种社会责任，让客户与展会之间建立起一种超乎商业关系的更为亲近的关系。

三是寻求与客户建立某种结构连接。例如，与客户建立一种合作伙伴关系，或者提高客户退出展会的转换成本，将客户的发展和展会的兴旺紧紧捆绑在一起，这样客户就不会轻易流失。

当然，展会策划人员也可以采用降低价格的办法赢回流失的客户。但是，采用这种办法，没有充分考虑到那些始终支持展会的忠诚客户，而不忠诚的行为似乎通过降价而得到了奖赏，这会极大地挫伤忠诚客户的积极性。另外，降价赢回策略不仅容易被竞争对手复制，而且一旦降价行动带有某种可预见性，那么一些客户就可能持久地等待展会策划人员的这种行为，而且只要他们能够避免，就永远不会去支付全价。所以，用降价来赢回流失的客户尽管也是一种可以在短期内起作用的办法，但它不是一种长期有效的办法。

4. 流失客户赢回以后的后续巩固措施

如何才能确保流失客户赢回以后不再流失？与客户建立合作伙伴关系，形成与客户合作共荣双赢的局面，是确保客户不再流失的一种有效手段。

要想与客户建立合作伙伴关系，就必须向客户提出一种富有吸引力且被客户喜爱的价值主张，这种主张可能是展会的定位、品质和功能，也可能是展会在客户营销策略组合中所处的位置。展会主张是否为客户所接受和喜爱，与展会策划人员的责任感和客户对展会的信任感有很大的关系。一方面，展会策划人员要富有责任感，对于承诺的东西就一定要实现；另一方面，客户对展会的信任是建立在客户价值持续实现的基础上的。所以，建立一种合作伙伴关系，离不开责任感和信任感。

展会与客户建立合作伙伴关系的目标是实现与客户的共荣双赢。当客户的目标得以实现，客户得到很好的服务时，客户自然会给展会带来丰厚的回报。在现代展览业里，展会策划人员追求单方面盈利的"零和游戏"做法是不为广大客户所接受的。展会策划人员只有在自身利益与客户利益之间找到平衡点，才能最终实现展会与客户的共荣双赢。

课后习题

一、单选题

1. 对于客户流失的情况，下列说法中错误的是（ ）。

    A．客户流失产生的经济效果可分为客户数量效应和客户保持时间效应两种力量

B. 客户流失会产生较大的经济效果

C. 客户一旦流失，企业需要花费更多的时间和金钱来开发新客户

D. 客户流失后，企业可以开发新客户，对企业的发展没有影响

2. 下列对跨境电商新老客户的表述中，错误的是（　　）。

A. 新客户一般通过搜索或广告进入店铺

B. 通常新客户的购买顾虑比较多

C. 新客户的购物过程比老客户更加简化

D. 老客户一般通过收藏或网址直接进入店铺

3. 下列对客户流失率的表述中，错误的是（　　）。

A. 客户流失率有绝对客户流失率和相对客户流失率之分

B. 相对客户流失率衡量的是客户流失的数量比例趋势

C. 相对客户流失率考虑了流失客户对企业销售额的贡献程度，更能够反映流失客户对企业的影响

D. 绝对客户流失率＝流失客户数量/全部客户数量×100%

4. 下列说法中错误的是（　　）。

A. 客户保持率也是判断客户流失情况的重要指标

B. 客户保持率与客户流失率完全相反，客户保持率越高，客户流失率越低

C. 客户流失率与客户推荐率成正比

D. 客户保持率＝1－客户流失率

5. 提高产品的价格竞争力是跨境电商企业预防客户流失需要考虑的一个重要方面，下列对产品价格的说法中错误的是（　　）。

A. 产品价格是关乎跨境电商企业生死存亡的问题

B. 跨境电商企业需要结合多方面因素制定所售产品的价格

C. 通常客户都有追求物美价廉的消费心理

D. 跨境电商企业应制定诱人的低价，满足客户物美价廉的消费心理

6. 提高客户的转换成本，降低客户的机会成本能够帮助跨境电商企业防止客户流失，下列对转换成本和机会成本的说法中错误的是（　　）。

A. 转换成本是指客户结束与现有企业的关系，建立新的替代关系的成本

B．当客户的转换成本较高时，其忠诚度会更高，通常将持续从企业购买产品或服务

C．如果客户的转换成本较高，则企业将更容易流失客户

D．企业可采取会员优惠、积分兑换礼品、售后服务延长等活动来提高客户的转换成本

7．客户服务是影响客户流失的原因之一，下列对客户服务的说法中错误的是（　　）。

A．跨境电商企业之间仅比较产品的价格和质量，客户服务不重要

B．高质量的产品和优质的服务是跨境电商企业赖以生存、持续发展的根本

C．跨境电商企业的服务态度、服务质量将直接影响客户对企业的印象

D．跨境电商企业的售前、售中和售后服务要有亲和力

8．产品质量是企业关注的重点，下列对产品质量的说法中错误的是（　　）。

A．如果跨境电商企业的产品质量不高，客户在消费一次后，就可能不会再继续关注

B．产品的质量对跨境电商企业来说至关重要，直接影响客户流失情况

C．跨境电商企业在网上提供的产品应当与在实际中提供的产品一致，不能以次充好，不然客户就容易流失

D．为了吸引客户，跨境电商企业可以在网页中设计精美的产品图片，与实际有出入也没关系

二、多选题

1．从客户流失原因来看，跨境电商客户流失可分为（　　）。

A．自然消亡类　　　　　　　　　　B．需求变化类

C．趋利流失类　　　　　　　　　　D．失望流失类

2．客户主动离开企业的原因类型有（　　）。

A．价格流失型　　　　　　　　　　B．产品流失型

C．服务流失型　　　　　　　　　　D．技术流失型

3．以下关于跨境电商客户流失率的说法中，正确的是（　　）。

A．衡量的是在指定时间段内跨境电商企业失去客户的比率

B．是流失客户数量占消费产品或服务的全部客户数量的比重

C．是客户流失的定量表述，是判断客户流失情况的主要指标

D．直接反映了企业经营与管理的现状

4．跨境电商客户的特点，主要体现在（　　）。

　　A．跨境电商客户进行在线消费不受地域的限制和消费时间的影响

　　B．客户的购物选择面更广

　　C．客户稳定性较差

　　D．客户流失率较高

5．通常，影响跨境电商客户流失的因素有（　　）。

　　A．企业的产品质量、服务质量不高

　　B．竞争对手的争夺

　　C．服务细节疏忽导致客户对产品或服务不满意

　　D．物流配送、售后服务方面及退货政策等存在问题

6．跨境电商客户流失的外部原因有（　　）。

　　A．竞争对手夺走客户　　　　　　B．客户忠诚度较低

　　C．客户记不住店铺的名称　　　　D．质量不稳定

7．在制定防止跨境电商客户流失的策略时，应注重的原则有（　　）。

　　A．针对性　　　　　　　　　　　B．整体性

　　C．时效性　　　　　　　　　　　D．实用性

8．为防止因客户记不住店铺的名称而造成客户流失，跨境电商企业可以（　　）。

　　A．设计内容丰富、图文生动的网站，吸引客户

　　B．推广创新产品，吸引客户参与消费

　　C．定期举办活动，根据节假日集中开展促销活动

　　D．用不断变化的促销方案回馈客户，使客户在情感上更加忠诚于企业，从而多次回购，防止客户流失

三、判断题

1．客户流失和客户保持是两个相对立的概念。　　　　　　　　　　　（　　）

2．客户流失仅包括客户与企业完全中断业务关系。　　　　　　　　　（　　）

3．跨境电商行业的客户流失率比较高。　　　　　　　　　　　　　　（　　）

4．老客户能够为企业贡献更多的利润，但企业保持老客户的成本要比获取新客户的成本高得多。　　　　　　　　　　　　　　　　　　　　　　　　　　　　（　　）

5．流失客户可能会因为企业的某次营销或质量的改善而重新回来。　　（　　）

6. 企业的诚信问题会导致客户流失。（　）
7. 销售人员的服务质量差不会导致客户流失。（　）
8. 客户的忠诚度越低就越容易流失。（　）
9. 产品的价格和质量无优势是造成客户流失的唯一原因。（　）
10. 跨境电商企业可以通过客户关系管理系统，利用信息技术实现市场营销、销售、服务等活动的自动化，从而更高效地为客户提供满意、周到的服务，以提高客户的满意度、忠诚度。（　）
11. 制定防止跨境电商客户流失的策略需要遵循实用性、时效性、整体性及针对性的原则。（　）
12. 虽然客户流失的原因不同，但挽回的成功概率相同。（　）
13. 趋利流失类客户和失望流失类客户有可能挽回成功。（　）
14. 因自然消亡原因或需求变化原因造成的客户流失，一般来说，企业的挽回策略是无效的，因此不适合选为挽回对象。（　）

四、简答题

1. 试用自己的语言来解释跨境电商客户流失的含义。
2. 跨境电商客户流失有哪些类别？
3. 如何理解跨境电商客户流失率？
4. 跨境电商客户流失的原因有哪些？
5. 如何防止跨境电商客户流失？
6. 制定防止跨境电商客户流失的策略时要遵循哪些原则？

五、实践操作题

Allen 在速卖通上经营一家童鞋网店。客户 Mr. Rhode Montijo 过去一年内曾在店铺里买过六双童鞋给自己的三个孩子，但今年没再买过店铺的任何东西。Allen 将如何看待该客户的购买行为？圣诞节即将来临，Allen 特别想得到 Mr. Rhode Montijo 的再次光顾。请帮 Allen 想想可以采取哪些措施挽回该流失客户。

操作要点

操作 1. 分析客户 Mr. Rhode Montijo 的购买特点。

操作 2. 深入分析流失客户的流失环节、流失时间等。

_____

_____

操作 3. 从企业内部及外部环境上科学全面地找出导致客户流失的原因。

_____

_____

操作 4. 估计客户流失环节和流失原因，有针对性地制定挽回该流失客户的策略。

_____

_____

任务评价

评价项目	评价内容	评价（5 分制）	
		自我评价	小组评价
知识与技能	完成课前预习与课后复习		
	积极参与教学活动，全勤		
	理解、掌握核心概念		
	主动学习，拓展知识		
	完成项目任务		
思政与素质	自主学习能力		
	团队合作能力		
	创新能力		
	责任意识		
	敬业精神		
平均分			
教师总评			

项目六

跨境电商客户服务技巧

📖 知识目标

1. 了解售前客服人员需要具备的意识。
2. 熟悉提升客服人员响应速度的技巧。
3. 掌握售前促成客户与店铺交易的技巧。
4. 掌握售中客户服务技巧。
5. 掌握售后客户服务技巧。

📖 能力目标

1. 能够提升自身的响应速度。
2. 能够灵活促成客户与店铺的交易。
3. 熟练运用相关技巧提升客户体验。
4. 熟练设计并运用客服沟通模板。
5. 能够有效处理客户投诉及纠纷。

📖 思政小课堂

党的二十大报告提出："加强国际传播能力建设，全面提升国际传播效能，形成同我国综合国力和国际地位相匹配的国际话语权。深化文明交流互鉴，推动中华文化更好走向世界。"跨境电商作为产品出口的高速公路，是文化走出去的重要抓手。中国要到世界去，世界要到中国来，跨境电商大行其道，文化交融势在必行。跨境电商客服人员要树立正确的服务理念，积极主动、勇于担当，借助跨境电商的软性渠道努力提升服务质量，塑造品牌形象，向世界传达中华民族文化的"真善美"，传递中国文化质量的新形象。

> **项目导学**
>
> 在市场竞争日益激烈的今天，跨境电商企业要想拥有一定的良性发展空间，除产品质量要严格把关外，还要拥有优秀的客户服务（客服）技巧。优质的客服人员能够使客户和企业之间建立起友好融洽的关系，这种关系不仅会影响客户做出购买决策，也有助于解决各种售后问题。本项目从售前、售中及售后环节介绍客服人员的常用技巧。客服人员只有掌握了这些技巧，才能更好地服务客户，维系和管理客户关系。

任务一　售前客户服务技巧

情景导入

售前活动的目的十分明确，即以提供服务、方便客户为手段，刺激客户对产品产生购买欲望。Elsa 在宁波小薇云集电子商务有限公司做了一段时间的客服与管理工作后，经理对其工作态度和工作能力基本满意。接下来，经理要求她想办法提升售前客服的质量与水平，促成客户交易，并提升客户的购物体验。

项目任务书

1. 提升客服人员的服务意识。
2. 提升客服人员的响应速度。
3. 巧用促成交易的技巧。

任务实施

一、提升客服人员的服务意识

1. 举例说明客服人员如何积极主动地服务客户。
2. 举例说明客服人员如何提升售前客户的体验。

二、提升客服人员的响应速度

1. 设置店铺问候语的自动回复，完成表 6-1。

表 6-1　店铺自动回复的问候语

序号	祝福类型	自动回复的语句
1	日常祝福 1	
2	日常祝福 2	

续表

序号	祝福类型	自动回复的语句
3	周末祝福	
4	节日祝福 1	
5	节日祝福 2	
6	节日祝福 3	

2．设置常见问题的自动回复，完成表 6-2。

表 6-2　店铺自动回复的问题

常见问题的类型	问题	自动回复的语句
通用问题	Has the order/goods/package been sent?	
	Why does the order not arrive yet?	
	Free shipping?	
	Can I get a discount?	
针对类目的问题	Is the product genuine?	
	Has it got the function of ...?	
	Is it fit for ...?	
	Do you have blue/yellow/red color for this product?	

3．熟练运用快捷键，完成表 6-3。

表 6-3　快捷键功能

序号	快捷键	功能
1	F2 键	
2	F12 键	
3	Delete 键	

续表

序号	快捷键	功能
4	Shift+Delete 快捷键	
5	Ctrl+A 快捷键	
6	Ctrl+C 快捷键	
7	Ctrl+V 快捷键	
8	Ctrl+S 快捷键	
9	Ctrl+X 快捷键	
10	Ctrl+Z 快捷键	
11	Windows+D 快捷键	
12	Windows+E 快捷键	
…	…	

4. 除了表 6-3 中所列出的快捷键，你还知道哪些快捷键及其功能？请补充在表 6-3 最下行。

三、巧用促成交易的技巧

结合自己的网购经验，你认为在售前环节的沟通中，客服人员可以使用哪些技巧促成与客户的交易呢？思考后完成表 6-4。

表 6-4　促成交易的技巧

序号	售前沟通中客服人员促成交易的技巧
1	
2	
3	
4	
5	

知识模块

售前服务是指在订单成交前，以产品销售为中心，为客户提供产品销售的相关咨询，包括购物流程、产品介绍及支付方式等。售前服务对企业吸引客户具有重要的意义，目的是尽可能将产品信息迅速、准确和有效地传递给客户，沟通双方感情，给客户留下良好的第一印象，努力树立品牌形象。同时，了解客户潜在的、尚未满足的需求，并在企业能力范围内通过改变产品特色来满足这种需求。从服务的角度来说，售前服务是一种以交流信息、沟通感情、改善态度为中心的，采用多种方法吸引客户的注意力和兴趣，为激发客户的购买欲望而提供一系列服务的工作。跨境电商企业要想提升客服的质量与水平，应从以下三个方面展开工作。

一、提升服务意识

服务意识是指企业全体员工在和一切与企业利益相关的人或企业的交往中所体现的为其提供热情、周到、主动的服务欲望和意识。服务意识是发自客服人员内心的一种本能和习惯，是可以通过培养、教育、训练形成的。客服人员要拿出专业的服务态度，在处理任何事情时要多为客户着想，只有提升这种意识，才能真正地提升服务质量，进而提升客户体验的满意度，推动后续业务的开展。提升客服人员的服务意识，需要做到以下几点。

1. 及时答复，礼貌热情

客户在购买前或多或少会存在疑虑，这就需要客服人员为客户提供综合咨询服务，这对方便客户购买会有很大的帮助。优质的售前服务不仅可以满足客户的购物需求，而且可以满足客户的心理和精神需求，还能有效地避免和减少售后服务。客户对某一店铺的初始印象和服务意识的判断，直接决定了其接下来的购买行为，其中最直观的感受是通过客服人员的态度和技巧来传递的。当客户来咨询时，不能客户问一句，客服人员答一句，这样可能会跑单。客服人员可以用幽默的话语、动态的表情来调节交谈的气氛，让客户知道客服人员的热情和亲切，增强客户的好感，这样对交易成功的帮助很大。同时，当客户来咨询时，客服人员应在第一时间就回复，因为客户买东西通常会货比三家，可能在同时和几家店铺的客服人员联系，第一时间回复就占了先机。

例如，Customer: Hi, I need a good deal for this bottle! (2023.04.12 19:20) Service:Hi, What color do you want? (2023.04.12 20:12) 这是站内信的一个询盘，大家可以看一看时间，客户是在 19:20 发出的消息，可在近一小时以后（20:12）才收到回复。虽然符合平台规定的时间，但是客户在等待了几分钟后没有得到及时回复，很有可能转向其他店铺，导致订单流失。即使过了一段时间与这位客户联系上了，交流与沟通的时间也被人为拉长很多，服务已经打了折扣。

2. 真诚沟通，用语得体

在与客户沟通时，话语要柔和，善解人意，真诚地面对每一位咨询的客户，让客户感觉到在与人沟通，而不是在与机器沟通。基于网络平台是虚拟沟通平台的特点，沟通中感受不到对方的语气、语调，看不到对方的面部表情，信息传达会有部分损失，因此客服人员在沟通中要更加注重用语和聊天表情的使用，可以用笑脸表情和英文网络流行语来弥补，拉近与客户的距离，用和善友好的态度让客户感受到客服人员的真诚，给客户带来良好的感受，从而达成交易。

同时，对客户提出的疑问要快速、准确地进行解答，不要让客户等太久。对自己不明白的问题，不可妄下结论，要询问上级后再回答客户，不可夸大产品功能等信息。

3. 言简意赅，全面回答

在网络沟通中，英文的表达简洁明了尤为重要，专业、明了的表达往往会达到事半功倍的效果，而含糊、业余的表达则会减弱客户的信任。例如，Hello, I have received your message. Yes, you can make the payment now. You can pay by credit card. You can also pay by visa or mastercard. You can also pay by money books. Western union is also ok. 这段文字的语言不够简练，过于啰唆，给客户带来一种不专业、不讲效率的感觉，不仅浪费了时间，而且削弱了文字的专业度。如果改成：Thank you for the message. You can make the payments with escrow (visa, mastercard, money books or western union). 这段话用清楚简明的语言表达了同样的意思，不但用字减少很多，而且给客户带来一种专业的感觉。

需要注意的是，在言简意赅的同时，客服人员在回答客户的问题时，一定要全面，特别是针对关键问题应全面回答，不要有所遗漏。针对客户对于产品、价格、性能等的提问，最好一次性将客户的问题回答全面，这样既可以让客户感受到客服人员的专业性，又可以避免因反复多次询问和回答而导致的时间浪费。例如，在跨境电商中，物流一直是客户比较关心的问题，各国货物的运送时间差别很大，如果没有与客户沟通好，则很容易引起店铺纠纷。因此，将物流方面的信息详尽地告知客户非常重要。例如，Customer:Can you use ××express? Service:Yes sure. But you need to pay for extra freight. 客服人员在回答"可以"的时候，明确说明了费用承担问题，以做到全面回答，减少后续纠纷。

4. 热心引导，认真倾听

在与客户沟通时，客服人员应该是主动的意见贡献者，而不是被动的服务提供者，不能机械地应对客户的提问。当客户提出一个问题时，客服人员应尝试理解客户问题背后的动机。例如，当客户提出"这件衣服除白色外，还有黑色吗"的问题时，客服人员可以尝试了解客户为什么想要黑色的衣服。其原因可能有：客户不喜欢白色；客户的体形丰满，穿黑色显瘦；客户所处地区排斥白色的衣服；客户因参加某种活动需要黑色的衣服等。如果客服人员机械地回答客户"没有黑色"，那这个客户很可能就流失了。但是如果客服人员了解了客户问题背后的动机，则完全可以针对客户需求推荐其他产品供客户选择，通过引导的方式了解客户更多的信息。当客户还没有目的性，不知道自己需要买哪款时，客服人员要有目的性地向客户推荐。如果客户询问的产品刚好没货了，不要直接回复"没有"，可以向客户推荐店里的类似款。

5．充分沟通，体现专业

跨境电商交易面对的是全球的客户，订单的碎片化和在线交易的虚拟性呈现出标准不一、层次多样的客户需求。而且交易过程中环节多、流程长、复杂性较强，容易出现各种意想不到的问题。因此，客服人员应了解交易的各个环节，对所有可能出现的问题都能够了然于胸，对不同的状况都应熟练应对。客户在购买产品时，其心态不仅会受到自身因素的影响，如客户的需求、社会地位、文化程度、购买习惯、消费知识和经验等，而且会受到外部因素的影响，包括产品的价格、质量、用途、购物环境等。售前服务与客户的实际购买行动相伴随，是促进产品成交的核心环节，因此售前服务的质量高低是决定客户是否购买的重要因素。企业应事先对客服人员进行培训，保证其专业性。优秀的服务将为客户提供享受感，从而促成客户做出购买决策，融洽而自然的服务还可以有效地消除客户与客服人员之间的隔阂，形成一种互相信赖的气氛，这有利于营造良好的销售氛围，形成和谐的人际关系，让客户感受到客服人员热心和专业的服务态度，进而促进销售。

6．精心推荐，当好参谋

客户对产品知识的了解除从产品详情页中得到相关信息外，客服人员的介绍也是至关重要的。当客户向客服人员询问产品的相关信息时，客服人员应为客户详细说明产品的使用方法、性能、质量、用途、品种、规格等方面的知识，解答客户提出的问题，充分了解客户的特点和不同的需求，耐心地帮助客户挑选产品。如果客服人员能根据客户的心理需求进行介绍，正确地引导客户，当好参谋，就能使客户按理想的方式来权衡利弊，从而有利于促成交易的最终实现。同时，客服人员应根据收集到的客户信息给客户推荐最合适的，而不是最贵的产品，用心为客户挑选，不要让客户觉得客服人员为了产品的商业利益而不顾实际。

7．以退为进，促成交易

在规范、公平、明码标价、坚持原则不议价的情况下，适当给予优惠或送小礼品可以满足个别客户追求优惠的心理。如果客户说贵，则可以顺着客户的意思承认自己的产品的确贵，但是要委婉地告诉客户需要全方位比较，一分钱一分货，还要看产品的材质、工艺、包装、售后等。

二、提升响应速度

在网店运营过程中，客服人员的响应时间越短，给客户带来的体验越好。客服人员的响应速度很多时候会直接影响网店的销量。在跨境电商行业，由于时差和网络延时的影响，响应时间从几分钟到几小时、几十小时不等。那么，怎样才能提升客服人员的响应速度呢？我们可以从以下两个方面去努力。

1. 设置平台自动回复

随着各大跨境电商平台的不断完善，平台逐步开发并开放了自动回复的功能，这样不仅能提高客服效率，也能提升店铺的服务评分。通常，可以添加问候语的自动回复，此处内容可以是日常祝福、周末祝福、节日祝福，如 Easter（复活节）、Thanksgiving Day（感恩节）、Valentine's Day（情人节）、Father's Day（父亲节）、Mother's Day（母亲节）、Boxing Day（节礼日）、Women's Day（妇女节）、May Day（劳动节）等。例如，May the New Year be a time of laughter and real enjoyment for you. Best wishes.

同时，也可以添加常见问题的自动回复，不仅是售前咨询，在售中、售后环节也会有，但一般需要在售前设置好。在速卖通后台添加常见问题时有两类适用范围：一是通用问题；二是针对类目的问题。通常情况下，通用问题有：Has the order/goods/package been sent?Why does the order not arrive yet?Free shipping?Can I get a discount? 而针对类目的问题就会显得更丰富了。例如，Is the product genuine?Has it got the function of ...?

当然，这方面的内容还有很多，客服人员可以在处理日常客服工作时总结出来，然后简短概括，再在此进行自动回复的设置。

需要注意的是，常见问题的字符数限制为 1～100 个字符，需要尽量简短直白地概括问题。设置好常见问题后，建议模拟客户对话进行测试，确认实际效果，避免弄巧成拙。

2. 熟练运用快捷键

传统的输入操作浪费时间，熟练运用快捷键可大大提升客服人员的工作效率，尤其是在咨询量较大时，其效果更为显著。熟悉键盘上的快捷键，并灵活运用在跨境电商客服的沟通工作中，是客服人员专业水平的体现，也是提升响应速度的"法宝"。通常，客服人员需要掌握的快捷键包括以下内容。

（1）F2 键

选中一份文档后，按 F2 键即可进入重命名状态，或者单击两次文档的名称也可进行文档的重命名。

（2）F12 键

在编辑好 Excel 或 Word 等文档后，或者在某文档被打开的状态下，按 F12 键，则可将文档进行"另存为"操作，一般在群里接收文档时常用此快捷键。

（3）Delete 键

Delete 键即删除被选中的文件，并将其放入回收站。如需找回，可打开回收站，选中要找回的文件，单击鼠标右键进行还原操作。

（4）Shift+Delete 快捷键

Shift+Delete 快捷键即直接删除被选中的文件，这不等同于将文件放入回收站，而是永久删除文件，需要谨慎使用。

（5）Ctrl+A 快捷键

Ctrl+A 快捷键即全选文件夹内的文件/选中全部内容。这个快捷键经常用在回复邮件的时候，可以根据需要先全选，然后锁定邮件内容中的某一条内容，再复制、粘贴到回复的输入框中。

（6）Ctrl+C 快捷键

Ctrl+C 快捷键即复制被选择的内容到剪贴板。

（7）Ctrl+V 快捷键

Ctrl+V 快捷键即粘贴剪贴板中的内容到当前位置。

（8）Ctrl+S 快捷键

Ctrl+S 快捷键即保存当前操作的文件。在编辑 Word、Excel 等文档时，为了防止不小心关闭窗口，造成自己之前的努力都白费，最好养成编辑一段就按一次 Ctrl+S 快捷键的好习惯。

（9）Ctrl+X 快捷键

Ctrl+X 快捷键即剪切被选择的内容到剪贴板。

（10）Ctrl+Z 快捷键

Ctrl+Z 快捷键即撤销上一步的操作。例如，客服人员辛辛苦苦写好一封邮件，结果不小心没复制好，将邮件内容弄丢了，这时只要编辑邮件的页面未关闭，就可以按 Ctrl+Z 快捷键来撤销上一步的操作。

（11）Windows+D 快捷键

第一次按 Windows+D 快捷键显示桌面，再次按就恢复原先的窗口了。

（12）Windows+E 快捷键

不管计算机当前在什么界面下，只要按下这个快捷键，就可以直接打开"我的电脑"窗口，调取自己所需的内容。

三、巧用促成交易的技巧

1. 利用客户"怕买不到"的心理

人们常对越是得不到、买不到的东西，越想得到它、买到它。客服人员可以利用客户这种"怕买不到"的心理促成交易。当客户已经有比较明显的购买意向，但还在最后犹豫中的时候，可以用以下说法来促成交易："这款是我们最畅销的了，经常脱销，现在这批又只剩两个了，估计不到一天就会卖完。"或者说："今天是优惠价的截止日，请把握良机，明天您就遇不到这种折扣了。"

2．利用客户希望快点拿到产品的心理

大多数客户都希望在付款后店铺越快寄出产品越好。所以，在客户已有购买意向，但还在最后犹豫中的时候可以这样表达："如果真的喜欢就赶紧拍下吧，我们的物流是每天下午5点前安排，如果您现在支付，今天就可以为您寄出。"

3．帮客户拿主意

当客户一再出现购买信号，却又犹豫不决，拿不定主意时，可以采用"二选其一"的技巧来促成交易。比如，"请问您需要第八款还是第六款？""请问要平邮给您还是快递给您？"这种"二选其一"的问话技巧，只要准客户选中一个，其实就是已拿定主意，下决心购买了。

4．积极推荐，促成交易

当客户拿不定主意时，客服人员应尽可能多地推荐符合客户要求的款式，在每条链接后附上推荐的理由，以此来促成交易。比如，"这款是刚到的新款，目前市面上还很少见。""这款是我们最受欢迎的款式之一。""这款是我们最畅销的了，经常脱销。"

5．巧妙反问，促成交易

当客户问到某种产品，不巧正好没货时，就可以巧用反问来促成交易。比如，客户问："这款有墨绿色吗？"这时，不可回答没有，而应该反问："不好意思，墨绿色我们没有进货，不过我们有黑色、紫色、蓝色，在这几种颜色中，您比较喜欢哪一种呢？"

任务二　售中客户服务技巧

情景导入

宁波小薇云集电子商务有限公司的Elsa刚整理好售前客户服务技巧，领导又给了她新任务，要求Elsa思考在售中应该从哪些方面主动与客户沟通，在沟通时有哪些原则，进而提升客户体验。同时，要求Elsa设计一些常用的客户沟通模板，以节省在工作中撰写邮件的时间。

项目任务书

1. 客户下单后及时提醒客户注意相关信息。
2. 与客户沟通时遵从沟通原则。
3. 梳理常用的邮件类型，设计客服沟通模板。

任务实施

一、及时提醒客户

在跨境电商中，客户下单其实只是交易的开始，客服人员还有很多工作要做，其中及时提醒客户就是很重要的一点。请思考，从客户下单到客户收到产品之间客服人员需要做哪些提醒呢？

二、遵从沟通原则

在与客户的沟通中，你认为客服人员需要遵从哪些原则呢？回顾在网购过程中客服人员与你沟通的场景，完成表6-5。

表6-5　跨境电商客服沟通的原则

序号	具体原则
1	
2	
3	
4	

三、梳理常用的邮件类型，设计客服沟通模板

1. 根据客服人员的日常工作内容，帮Elsa总结出常用的邮件类型。
2. 逐个设计常用邮件的模板，并将各模板保存在店铺后台，以便调用。
3. 完成表6-6，模板内容可单独以报告的形式呈现。

表6-6　跨境电商客服常用沟通模板

序号	常用的邮件类型	客服人员与客户沟通的模板
1		
2		
3		
4		

续表

序号	常用的邮件类型	客服人员与客户沟通的模板
5		
6		
7		
8		
9		
10		
…		

知识模块

如果说热情、礼貌、专业的售前服务给客户留下了良好的印象，那么体贴、周到的售中和售后服务才是客户对店铺信任的真正开始。从客户下单到确认收货的过程称为售中服务，主要包括客户付款、要求备注、发货、确认收货等过程中的所有问题。

据统计，在客户网上下单后，店铺的订单平均流失率为20%，但大部分跨境电商企业很少关注这20%，而是更关注引流、导购，常常忽略拍下却未付款的订单，也不会去做催促工作，导致白白流失很多订单。因此，跨境电商企业要尤其注意售中服务。客服人员在售中环节服务客户时有以下技巧。

一、及时提醒客户

客户拍下订单，初步表示有意愿购买后，客服人员需要做哪些工作呢？

1. 与客户核对购买属性和收货地址

有些客户可能时间比较紧，或者觉得产品详情页的描述都说清楚了，没必要咨询客服人员。这类客户在下单之前没有咨询任何客服人员，选择好自己想要的产品就直接拍下。这种情况，客服人员应该及时与客户核实地址、电话等个人信息。另外，需要特别关注个性化留言，做好备注，如果有疑问，要与客户联系和沟通，核对订单信息，有效避免错发、漏发等情况，尽可能控制售后产生不必要的麻烦和纠纷。如果客户订单中购买属性和收货地址等信息有误，则可根据订单状态处理。对于未付款的订单，建议让客户重拍，征求客户意见，关闭拍错的订单，同时备注"客户信息错误，重拍订单"。这样的做法表示客服人员对订单认真处理，如果主管看到订单关闭提醒，查看备注就会一目了然。对于已付款的订单，让客户提供需要修改的信息，客服人员马上修改。

2. 提醒客户发货物流和发货时间

客服人员若能及时提供物流追踪服务，则能够满足客户在购买后急切想见到产品的心理需求。那么，就需要客服人员在产品发出后告知客户并附上物流查询方式，或者提醒客户到物流公司官网查询运单号等信息，当产品到海关或目的地等关键节点时，将物流信息及时告知客户，提醒客户注意收货。同时，及时筛查异常的物流状态，因恶劣天气造成物流延迟时安抚客户的情绪并采取相应措施，如给客户延长收货期，或者根据不同的情况为客户解决问题，是补发还是退款。这些沟通，既能让客户及时掌握交易动向，又能让客户感受到卖家的重视，促进双方的信任与合作，让客户在购物和等待的过程中更有安全感，从而提高客户的购物满意度，降低纠纷率。

当然，对卖家而言，逐个去查订单的物流状态过于烦琐，客服人员可能也没有时间和精力兼顾每一笔订单。因此，可以利用ERP（企业资源计划）软件进行物流追踪，设置已发货订单的规则，由系统自动查询和更新订单的物流状态，自动筛选出异常物流，这样可以帮助客服人员更快、更全面地获取物流信息并及时传递给客户。

3. 提醒客户验收

当产品到达目的地时，及时提醒客户签收，并提醒客户在签收包裹之前要拆包验收，避免因快递问题导致售后纠纷。

4. 提醒客户评价

收集客户对产品的使用感受，提醒客户对满意产品给予好评，如有质量问题，及时联系客服人员处理。

二、遵从沟通原则

在沟通和服务过程中，客服人员一定要坚持某些原则。原则的把控更有利于客服人员凸显专业性并增强客户的信任感，赢得客户的尊重和青睐。为了使交易双方达到预期的沟通目的，增强服务的有效性，客服人员应遵从以下几个原则。

1. 简洁明了

在与客户沟通时，尽可能用精练准确的语言清楚地回答客户的问题，做到沟通思路清晰，沟通的内容不会被误解。比如，在撰写信息或邮件时应长话短说，避免使用难词、陈旧的商业术语，尽量使用常用词、短语、结构简单的短句，不用长句或从句，要避免使用意义上模棱两可的词语和句子。

2. 具体完整

每一次沟通服务都应有一个具体、明确的主题，为客户提供其所需要的所有产品信息，答复其提出的一切问题，并争取满足其提出的一切要求，避免含糊、笼统、抽象的表达，必须强调具体的事实、数据和时间，以便让客户可以采取具体的行动，解决具体的问题。例如，"一到两个工作日"比"尽快"更让客户信服，具体的时间范围或区间能给客户更直观的反馈。

3. 正确专业

客服人员在沟通中，语法、标点符号和拼写要做到准确无误，尤其是日期、数字，在进行沟通时避免误打、漏打。专业性主要体现在两个方面，一是对行业、对自己的店铺和产品非常熟悉，在一些细节问题的沟通中，要尽可能讲清楚。有些客户并不了解产品的性能或使用方法，客服人员要尽力帮助客户解决问题，理解和体谅客户的想法。二是在解答专业问题时，最好用通俗易懂的表达方式。例如，对于零部件较多的产品，客服人员可以通过小视频、图解等清晰地展现其使用方法，这样让客户更易接受。

4. 礼貌体谅

礼貌是指在与客户沟通时在表达上使用诚恳、委婉、温和的语气，和缓地表达观点、提出要求，给客户留下有知识、有修养的印象，使对方容易接受我方的请求。在与客户沟通时，要进行换位思考，设身处地地为客户着想，考虑他们的感情、期望、要求和利益等，从而给客户留下好感和深刻的印象，极大地提高服务的有效性。总之，客服人员应尽量以积极的态度，站在对方的角度进行表达，对于客户的疑惑或纠纷，要用温和的态度进行沟通和处理。

三、巧用客服沟通模板

熟练地运用客服沟通模板进行回复是客服人员提升工作效率的重要方法。对客服人员而言，由于需要进行跨文化的外语沟通，要想较为准确地与客户沟通且提升响应速度，能熟练运用客服沟通模板显得尤为重要。客服人员可以根据自己的工作需要、个人经验及习惯制作一套自己觉得好用、实用的客服沟通模板，这样可以使自己无论是在售前、售中，还是在售后工作环节，都表现得更加从容。

在售中环节，客服人员需要用到的客服沟通模板非常多，其中最常用的几种模板如下。

1. 对未付款订单的催付

有些客户拍下了订单以后，却迟迟不付款，如果客服人员不及时跟进，则将导致订单过期或取消。因此，在客户下单但未付款时，客服人员要及时跟进，在适当的时间与客户及时沟通并核实，了解其未付款的原因，以保证订单不流失。

Sample 6-1

Dear buyer,

We have got your order of ××××. But it seems that the order is still unpaid. If there is anything I can help with the price, size, etc., please feel free to contact me. Once the payment is confirmed, I will process the order and ship it out within two working days.

Thanks!

Best regards,
(Your name)

客户下单但未付款，有可能还处于对产品的犹豫期。此时应该用一到两句话概括产品的特点，以强化客户对产品的信心。例如，可以说产品高品质且价格有竞争力，也可以说产品受欢迎，同时可以提醒及时付款。但注意不要过分强调，以免客户反感。

Sample 6-2

Dear customer,

Thanks for your order. You have chosen one of the best-selling products in our store. It is very popular for its good quality and competitive price/The item you selected is the most fashionable one with a competitive price. You would like it. Since they are very popular, the product may sell out soon. Instant payment can ensure earlier arrangement to avoid short of stock.

Thank you and awaiting your payment.

Best regards,
(Your name)

提示：请根据产品自身特点对描述进行修改。

客户下单但未付款，也有可能是客户觉得价格偏高或找到更便宜的卖家。此时可以告知客户产品的利润空间很小，但是愿意给予一定的折扣以促成交易。

Sample 6-3

Dear friend,

We found you haven't paid for the order you placed several days ago. The payment process has already been sent to you and I think you have already known how to pay. Our profit margin for this product is very limited. But if you think the price is too high, we can give you a discount of 3%. Hope you are happy with it and you are welcome to contact me if there's anything else I can help with.

Best regards,
(Your name)

2. 合并支付及修改价格的操作

在跨境电商平台上，有可能出现一个客户在同一时间拍下了多笔订单的情况，而这些订单中的产品、收货地址等信息都是相同的。对于这种情况，为了提高订单处理效率和节省分开发货的运输成本，客服人员可以建议客户将这些订单合并成一笔。

Sample 6-4

Dear customer,

If you would like to place one order for many items, please first click "add to cart", then "buy now", and check your address and order details carefully before clicking "submit". After that, please inform me, and I will cut down the price to ×××. You can refresh the page to continue your payment. Thank you.

If you have any further questions, please feel free to contact me.

Best regards,
(Your name)

3. 客户已付款，但库存无货

如果客户已付款，但库存无货，则可直接为客户推荐类似的产品，并提供相应的链接；如果客户经过考虑决定取消购买，则可告诉客户取消流程。

Sample 6-5

Dear customer,

Thanks for your order. However, we are very sorry that the item is out of stock at the moment/the product you selected has been out of stock. I would like to recommend some other items of similar styles/Would you consider whether the following similar ones are also ok for you? You can click on the following link to check them out.

http://×××.com/store/product/×××××××1.html

http://×××.com/store/product/×××××××2.html

If you don't need any other item, please apply for "cancel the order". Then please choose the reason of "buyer ordered the wrong product". In this case, your payment will be returned in 7 business days.

Sorry for the trouble, and thanks so much for your understanding.

Best regards,
(Your name)

4. 确认订单

在跨境交易中，跨境物流时间长，运费成本相对较高，相信无论是客户还是卖家都不希望出现退换货的纠纷。若是由于客户地址填写错误或拍错产品等导致不必要的纠纷，对卖家而言可能带来不小的损失。所以，在客户拍下产品后，卖家在安排发货前，由客服人员与客户确认订单详情是一项十分重要的工作。

Sample 6-6

Dear valuable customer,

Thank you for your order and fast payment.

Your item will be arranged within 24-48 hours to get courier number, and it would take another two days to be online for tracking.

By the way, please confirm your address, postcode, and phone number are updated without change (Russian customers must give us the receiver's full name).

Any special requirements will be replied to within 24 hours. We would check the product quality and try our best to make sure you receive it in a satisfactory condition.

Thanks for your purchase, and we will update courier number.

Best regards,
(Your name)

5. 更改物流公司

客户下单后最希望得到的服务就是能够尽快、顺利地收到包裹。因此，客服人员应尽量按客户的要求来选择物流公司。如果由于特殊原因需要更换物流公司，则客服人员须及时与客户沟通，并把更换后的包裹运单号及时告诉客户。更换物流公司后，还要延迟客户的收货时间，以免后期影响客户顺利收到货物。

若是货运高峰期，客户选择的快递方式暂时不能安排发货，可以这样说：

Sample 6-7

Dear customer,

There is a backlog of orders for logistics company. I don't know when your package can be shipped. How about changing a logistics company?

If you agree, I will send your package by ePacket. Then I will let you know the tracking number, as soon as I send your package out.

Best regards,
(Your name)

若是货物被退回需要更换物流公司，可以这样说：

Sample 6-8

Dear customer,

Due to the overwhelming demand for logistics this shopping season, the original dispatch has failed.

We have already dispatched your order with a different logistics company. You can track the new delivery of your order here:×××××.

Tracking number is ×××××.

We have also extended the time period for you to confirm delivery.

If you have any questions or problems, contact us directly for help.

Best regards,

(Your name)

6. 提供货物的运单号，并告知预计送达时间

货物发出后，有时候物流并不能一帆风顺，可能会遇到各种各样的问题。这时客服人员应主动与客户沟通，避免客户提起纠纷或给客户留下不好的印象。若货物能够在预计时间内顺利送达，客服人员也需要及时告知客户相关货运进展情况。

Sample 6-9

Dear customer,

Thank you for shopping with us. The item has been shipped out on February 8th by EMS. The tracking number is ×××××. It will take 7-10 workdays to reach your destination, but please check the tracking number for updated information. Thank you for your patience. If you have any further questions, please feel free to contact me.

Best regards,

(Your name)

Sample 6-10

Dear customer,

Your item has just been set out via China International Shipping services which may take about 20-35 business days to arrive at the final destination. The tracking number of your parcel is ×××××, and you can track the shipping status on the website below in a few days:

http://×××.com.cn

Besides, as we all know that international shipping requires more complicated shipping procedures, such as both countries' customs clearance, transit stations, etc., and it will probably take a longer time for your items to arrive at the final destination.

Much appreciate for your understanding on the uncontrollable matter, if you have any other concerns, please feel free to let me know.

Best regards,

(Your name)

7. 解释不可抗力因素造成的延误

有时候会遇到严格的海关检查，或者由于天气、节假日等原因导致快递延误。此时应该主动联系客户，首先要知会客户，然后告诉客户我们会怎么做，保证及时更新相关信息，最后对因此造成的麻烦致歉，并希望客户能理解。必要时可以给予适当的折扣，以提升客户的购物体验。

对于由于旺季或天气等原因造成的延误，主要告知客户延误的原因，并给客户一个预期时间，最后感谢客户的理解。

Sample 6-11

Dear customer,

Thank you for purchasing an item from our store. We are sorry to inform you that the delivery of your item may be delayed due to peak season/bad weather/Hurricane Sandy these days. We ship your item on December 1st, but unfortunately, we were notified by the post office that all parcels will be delayed due to the peak season/natural disaster.

We will keep tracking the shipping status and keep you posted on any updates. Your patience is much appreciated. Sorry for the inconvenience caused, and we will give you 5% off on your next order for your great understanding.

If you have any concerns, please feel free to contact us. Thank you.

Best regards,

(Your name)

8. 客户未收到货物

客户普遍希望尽快收到购买的物品，在得知运单号后往往会主动查询物流信息。但如果物流信息在几天内都未能及时更新，且在预期时间内未到达客户所在国家，客户就会比较着急，容易产生不满情绪。此时可以主动与客户联系，表达希望客户耐心等待，并且说明若客户未能收到货物，卖家会重新补发或全款退回，这样做可以增强客户对卖家的信心，以使其继续耐心等待。

Sample 6-12

Dear customer,

Thank you for your purchase. We have sent the package out on December 11. The postal tracking number is below for your reference:

No. RR×××××CN

Status: departure from outward office of exchange

Ship out date: ××××-12-12

Standard ship times are 7-15 business days. However, there may be a delay in international parcel delivery times due to increased holiday demand. If you haven't received your order yet, please don't worry. We just checked the tracking information and it's on its way! We promise a full refund including the original shipping charge if the item is not delivered within 30 days upon receipt of payment. (If you do not receive your package, we will resend your order, or you can apply for a full refund.)

Your satisfaction is our utmost priority. Please contact us if you have any concerns. We apologize for any inconvenience. Your understanding is greatly appreciated.

Best regards,
(Your name)

9. 货物丢失

在有些情况下，货物长时间未妥投，也无法查询到物流信息，此时客服人员应该主动与客户沟通，告知其货物可能丢失，请客户申请退款并重新下单。若客户愿意重新下单，将给予特别折扣。

Sample 6-13

Dear customer,

I am sorry to tell you that we still cannot get the tracking information and I'm afraid the package might be lost by logistics company. I suggest that you apply for a refund. If you still want to buy these products, you can place the order again, and I will offer you a special 10% discount.

Thank you for your patience and looking forward to doing business with you again.

Best regards,
(Your name)

10. 货物妥投

货物妥投后，物流服务就基本结束了。这时客服人员可以询问客户收到的货物是否完好无损，并告知对方如果对此次服务满意，请给予五星好评，如果有问题也请及时联系，以便尽快帮客户解决。

Sample 6-14

Dear customer,

The tracking information shows that you have received your order. Please make sure your items have arrived in good condition and then confirm satisfactory delivery.

If you are satisfied with your purchase and our service, we will greatly appreciate it if you give us five-star feedback and leave positive comments on your experience with us!

If you have any questions or problems, please contact us directly for assistance, rather than submitting a refund request.

We aim to solve all problems as quickly as possible! Thanks!

Best regards,

(Your name)

Sample 6-15

Dear customer,

Thanks for your continuous support of our store, and we are striving to improve ourselves in terms of service, quality, sourcing, etc. It would be highly appreciated if you could leave us positive feedback which will be a great encouragement for us. If there is anything I can help with, please don't hesitate to tell me.

Best regards,

(Your name)

任务三　售后客户服务技巧

情景导入

最近，宁波小薇云集电子商务有限公司的售后问题明显多了起来，这可能与企业的业务越来越多有关，作为客服专员的 Elsa 感到有些应接不暇。经理在了解了相关情形后，建议 Elsa 认真梳理解决售后争议和投诉的原则，分析针对不同争议和投诉有哪些解决方案，总结解决争议和投诉的思路与步骤，以便在后续处理争议和投诉时有章可依，稳中不乱。

项目任务书

1. 理解解决争议的原则。
2. 梳理解决纠纷的常见方案。

3．厘清处理客户投诉的思路。

4．总结处理客户投诉的步骤。

任务实施

一、理解解决争议的原则

你认为在解决争议的时候，客服人员应该遵从哪些原则？完成表6-7。

表6-7　解决争议的原则

序号	具体原则
1	
2	
3	
4	
5	
…	

二、梳理解决纠纷的常见方案

你认为跨境电商售后有哪些常见的纠纷？对于这些纠纷又有哪些解决方案？思考后，完成表6-8。

表6-8　常见的售后纠纷及其解决方案

序号	常见的售后纠纷	解决方案
1		
2		
3		
4		
5		
…		

三、厘清处理客户投诉的思路

面对客户投诉，拥有清晰的处理思路是非常必要的。结合网购经验，思考客服人员在处理客户投诉时可分为哪些阶段？完成表6-9。

表 6-9　处理客户投诉的思路

序号	阶段	处理客户投诉的思路
1		
2		
3		
4		

四、总结处理客户投诉的步骤

请根据上述处理客户投诉的思路，总结处理客户投诉的步骤，完成表 6-10。

表 6-10　处理客户投诉的步骤

序号	步骤	处理客户投诉的具体行动
1		
2		
3		
4		
5		
6		

知识模块

售后服务是产品质量的延伸，也是对客户感情的延伸。这种服务的目的是增加产品的附加价值，解决客户由于使用本企业产品而带来的一切问题和麻烦，使其放心使用，降低客户的使用成本和风险，从而增加客户购买后的满足感或减少客户购买后的不满情绪，以维系和发展品牌的目标市场，使新客户成为回头客并且乐意向他人介绍或推荐本企业产品。随着人们维权意识的提高和消费观念的变化，客户在选购产品时，不仅会注意产品本身，在同类产品的质量和性能相似的情况下，也会更加重视产品的售后服务。因此，为客户提供完善的售后服务已成为现代企业市场竞争的新焦点。这就需要客服人员掌握售后沟通技巧，及时化解纠纷，进而让老客户成为交易的"稳定器"。

一、解决争议的原则

跨境电商行业现在最大的痛点就是客户体验差。当客户购买或使用产品的时候，若对产品本身和企业服务抱有的美好期望与要求得不到满足，就会失去平衡，由此产生抱怨和不满行为。而发生争议后往往给卖家带来的压力和损失非常大，所以客服人员解决客户争议的能力尤为重要。解决客户争议有以下原则。

1. 及时与客户沟通

客服人员要保持在线，当收到客户表达不满的信息时，要及时回应，与客户进行友好协商，促进双方的信任与合作，从而提高客户的购物满意度。例如，客户迟迟没有收到货物，在卖家可承受的范围内，可以给客户重新发送货物，或者及时给出其他替代方案。否则，客户很容易失去等待的耐心，直接发起投诉。然而，由于时差的缘故，客服人员在日常工作的时候，会发现大部分国外客户的即时通信软件都是离线的。此时，客服人员可以通过留言联系客户。不过，建议客服人员尽量选择客户在线的时候联系，这意味着客服人员可能需要在晚上联系国外客户，因为这个时候客户在线的可能性最大，沟通效果更好。

2. 诚心解决问题

国外客户非常看重卖家的态度，因为其消费理念非常成熟，认为卖家感恩买家的购买是顺理成章的事情。因此，遇到客户对于产品不满意、物流体验差、要求退款的争议，客服人员首先要做的是体现自己解决争议的态度，对于客户的遭遇表示理解，并且承诺会积极地解决问题，让客户感觉到客服人员解决问题的诚意。

3. 了解事情的来龙去脉

跨境电商行业的争议集中在物流环节，如丢件、产品破损等。当客户提出售后问题时，客服人员应第一时间联系客户，了解事情的来龙去脉，只有这样客户才会有被重视的感觉，还有可能放下心中的偏见，愿意给客服人员一个解释的机会。客服人员在弄清问题的真相及本质后，应注意保留证据，如聊天记录、物流记录，确定责任方。如果是客户误会了，就通过真实的电子证据与客户真诚沟通，获得客户的理解。

4. 化解客户的负面情绪

若客户对订单有异议，对产品不满意，那他肯定会有很多负面情绪，表现形式包括给差评，通过社交媒体曝光等，这时候就考验客服人员的业务能力了。合格的客服人员可用自身的专业、语言能力，通过站内信、App、电话与客户进行充分沟通，用心倾听客户的心声并且理解、认同客户，化解客户的负面情绪，让客户再次产生信任感，为解决争议打下良好的基础。

5. 寻找合适的理由

面对客户的投诉，客服人员需要为客户找到一个合理的、能够接受的理由，而且这个理由最好是由第三方（客户和卖家之外）或不可抗力引起的，并表明"即使错误不在我们，我们仍然愿意为客户解决问题"。寻找一个合适的理由，绝不是为了哄骗客户，更不是为了推卸责任，而是从照顾客户心理的角度出发。一个合适的理由可以让客户找到心理上的平衡，平息客户的怒气，从而更容易接受客服人员提出的解决方案，最终能够更加快速地解决争议。例如，当客户认为产品破损，有质量问题时，可做如下回复。

Dear ××× (customer name),

    I'm very sorry to hear about that. Since I did carefully check the order and the package to make sure everything was in good condition before shipping it out, I suppose that the damage might have happened during the transportation. But I'm still very sorry for the inconvenience this has brought to you. I guarantee that I will give you more discounts to make this up next time you buy from us. Thanks for your understanding.

Best regards,
(Your name)

6. 换位思考

解决争议的前提是保持同理心，即站在客户的立场思考发生了什么，为什么会发生，客户想从卖家处得到什么，客户可接受的处理方案是什么。在解决争议时，客服人员要在换位思考的基础上进行有效沟通。例如，包裹发生了延误，要及时通知客户，解释包裹未能在预期时间内到达的原因，以获得客户的谅解。如果包裹因关税未付被扣关，则客服人员也应及时告知客户，声明已在产品描述中注明客户的缴税义务。此时，不妨提出为客户分担一些关税，这样不仅能避免包裹被退回，更能让客户因客服人员的诚意而给予好评。

7. 提出解决方案

在客户抱怨时，客服人员首先要用真诚的态度对客户表示歉意，对客户的遭遇表示理解，了解具体情况后，再对事件快速做出反应，承诺会积极地解决问题，并主动承担交易责任，以此来表明卖家解决问题的诚意。处理售后问题动作迅速，可以让客户感觉到应有的尊重，这样也可以有效遏制客户对产品负面信息的传播，防止对店铺信誉造成更大的影响。客服人员要努力做到"尽管货物不能让客户满意，态度也要让客户无可挑剔"，让客户感受到客服人员是在真心帮自己解决问题。

8. 掌握语言技巧，巧妙沟通

能否把客户的投诉率控制在非常低的范围内是考核客服人员做得是否到位的重要指标。好的客服人员，应该能通过有效沟通，减少争议和投诉。例如，客户向客服人员反映自己收到的产品有明显被打开过的痕迹，外包装及内部的销售包装是破损的。遇到此类问题，如果沟通不好，就很容易引起客户投诉；相反，如果客服人员能用语言技巧巧妙地与客户沟通，就可能得到客户的理解。对于此类问题，可参考如下模板与客户沟通。

Dear ××× (customer name),

　　Thanks for shopping with us! I'm really sorry to hear that, and surely we will help you solve this problem. You know, when parcels are sent to the Customs, it will be opened to finish the "Customs Inspection". That would be the reason why your parcel opened and the retail package damaged. As sellers, we really don't want to give you an unpleasant shopping experience. Thus, if you need it, we would like to resend you a new retail package. And you don't need to afford the extra shipping cost. What's your opinion?

　　Sincerely apologize for causing you any inconvenience. And thanks for your kindness and tolerance for this problem.

　　Looking forward to hearing from you.

Yours sincerely,
(Your name)

　　分析：在邮件的开头表明感恩的心态，并明确地表明将帮客户解决问题，以便安抚客户，让客户有耐心继续看后面给出的解释与方案。通过向客户解释当包裹通过海关时有可能面临开包查验，为包装的破损找到合理的原因。为客户提供合理的解决方案，提出重新给客户寄一份新的包裹，并且不需要客户承担额外的运费。再次向客户致以歉意，并且感谢客户的理解与宽容。

9. 尽量用书面沟通

　　一般情况下，客服人员尽量以书面沟通的方式为主，应该避免与国外客户进行语音对话。用书面沟通，不仅能让买卖双方的信息交流更加清晰、准确，还能留下交流的证据，以便后期可能面临的纠纷处理。

10. 保留证据

　　客服人员要时刻注意，每一笔订单在交易过程中的有效信息都应当保存下来。例如，货物打包期间，可对货物的内包装、外包装进行拍照存底。货物发出之后，应及时做好货物的物流信息跟进，并做好每日的跟进计划。如果产生了纠纷，这些信息就能够作为证据，以便帮助客服人员将问题向着更有利于自己的方向解决。在处理售后问题的过程中，客服人员应及时充分地举证，将相关信息提供给客户进行协商和谈判，或者提供给所在的跨境电商平台帮助仲裁。卖家与客户产生纠纷和摩擦并不可怕，只要客服人员在交易中充分做好举证准备，在心态上以客户满意为目标，就一定会合理、妥善地解决纠纷和摩擦。

二、常见的售后纠纷及其解决方案

售后客服既关系到产品类目的完善、产品质量的提高，也关系到客户体验和重复购买率，还关系到退货率、纠纷率乃至平台账号的安全。在售后服务的过程中，主要存在未收到货、货物与描述不符、费用问题、质量问题、客户使用不当导致差评等情况，这里分别分析一下发生这些情况的可能原因及解决方案。

1. 未收到货

未收到货的原因有卖家未发货、卖家延迟发货、货物在途、货物被退回及被海关扣留等。对于卖家未发货的情况，客服人员应及时安排给客户发货。当然，这须先征得客户的同意，避免擅自发货后，客户以卖家延迟发货为由拒签。对于卖家延迟发货的情况，客服人员要安抚客户的情绪，请客户耐心等待，并适当给予部分补偿。对于货物在途的情况，发货后应告诉客户正确单号、英文查询网址、大概妥投时间，安抚客户耐心等待并积极联系物流公司查询货物。对于货物被退回的情况，客服人员要及时做退款处理，若因为客户自身原因导致的货物被退回，建议客户补偿发货运费。对于被海关扣留的情况，客服人员须联系货代公司查询扣关原因，并积极配合客户清关。

2. 货物与描述不符

货物与描述不符是指客户实际收到的货物与卖家的广告图片或描述内容不符，如尺寸、颜色、外观、款式、型号和材质不符，且能直观从肉眼做出判断。导致货物与描述不符的原因包括贴错标签、入错库、配错货、发错地址、下单错误等，还有产品质量因素，如参数不对、有色差、尺寸有出入，其他货运过程中造成的损坏、与客户预期不符也会导致货物与描述不符。对于这种情况，客服人员可以先请客户提供图片或视频证据，了解存在的问题。对于一些由于技术操作导致的问题，客服人员可以为客户提供专业的指导和操作说明，并提供有效的解决方案。

在货物与描述不符的问题中，非常常见的一种现象是实物与产品图片存在差异。有时候为了使自己的产品看起来比较吸引眼球，卖家会在图片处理上或多或少添加一些产品本身没有的效果，这样就会给客户带来一种美好的心理预期，让他们满怀期待地等待。然而，一旦收到实物后，感觉与图片的差别过大，客户就会非常失望，他们通常会在第一时间询问客服人员为什么在颜色或形状上有差别等。此时，客服人员可以提供原有的图片，如果只有因小部分的修图处理造成的色差，合理的解释还可以赢得客户的信任，而且在这个过程中要多表现自己对客户的重视，适当给予一定的优惠和折扣。真诚的道歉可以将小事化了，向客户争取好评。同时，为了避免不必要的投诉和差评，卖家在上传产品图片的时候，可以上传一些多角度的细节图，图片应尽量与产品接近，产品描述要全面、客观。同时，在颜色旁边备注"模特图可能有色差"等，或者放一张没有处理过的图片上去，尽量给客户留下真实的视觉印象，因为图片是客户判断产品外观的重要依据。

3．费用问题

大部分卖家为了吸引客户下单都会写上"Free shipping"，实际上大部分卖家也做到了免邮，但有时候还是会收到客户的反馈，明明标题中写了免邮，为什么收到货后还要收费。比如，客服人员可能会遇到这样的问题：Why should I pay 20 dollars for the package? You had told me that it was free to ship, but how could you lie to me? I'm very disappointed.

出现这种情况的主要原因是客服人员有时候会忽略一些国家的进口政策，不同国家的货物申报价值不同，超过这个申报价值就要收取关税。这样一来，客户就必须支付关税后才能拿到货物，也就出现了上述不良反馈。还有一些客户会因为需要支付额外的费用而拒绝签收，这些都是潜在的差评和纠纷。因此，卖家在发商业快递的时候，要注意填写的申报价值，对于货值很高的快件，需要提前与客户沟通好。

4．质量问题

对于单纯由质量问题引发的差评是比较好处理的。收到差评之后，要及时与客户联系，询问其对产品不满意的具体原因。在此基础上，让客户提供相应的图片。此外，卖家要找到自己的出货记录，查找同时间内其他产品的反馈，分析一下库存中的货物质量。如果确实存在客户反映的问题，则应及时解决，通过退款或换货的方式让客户满意，并且修改差评。产品的质量关系到企业的生存和发展，产品质量太差，得不到客户的支持，就很难在跨境电商市场上立足。这就要求卖家在进货时一定要把好关，如果产品质量有问题，一开始就不能发货。同时，在发货时要反复检查，保证货物的包装没有问题。

5．客户使用不当导致差评

有些差评是由于客户使用不当而给出的，对于这种差评，一般有两种解决方案：如果以消除差评为主要目的，则应该向客户仔细解释为什么会出现这样的质量问题，在使用或操作过程中存在哪些不正确的地方，最后和客户商量用何种方式可以使其满意并修改差评；如果是由于客户个人原因导致的质量问题，客户不愿意修改或消除差评，则客服人员可以选择回复差评，并附上产品的使用说明及注意事项，这种方案其实也是一种差评营销。

三、其他解决纠纷的常见方案

除了上述售后纠纷及其解决方案，下面列出一些常见的客户纠纷解决方案。

1．客户保留货物，卖家全额退款

在跨境电商行业，发一个跨境快件，如从中国发往美国，很多时候物流价格其实比产品本身价格要高得多。很多跨境电商新卖家考虑到店铺运营的满意度和好评率，也为了快速解决客户纠纷，就选择最直接也最草率的方式告知客户：货不要了，钱全部退给客户。其实，这种表面上看起来很豪爽的处理方式恰恰证明了客服人员的不专业和不成熟。因为这样对卖家来说成本损失是最大的，而且也是最没技巧的，很多时候反而会让客户感觉卖家没有诚意。因为客户购物是希望得到真正想要的产品，简单的"货白送，全额退款"并不能挽回客户的体验感。这种方式虽然可以快速解决售后纠纷，但是需要损耗全部的产品成本和运费，严重拉低了店铺利润，一般不推荐使用。

2．二次免费发货

卖家解决纠纷的另一种常见方式是货物客户保留，免费给客户再发一次货。这种方式需要承担二次发货的产品价值和运费，也亏损严重。这里其实有一个沟通技巧，卖家可以在得到客户充分原谅的基础上，建议客户承担二次发货产品的部分价值。例如，一款产品价值50美元，因为破损或其他方面不满意，可以请客户承担15美元。其实大部分客户都是愿意接受的。同时，二次发货，加上产品的利润率，有时候可以不赔不赚，降低损失。

3．给客户折扣

直接给客户扣除交易金额，一般来说客户都愿意接受，这里也有一个沟通技巧，客服人员的沟通能力直接决定着客户的退让幅度。这种方式相对公平，是值得倡导的一种解决方案。

4．赠送优惠券

对于被投诉的产品，在不影响使用的前提下，客服人员可以向客户发放一定金额的优惠券，这样既能合理解决纠纷，又能引导客户再次下单，这种方式非常推荐使用。

5．从技术层面解决疑惑

有些纠纷可能是客户出现了技术性的操作不当，导致产品不能正常使用而造成的。当客户提出技术性的问题时，客服人员可以利用自己的专业知识为其答疑解惑，这种方式零成本、零亏损，最推荐使用。

在跨境电商中，客服人员在解决客户纠纷的过程中，所能使用的方法与国内电商使用的方法是完全不同的。由于运输距离远、运输时间长、国外退货成本高，跨境电商的卖家会比国内电商的卖家更多地使用"免费重发"或"买家不退货，卖家退款"的处理方式。但其实一位好的客服人员在处理国外客户的投诉时，所能使用的方法是多元的。同时，富有经验且精于沟通的客服人员会使用各种技巧，让客户尽量接受对卖家来说损失最小的解决方案，因为降低售后成本是跨境电商客服管理岗位的一项重要工作目标。在提出纠纷解决方案时，一定要对客户的问题进行客观分析，找准问题，对症下药，切不可随意提供解决方案，以免出现新的问题，导致客户更加不满意。建议一次性提供多个方案供客户选择，让客户能够充分体会到客服人员对他们的尊重，也让客户更有安全感。

四、处理客户投诉的思路

客服人员处理客户投诉通常分为四个阶段，即接受投诉阶段、解释澄清阶段、提出解决方案阶段、回访阶段。

1. 接受投诉阶段

在接受投诉阶段，要求做到认真倾听，保持冷静，同情、理解并安慰客户，给予客户足够的重视和关注；明确告诉客户等待时间，在时限内将处理结果反馈给客户。

2. 解释澄清阶段

在解释澄清阶段，要求做到不与客户争辩或一味寻找借口；不要给客户带来轻视、冷漠或不耐烦的感觉；换位思考，易地而处，从客户的角度出发，做合理的解释或澄清；不要推卸责任，不得在客户面前评论企业或其他部门的不足；如果确实是自身原因，则必须诚恳道歉，但是不能过分道歉，注意关注客户的期望，同时提出解决问题的办法。

3. 提出解决方案阶段

在提出解决方案阶段，要求做到可按投诉类别和情况提出解决相应问题的具体措施；向客户说明解决问题所需要的时间及原因，如果客户不认可或拒绝接受解决方案，则坦诚地向客户说明企业的规定，及时将需要处理的投诉记录传递给相关部门处理。

4. 回访阶段

在回访阶段，要求做到根据处理时限的要求，注意跟进投诉处理的进程，及时将处理结果向投诉的客户反馈；关心、询问客户对处理结果的满意程度。

五、处理客户投诉的步骤

在跨境电商实际业务中，应当尽量避免产生投诉，如果投诉已产生，则客服人员需要正确对待投诉，与客户进行沟通，让客户感到满意，只有这样才能留住客户，并且产生口碑效应，赢得更多的客户。一般情况下，客服人员处理客户投诉的步骤包括以下几点。

1. 记录投诉内容

客服人员需要根据客户投诉登记表详细记录客户投诉的全部内容，如投诉人、投诉时间、投诉对象、投诉内容、客户希望的解决办法等。在这个过程中，客服人员一定要保持热情积极的工作态度，面对前来投诉的客户以礼相待，体现"客户至上"的原则，以客户为中心，站在客户的立场考虑问题，给客户充分的尊重，让客户体会到卖家解决投诉的诚意，学会倾听，了解客户的需求，做好投诉内容的记录。

2. 判断投诉是否成立

在了解了客户投诉的内容后，客服人员应冷静地分析事情的来龙去脉，判断客户投诉的理由是否充分，投诉要求是否合理。如果投诉并不成立，客服人员就可以用委婉的方式答复客户，道出客观原因，以取得客户的谅解，消除误会；如果投诉成立，则客服人员务必第一时间向客户道歉，并且尊重、理解客户的情绪，站在客户的立场考虑，采取补救措施，与客户进行友好协商，尽量告知客户解决问题的办法，以争取好评。

3. 分析投诉原因，确定责任部门

客服人员应帮助客户分析其投诉的具体原因。同时，依据客户投诉的内容，客服人员需要尽快确定该投诉所涉及订单的责任部门。

4. 提出处理方案，并征得领导同意

根据实际情况，参照客户的投诉要求，客服人员需要提出解决投诉的具体方案，如退货、换货、维修、赔偿，或者给予客户一定的折扣或向客户发放一些优惠券等。客服人员在与客户沟通时要注意客户心理的变化，当客户不满意时，尽量引导客户朝着能保留订单的方向思考，同时要满足客户的一些其他需求。当客户提出退款要求时，尽量引导客户达成部分退款的共识，避免全额退款。同时，处理方案需要经客服主管领导审批，根据实际情况，采取一切可能的措施，尽力挽回已经出现的损失。

5. 实施处理方案

得到客服主管领导的批示后，客服人员即可告知客户该次投诉的处理方案，并尽快收集客户的反馈意见。对于客服人员无法解决的投诉问题，可推荐其他合适的人来解决，但要主动替客户联系。总之，客服人员要自始至终保持良好的解决问题的态度。

6. 总结教训

为了避免类似投诉再次发生，客服人员必须分析原因，检讨处理结果，牢记教训，做到举一反三，以期使未来同类投诉减至最少。

当然，预防大于治疗，与其要求客服人员做好售后纠纷处理，不如在售前就严谨地把

控服务质量和产品质量，这才是提升客户满意度的根本。好的客服人员在售前就能与客户充分沟通，真实理解客户对产品的要求和需求，并且预判可能发生的争议，把控发货环节，保证跨境物流和包装环节落实到位，选择可靠、可信任的物流公司。相信客服人员完善的服务一定能换来客户满意的体验。

案例分析

1. 案例背景

2022年8月12日，Ms. Stella在宁波小薇云集电子商务有限公司的店铺中下单买了一条裙子，她在下单后一直没有付款，眼看折扣活动就要结束了，作为客服专员的Elsa该如何与Ms. Stella沟通呢？Ms. Stella付款后，小薇云集仓库及时将货物发出。此时，Elsa又需要做什么呢？面对Ms. Stella收到货物后未给出评价的情况，Elsa又可以做什么呢？

2. 操作步骤

（1）看到客户下单但未付款之后，第一时间联系客户，表达对客户的感谢，并表明客户还未付款，告知其店铺的折扣活动快要结束了，提醒客户尽快付款，并简要说明客户所拍产品的卖点，激发客户尽快付款的欲望。具体邮件可如下：

Dear Ms. Stella,

　　We appreciated your purchase from us. But we noticed that you haven't made the payment yet. Please note that there is only one day left to get 20% off for this item, and this skirt is quite fashionable at a competitive price, so please make the payment as soon as possible. If you don't know how to make the payment, please check the detailed payment process links: ×××××.

　　Please let me know if you have any further questions.

　　　　　　　　　　　　　　　　　　　　　　　　　　　　Best regards,
　　　　　　　　　　　　　　　　　　　　　　　　　　　　Elsa

（2）货物发出后，Elsa又撰写了一封邮件给Ms. Stella，告诉她货物已发出，该如何查询物流信息，预计货物到达时间等相关信息，并希望客户在收到货物后给予好评。具体邮件可如下：

Dear Ms. Stella,

　　Thank you for shopping with us.

　　We have shipped out your order (order ID: ×××××) on August 15th by ePacket. The tracking number is ×××××. You may trace it on the following website after two days: http://×××.net/index_en.shtm.

It will take about 30 days to reach your destination.

We sincerely hope you can get it soon, and you will be satisfied with our products and services.

We would appreciate it very much if you may leave us a five-star appraisal and contact us first for any question.

Best regards,
Elsa

（3）Ms. Stella 在收到裙子后没有给出评价，Elsa 可以写信引导她对订单做出评价，给予五星好评。具体邮件可如下：

Dear Ms. Stella,

Thanks for your support to our store, and we are striving to improve ourselves in terms of service, quality, sourcing, etc. It would be highly appreciated if you could leave us a five-star feedback, which will be a great encouragement for us. If there's anything I can help with, please don't hesitate to tell me.

Best regards,
Elsa

3. 案例总结

在本案例中，Elsa 在客户下单初步表达购买意向后，及时联系客户，引导客户尽快付款，并在货物发出后及时告知客户，让客户实时了解货物的状态，同时期望客户给予五星好评。Elsa 的沟通思路清晰，用语得当，反映了良好的客户服务技巧。

知识拓展

如何处理善意和恶意投诉

投诉分两种：一种是善意投诉，也就是确实因为质量、服务、使用、价格等方面的实际原因而引起的客户投诉；另一种是恶意投诉，也就是以敲诈钱财、破坏声誉、阻碍销售等为目的的所谓"投诉"。

一、对于善意投诉的处理

对于善意投诉可遵循下列步骤来处理。

1. 态度热情

凡客户出现投诉情况，多数态度不友善，有些甚至骂骂咧咧，怒气冲天。不管客户的态度多么不好，客服人员都应该热情周到，以礼相待，积极与客户沟通，如此一则体现了企业处理投诉的态度，二则体现了"客户是上帝"的原则，三则舒缓了客户的愤怒情绪，避免双方的对立态度。

2. 耐心倾听

倾听是一门艺术，从中客服人员可以发现客户的真正需求，从而获得处理投诉的重要信息。

当客户提出异议或反映产品问题时，客服人员首先要学会倾听，收集证据，做好必要的记录。然后，要弄清问题的本质及事实，切记不要打断对方的话。在客户讲述的过程中，不时表示对投诉问题的理解，让客户知道客服人员明白自己的想法。除此之外，还可以复述客户说过的话，并适当运用提问的技巧，这样可以更准确地理解客户所说的话，了解事情的真相。

3. 真诚道歉

如果客服人员没有出错，就没有理由惊慌；如果客服人员真的出错，就得勇于面对，真诚地向客户道歉。道歉要恰当合适，不是无原则的道歉，要在保持企业尊严的基础上道歉。道歉一是为了承担责任，二是为了消散客户的"火气"。

4. 分析问题

根据客户的反馈分析客户的投诉属于哪一方面，是质量问题、服务问题，还是使用问题、价格问题等，更要从客户反馈中分析客户投诉的要求，同时分析客户的要求是否合理，以及问题具体属于哪个部门，解决投诉前是否有必要与归口部门沟通或向有关上级请示。

5. 解决问题

在接到客户投诉并做出分析后，首先，要马上纠正引起客户投诉的错误。其次，要探询客户希望的解决办法，并在找出办法后征求客户的意见。如果客户不接受客服人员的办法，则可询问其有什么提议或方案，一定要让客户随时了解问题的解决进程。如果客服人员无法解决，则可推荐其他合适的人，但要主动代为联络。

6. 礼貌结束

客服人员在将这件不愉快的事情解决了之后，必须问："请问您觉得这样处理可以吗？您还有别的问题吗？"总之，客服人员要明确正确处理客户投诉的重要性，树立服务客户的意识。通过全员服务引导客户消费，减少因人为使用不当带来的投诉。

7. 跟踪服务

客服人员必须对投诉处理后的情况进行跟踪，可以通过打电话或写信，甚至登门拜访的方式了解事情的进展是否如客户所愿，调查客户对投诉处理方案的意见。如果客户仍然不满意，就要对投诉处理方案进行修正，重新提出令客户满意的方案。

跟踪服务体现了企业对客户的诚意，会给客户留下良好、深刻的印象，让客户觉得企业很重视自己提出的问题，是真心实意地帮自己解决问题，这样就可以打动客户。

此外，跟踪服务，对投诉者进行回访，并告诉他，基于他的意见，企业已经对有关工作进行了整改，以避免类似的投诉再次发生，这样不仅有助于提升企业形象，而且可以把客户与企业的发展密切联系在一起，从而提高其忠诚度。

8. 吸取教训

为了避免同样的事情再次发生，客服人员必须分析原因，检讨处理结果，牢记教训，做到举一反三，使未来同类投诉减至最少。

二、对于恶意投诉的处理

对于恶意投诉，可通过跨境电商平台进行处理。例如，速卖通平台已经为卖家开放了举报恶意买家的入口，针对恶意买家，可在对应订单中对其进行举报。速卖通方面表示，针对同一个买家，卖家可以多次举报。平台将以每周一次的频率批量处理卖家的举报，对涉及的买家账号进行处罚，并删除相关交易产生的不良数据。处理结果将定期以邮件的形式通知卖家。对于被关闭的买家账号，平台将定期对其相关订单的数据指标进行清洗，即不计入卖家的服务等级指标考核中。

此外，为了给卖家提供力所能及的帮助，打击恶意欺诈勒索的买家，"二货联盟"决定自2017年3月起公开本土慈善机构伙伴 The Second Chance Store 的门店地址作为供所有卖家使用的美国通用退货地址。卖家可要求买家把产品退到 The Second Chance Store 的指定地址，所有零散产品将由 The Second Chance Store 进行销售和拍卖处理，并将所得收入在扣除处理成本后捐赠给慈善机构，同时给退货的卖家出具相应的慈善捐赠证书。卖家拥有这样通用的退货地址，能提高买家的退货成本，减少恶意欺诈和常规退货。如此，买家选择退货的概率可能会降低，卖家也多了机会与买家沟通，可以合理地补偿买家，既能达成销售目的，又能留住优质买家。

课后习题

一、多选题

1. 提升客服人员的服务意识，需要做到（　　）。
   A．及时答复　　　　B．礼貌热情　　　　C．真诚沟通　　　　D．认真倾听

2. 以下哪些会影响客户购买产品的决策（　　）？
   A．客户自身因素　　　　　　　　　　B．购物环境
   C．产品的价格　　　　　　　　　　　D．产品的质量

3. 巧用以下哪些技巧，可以促成交易（　　）？
   A．利用客户"怕买不到"的心理　　　B．帮客户拿主意
   C．积极推荐　　　　　　　　　　　　D．巧妙反问

4. 解决争议的原则有（　　）。
   A．及时与客户沟通　　　　　　　　　B．诚心解决问题
   C．了解事情的来龙去脉　　　　　　　D．化解客户的负面情绪
   E．换位思考

5. 下列哪些原因可能导致客户收到的货物与描述不符（　　）？
   A．仓库配错货　　　　　　　　　　　B．客户下单错误
   C．货运过程中造成的损坏　　　　　　D．产品与客户预期不符

6. 客服人员处理客户投诉的步骤包括（　　）。
   A．记录投诉内容　　　　　　　　　　B．判断投诉是否成立
   C．分析投诉原因　　　　　　　　　　D．提出处理方案
   E．实施处理方案　　　　　　　　　　F．总结教训

二、判断题

1. 从服务的角度来说，售前服务是一种以交流信息、沟通感情、改善态度为中心的，采用多种方法吸引客户的注意力和兴趣，为激发客户的购买欲望而提供一系列服务的工作。（　　）

2. 服务意识是发自客服人员内心的一种本能和习惯，不能通过培养、教育、训练形成。（　　）

3. 当客户来咨询时，可以客户问一句，客服人员答一句。（　　）

4. 对客户提出的疑问要快速、准确地进行解答，不要让客户等太久，同时对自己不

明白的问题，不可妄下结论。   （   ）

5．如果客服人员能根据客户的心理需求进行介绍，正确地引导客户，当好参谋，就能有利于促成交易的最终实现。   （   ）

6．为了产品的商业利益，客服人员应该给客户推荐最贵的产品。 （   ）

7．在网店运营过程中，客服人员的响应时间越短，给客户带来的体验越好。
                                                                （   ）

8．设置平台自动回复的内容时，为了全面回答，自动回复的内容越长越好。
                                                                （   ）

9．在撰写信息或邮件时应长话短说，避免使用难词、陈旧的商业术语。（   ）

10．考虑到店铺运营的满意度和好评率，客服人员可以采取客户保留货物，卖家全额退款的方式解决纠纷。   （   ）

三、简答题

1．客服人员可以巧用哪些技巧促成交易？

2．客户拍下订单，初步表示有意愿购买后，客服人员需要做哪些工作？

3．客服人员在与客户沟通时应该遵从哪些沟通原则？

4．如何避免客户收到的货物与描述不符？

四、实践操作题

2023年3月2日，一位巴西客户Thales在速卖通平台的某跨境电商店铺中下单购买了200双袜子，分装两箱。经过两周多的等待，3月18日客户成功收到货，但在清点货物的过程中，发现少了10双袜子。客户立即通过邮件联系该店铺的客服人员，要求店铺对该问题做出解释。最后，店铺查明短缺原因，是由于购买旺季，员工短缺，未能仔细清点货物数量造成的疏漏。请根据上述问题，以客服人员的身份拟写一封回复邮件。

操作要点

操作1. 向客户表示抱歉，并明确表明将帮客户解决问题。

_____

_____

操作2. 表明事件责任方是我方，向客户真诚地表示将承担责任。

_____

_____

操作 3. 向客户简单说明缘由，因为购买旺季，员工短缺，未能仔细清点货物数量。

操作 4. 为客户提供合理的解决方案，提出会在客户同意后返回缺少数量的那部分货款，或者重新将缺少的货物发出，并且不需要客户承担额外的运费。

操作 5. 向客户保证对于接下来的订单会更加严格检验。

操作 6. 询问客户的意见，表示对客户的尊重。

操作 7. 再次向客户致以歉意，并感谢客户的理解与宽容。

任务评价

评价项目	评价内容	评价（5 分制）	
		自我评价	小组评价
知识与技能	完成课前预习与课后复习		
	积极参与教学活动，全勤		
	理解、掌握核心概念		
	主动学习，拓展知识		
	完成项目任务		

续表

评价项目	评价内容	评价（5分制）	
		自我评价	小组评价
思政与素质	自主学习能力		
	团队合作能力		
	创新能力		
	责任意识		
	敬业精神		
平均分			
教师总评			

项目七

跨境电商客户关系管理实践

📖 知识目标

1. 理解处理客户投诉的思路。
2. 熟悉服务质量的评价标准。
3. 掌握发现服务问题的方法。
4. 掌握提升服务质量的对策。

📖 能力目标

1. 能够正确处理客户投诉。
2. 能够评估客户对企业服务质量的评价。
3. 能够找出服务中存在的问题。
4. 能够针对性地提升服务质量。

📖 思政小课堂

党的二十大报告提出:"高质量发展是全面建设社会主义现代化国家的首要任务。"近年来,世界百年未有之大变局叠加新冠疫情,深刻影响着人类社会,机遇与挑战并存,发展与阻碍交织。跨境电商行业风起云涌,克服诸多困难,实现了逆势增长,焕发出蓬勃生机。跨境电商从业者的努力,让中国的跨境电商行业得到进一步的发展,让中国的品牌企业迈上新的台阶,也让中国的产品登上了更加广阔的舞台,为中国的高质量发展注入了"强心剂"。随着跨境电商等外贸新业态、新模式的茁壮成长,中国的外贸发展不断注入新动能,对外贸易高质量发展持续推进,相关经营主体更有活力。面对跨境电商产业新蓝图,跨境电商从业者应沉着冷静、未雨绸缪、踔厉奋发、勇毅前行,推动中国贸易由大变强,努力创造更加灿烂的明天。

项目导学

在跨境电商B2C模式下，客户出现"小""散""杂"等新特点，且客户需求差异大，导致售后问题颇多。有效处理客户投诉，避免客户纠纷，成为跨境电商客户关系管理的重要工作之一。同时，结合企业实际，提升服务质量，进而提高客户满意度，是跨境电商客户关系管理的首要任务，也是跨境电商企业稳定发展的重要基石。本项目将以跨境电商客户关系管理实践为主线，任务一介绍在实践中跨境电商客服人员如何有效处理客户投诉，避免纠纷升级，任务二聚焦如何评价跨境电商企业的服务质量，进而根据评价结果找出服务中存在的问题，并分析如何提升服务质量，以提升企业客户关系管理工作的成效。

任务一　亚马逊卖家成功处理纠纷案例

情景导入

宁波小薇云集电子商务有限公司的跨境电商客服专员Elsa在亚马逊平台上收到客户以卖家发错款式为由的投诉。Elsa需要及时与客户进行有效的沟通，以合理的方式处理纠纷。

项目任务书

1. 核实投诉内容是否属实。
2. 回复客户，提出解决方案。
3. 解决投诉，并总结经验。

任务实施

一、核实投诉内容是否属实

客户投诉发错款式，Elsa该如何核实仓库是否发错款式了呢？通常包括以下几个步骤。

1. 调出客户订单，确认客户下单产品的具体信息。
2. 仔细核查客户投诉的内容，确认客户收到的产品。
3. 与仓库核实实际发送的产品。
4. 确定责任方。

二、回复客户，提出解决方案

经与仓库核实，Elsa发现确实是仓库工作人员发错了款式，客户投诉成立。Elsa需要第一时间回复客户。请思考：

1. Elsa 回复客户的邮件应该包含哪些要点？完成表 7-1。

表 7-1　回复客户邮件的要点

序号	具体要点
1	
2	
3	

2. Elsa 可以向客户提出哪些解决纠纷的方案？完成表 7-2。

表 7-2　解决纠纷的方案

序号	具体方案
1	
2	
3	

三、解决投诉，并总结经验

你认为通过此案例，Elsa 应该总结哪些经验呢？完成表 7-3。

表 7-3　总结经验

序号	具体经验
1	
2	
3	
4	
5	

知识模块

一、案例描述

1. 客户提出投诉

客户通过亚马逊平台在宁波小薇云集的店铺中订购了一件印有名字的女童裙子，收到后发现裙子上的姓名贴错误，对卖家提出"发错款式"的投诉，如图7-1所示。

> Return Requested for order 106-0412257××××
>
> Sender:×××
>
> Send:0:07,Thursday,March 9,2023
>
> Recipient:×××
>
> Order ID:106-0412257××××
>
> Dear ×××,
>
> This email is being sent to you by Amazon to notify and confirm that a return authorization has been requested for the item(s) listed below.
>
> ×××, please review this request in the Manage Returns tool in your seller account. Using the Manage Returns tool, please take one of the following actions within the next business day:
>
> 1. Authorize the customer's request to return the item.
>
> 2. Close the request.
>
> 3. Contact the customer for additional information (through Manage Returns or the Buyer-Seller Communication tool).
>
> ××× the information below is confirmation of the items that you have requested to return to ×××. No additional action is required from you at this time.
>
> Order ID: 106-0412257××××
>
> Item: ×××
>
> Qty:1
>
> Return reason: Wrong item was sent
>
> Customer comments: Just arrived today. The name stickers on the shirts I received are not my child's name "Emily", but "Lucy". The item is not what I ordered. I would like to exchange the shirt for the correct name stickers.
>
> Request received: March 9, 2023
>
>   Sincerely,
>
>   Amazon Services

图7-1 客户提出投诉

2. 客服人员处理投诉

客服人员经与仓库核实，发现仓库确实发了印有"Lucy"的裙子给客户，而客户的备注是"Emily"。客服人员第一时间回复客户，提出三套方案供客户选择，如图7-2所示。

About:Return Requested for order 106-0412257××××

Sender:×××

Send:5:05,Friday,March 10,2023

Recipient:×××

Order ID:106-0412257××××

Dear ×××,

　　Have a nice day.

　　Firstly, we feel very sorry sending wrong name stickers.But please don't worry, we provide some solutions for you:

　　1. No need to return it, we will give 50% claim code (ZRHT-VY23SR-××××) for you. You can buy any liked color for your lovely child again.

　　2. No need to return it, we will return half money of the cloth for you.

　　3. You can send it to us. We will refund this cloth's money to you.

　　Sorry to bring this trouble to you again.

　　Hope to get your kind understanding.

　　　　　　　　　　　　　　　　　　　　　　Best wishes,

　　　　　　　　　　　　　　　　　　××× Customer Service Center

图 7-2　客服人员处理投诉

3. 客户与客服人员沟通

客户提出，希望得到优惠折扣，他非常喜欢这个款式，想再次购买，如图7-3所示。

> About:Return Requested for order 106-0412257××××
>
> Sender:×××
>
> Send:11:04,Friday,March 10,2023
>
> Recipient:×××
>
> Order ID:106-0412257××××
>
> Dear ×××,
>
> I will choose option 1.
>
> 1. No need to return it, we will give 50% claim code (ZRHT-VY23SR-××××) for you. You can buy any liked color for your lovely child again.
>
> Thank you. Looking forward to getting the right name stickers this time. They are very fashionable.
>
> (Customer name)

图 7-3 客户与客服人员沟通

客服人员回复客户,请客户下单购买,自己会在明天安排仓库发货,如图 7-4 所示。

> About:Return Requested for order 106-0412257××××
>
> Sender:×××
>
> Send:21:05,Friday,March 10,2023
>
> Recipient:×××
>
> Order ID:106-0412257××××
>
> Dear ×××,
>
> Thank you for your kind understanding.
>
> You can place a new one for your lovely child.
>
> We will send it tomorrow.
>
> Hope our cloth fit your girl.
>
> Best wishes,
>
> ××× Customer Service Center

图 7-4 客服人员回复客户

4. 投诉解决

最终,客户取消前期退款申请,同时用折扣码又新订了一件衣服。客户在收到新的产品后,给了店铺五星好评。

二、案例总结

在此案例中，客服人员在收到投诉后，第一时间联系了客户。在核实投诉后，提出了三套解决方案供客户选择。客服人员对客户投诉的解决非常妥当，不仅避免了店铺损失，还为店铺赢得了新的订单，也提升了客户满意度。

任务二　提升客户关系管理质量案例

情景导入

根据速卖通平台对 A 电子商务有限公司在 2023 年 1 月 28 日至 2023 年 2 月 28 日的服务水平打分可知，该店铺当月的服务等级为及格，每日服务分为 74.23 分，低于行业平均分 79.15 分。经理要求客服人员找出服务质量不高的问题所在，分析具体原因，并提出解决方案。

项目任务书

1．找出服务中存在的问题。
2．分析服务质量不高的原因。
3．提出提升服务质量的对策。

任务实施

一、找出服务中存在的问题

1.为了准确了解客户对店铺服务质量各方面的感知，客服人员决定以链接的形式发送问卷对客户展开调查。在设计问卷前，客服人员需要系统地了解有哪些服务质量评价理论或模型，进而选择合适的服务质量评价理论或模型以合理地设计问卷。请查阅资料，列举几个服务质量评价理论或模型，完成表 7-4。

表 7-4　服务质量评价理论或模型

序号	理论或模型
1	
2	
3	
4	

2.经过学习，客服人员选定理论依据，开始设计问卷。请结合跨境电商实际及所选的服务质量评价理论或模型，设计调查问卷中的题目，完成表7-5。

表7-5　服务质量调查问卷题目

序号	调查问卷题目
1	
2	
3	
4	
5	
6	
7	
8	
9	
10	
…	

3.发放并回收问卷，分析问卷结果，找出服务中存在的问题，完成表7-6。

表7-6　服务中存在的问题

序号	具体问题
1	
2	
3	
4	
5	
…	

二、分析服务质量不高的原因

根据问卷结果，分析为什么服务质量不高，完成表7-7。

表 7-7　服务质量不高的原因

序号	具体原因
1	
2	
3	
4	
5	
…	

三、提出提升服务质量的对策

根据服务质量不高的原因，结合店铺实际，提出提升店铺服务质量的对策，完成表 7-8。

表 7-8　提升服务质量的对策

序号	具体对策
1	
2	
3	
4	
5	
…	

知识模块

一、案例描述

1. 企业信息

A 电子商务有限公司（以下简称 A 公司）是一家于 2018 年入驻阿里巴巴速卖通、亚马逊两大平台的集办公文教类用品、纺织品、日用品为一体的跨境电商公司，主要服务于国外中小企业、个体消费者，集零售与小额批发为一体。在办公文教类用品方面，该公司秉持"小而美"的理念，面向文具细分市场，在优质创意等细节方面满足对办公文教类用品有需求的海外消费者群体的要求。通过与国内多家知名文具厂商建立良好的合作关系，以丰富多样的产品搭建了一个优质的产品架构。该公司利用平台优势，大力开发海外市场，将产品推向欧洲、美国、加拿大、印度等国家和地区，目前拥有较大的客户群体。

通过速卖通卖家后台的客户管理模块，根据客户所在国家、年龄等对近6个月内在该公司购买产品1次及1次以上的客户进行分类，客服人员发现，近6个月内在该公司有过购物经历的客户来自21个不同的国家，其中以以色列、巴西、荷兰居多，客户年龄以35～44岁、25～34岁居多。

近几个月来，速卖通平台对A公司的服务水平打分均低于行业平均分。作为客服人员，应该找出店铺服务质量不高的原因，并提出解决方案。

2．服务质量评价

服务质量是客户关系管理的重要内容。对于A公司的服务水平打分低于行业平均分这一现象，A公司意识到自己的客户关系管理水平急需加强。由于通过速卖通平台只能看到公司的服务分，无法明确服务中存在的具体问题，同时，服务质量是客户的一种主观评价，因此A公司打算借助速卖通平台的卖家站内信工具，向近6个月内在该公司有过购物经历的客户发送服务质量调查问卷链接，展开问卷调查，以找出问题所在，从而有针对性地提升服务质量。为激励客户积极参与，辅以店铺定向优惠券作为调查回馈。

（1）设计服务质量调查问卷

SERVQUAL（Service Quality，服务质量）模型是服务质量评价中最具代表性的评价模型，被国内外学者广泛应用于服务质量评价中。该模型的理论核心是服务质量取决于客户感知与期望的服务水平之间的差异程度，企业为客户提供优质服务的关键是要让客户感知值超过客户期望值。A公司依据SERVQUAL服务质量评价法，选取该法中的部分评价维度，结合跨境电商公司实际设计问卷。问卷从有形性、响应性、可靠性、移情性四个维度进行服务质量评价，以获取客户对每个问题的期望值、感知值评分，得出服务质量的分数，进而从客户服务的各个维度和指标层面，找出A公司服务中存在的问题并加以改进。A公司服务质量评价体系如表7-9所示。

表 7-9 A 公司服务质量评价体系

维度	指标	指标含义
有形性	店铺装修风格适配程度	店铺的装修风格是否符合产品定位及国外客户的鉴赏水平
	产品分类逻辑	产品的分类逻辑是否便于快速查找
	产品描述清晰程度	产品图片信息及文字描述的清晰程度
	产品包装精美程度	产品包装的精美程度
响应性	客服人员回复速度	客服人员是否能克服跨国时差困难及时回复客户
	卖家纠纷响应速度	卖家是否能及时响应客户提起的纠纷
	卖家发货速度	卖家是否能及时发货
	物流运输速度	卖家选择的物流公司的运输速度
	物流信息反馈速度	卖家是否能将最新的物流信息及时反馈给客户
可靠性	产品质量保障	收到的产品质量是否有保障
	产品价格稳定	购买产品前后价格波动幅度
	产品与订单一致	客户收到的产品颜色、型号等与订单信息是否一致
	产品交付时间准确	客户是否能在卖家承诺的时间内收到产品
移情性	客服人员服务专业	客服人员是否对产品完全熟悉以体现其专业性
	客服人员服务态度	客服人员是否用热情礼貌的用语、网络表情等与客户沟通
	客服人员语言交流能力	客服人员是否具备用客户所在国家的语言进行交流的能力
	个性化服务	客服人员是否能根据当地流行趋势和客户需求主动推荐产品，提供个性化服务

（2）找出服务中存在的问题

共收集调查问卷 124 份。通过问卷整理（检查和筛选，删除填写时间不足 60 秒、每道题目的答案都相同的问卷），最终获得有效问卷 102 份，问卷有效率为 82.26%。

根据问卷调查获取的数据得知，A 公司各个维度的服务质量得分均较低，表明 A 公司的服务质量低于客户期望的水平，客户对公司不满意，公司的服务质量有待提升。其中，响应性维度的得分最低，说明 A 公司在该维度下存在的服务问题最严重。A 公司的客户关系管理人员根据各项指标的服务质量得分，从指标层面分析公司存在的服务问题。

在有形性维度上，各项指标的得分排序为：产品分类逻辑＞店铺装修风格适配程度＞产品描述清晰程度＞产品包装精美程度。其中，产品分类逻辑和店铺装修风格适配程度的得分为正数，即在这两项指标上客户的感知值大于期望值；而产品描述清晰程度和产品包装精美程度的得分为负数，即客户的感知值小于期望值，说明服务中存在问题，因此需要对这两项指标进行分析，找出服务问题并改进。

在响应性维度上，主要测试了卖家发货速度、卖家纠纷响应速度、物流信息反馈速度、物流运输速度、客服人员回复速度，问卷显示这几项指标均存在问题，服务质量有待提升。

在可靠性维度上，各项指标的得分排序为：产品价格稳定＞产品质量保障＞产品与订单一致＞产品交付时间准确。其中，产品价格稳定和产品质量保障的得分为正数，即在这两项指标上客户的感知值大于期望值；而产品与订单一致和产品交付时间准确的得分为负数，即客户的感知值小于期望值，说明服务中存在问题，因此需要对这两项指标进行分析，找出服务问题并改进。

在移情性维度上，各项指标的得分排序为：客服人员服务态度＞个性化服务＞客服人员服务专业＞客服人员语言交流能力。其中，仅有客服人员服务态度这项指标的得分为正数，说明在该项指标上客户的感知值大于期望值；其他指标的得分均为负数，即客户的感知值小于期望值，说明服务中存在问题，因此需要对得分为负数的三项指标进行分析，找出服务问题并改进。

（3）分析服务质量不高的原因

①有形性维度

A 公司在有形性维度上存在服务问题的主要原因如下。

A．在产品描述清晰程度层面，部分产品出现图片排版混乱，图片和文字描述不清晰等现象。而国外客户的售前咨询相对较少，更倾向于通过产品描述了解产品后直接下单，导致该项指标的得分较低。

B．在产品包装精美程度层面，该店铺的产品包装无辨识度，均采用无图案、无品牌 Logo 的简易纸盒，导致该项指标的得分最低。

②响应性维度

A 公司在响应性维度上存在服务问题的主要原因如下。

A．在卖家发货速度层面，虽然 A 公司能在承诺的时间内发货，但物流公司上门揽件的速度较慢，导致发货速度较慢，因此该项指标的得分为负数。

B．在卖家纠纷响应速度层面，该公司尚未形成一套成熟的纠纷处理流程，导致纠纷不能得到及时有效的解决，而且该公司尚未制定高效的服务补救措施。同时，A公司的售后争议和纠纷处理相关制度不合理，在退换货细则上过于死板。例如，一位客户于2023年1月20日在A公司店铺中下单购买了一件产品，但因春节原因，工作人员未上班，致使到1月27日仍未发货。客户于1月28日与客服人员商议退款事宜，但客服人员以"超出七天不支持无理由退货"为由，不予退款。可见，A公司的退换货细则存在一定的不合理之处，不仅影响响应速度，还影响客户的购物体验。

C．在物流信息反馈速度层面，速卖通平台的物流信息更新系统常出现包裹到达目的国后无物流信息更新的问题，而客服人员并未主动联系物流方查询物流信息并及时反馈给客户。

D．在物流运输速度层面，A公司的物流配送周期较长，主要原因是A公司在部分地区尚未建立海外仓，产品从中国直接发往客户所在国家，导致物流运输速度相对较慢，严重影响客户的购物体验。

E．在客服人员回复速度层面，由于该公司尚未对客服人员进行合理化排班，客服人员不能做到全天不间断在线服务，导致客户所咨询的问题不能得到及时解决。同时，A公司虽设置了机器人服务和人工服务，且机器人服务时间是24小时，但人工服务时间仅为上午半天，在夜晚购物高峰期缺乏人工客服的耐心讲解，不可避免地会影响客户的购物体验，从而使响应性维度中该项指标的得分最低，是A公司急需解决的问题。

③可靠性维度

A公司在可靠性维度上存在服务问题的主要原因如下。

A．在产品与订单一致层面，根据该公司的客户反馈可知，部分客户收到的产品数量、颜色等信息与订单不符，而且对于颜色、尺寸有微小差距的产品并未特别说明，从而出现产品与订单不一致的现象。

B．在产品交付时间准确层面，可能出现产品丢失或未正常清关等问题，导致客户收货迟缓或一直未收到货，使该项指标的得分最低，是A公司急需解决的问题。

④移情性维度

A公司在移情性维度上存在服务问题的主要原因如下。

A．在个性化服务层面，该公司并未充分借助速卖通平台提供的客户数据深入挖掘客户需求，客户关系管理不够精细。原因在于，A公司缺乏大数据分析系统和客户关系管理系统，一方面并未合理利用现代大数据信息合理预测客户需求，以提供个性化服务，另一方面并未通过客户关系管理系统收集、整理、统计客户的个性化需求，致使公司的个性化服务水平不高。

B. 在客服人员服务专业层面，该公司对客服人员的培训主要在产品和服务方面，对于全球不同国家的文化、风俗习惯等尚未普及。

C. 在客服人员语言交流能力层面，该公司的客服人员在与客户沟通时仅使用英语，而许多国外客户的母语并非英语，双方仅依靠平台提供的自助翻译系统进行沟通与交流，可能会出现言语理解上的误差，给客户带来不良的购物体验。

3. 提升服务质量的对策

客户服务质量是评价公司服务质量的核心指标，包括公司工作人员在售前、售中、售后环节服务客户的整个过程。根据上文对 A 公司的服务质量评价，从维度和指标层面总结出 A 公司存在的服务问题，针对这些问题，该公司可以从以下四个方面提升服务质量。

（1）基于"有形性"的服务质量提升对策

产品描述清晰程度和产品包装精美程度这两项指标的得分为负数，客户的感知值小于期望值，说明服务中存在问题，A 公司需要从这两个层面提升服务质量。

①完善产品描述，促进客户下单

产品描述主要包括图片和文字描述两部分。第一，在图片方面，增加产品图片的细节展示，多角度展示产品，保证每张图片都具有较高的分辨率、清晰度。当图片与实物有轻微差距时，需要在文字描述中说明是由光线等原因造成的。第二，在文字描述方面，全面介绍产品属性，做到真实可靠，必要时构建使用场景和建立参照物，使客户更直观地了解产品的尺寸等信息。在产品信息更新后，对应的文字信息也应同步更新。在文字排版方面，注意文字格式、字号大小、文字颜色等。此外，还可以在产品描述中添加视频，使客户更直观地了解产品。总之，产品描述需要清楚介绍产品本身，以便促进客户下单。A 公司应从客户的角度出发，分析客户的思考路径，解决客户在下单前可能考虑的一系列问题。

②优化产品包装，树立品牌形象

跨境物流需要保障产品交至客户的完好和精美。客户收到产品时首先看到的是产品包装，因此对产品进行精细包装，能够保护和美化产品，从而给客户留下良好的第一印象。第一，为避免对产品包装的精美程度有所影响，需要选择质量较好的产品包装盒，防止出现破损、划痕。在包装盒中可以使用塑料袋、气泡膜等包装辅助材料以保护产品。对于电子类产品，要考虑防潮问题；对于易碎品，应放置多层保护膜，降低货物破损率。第二，在产品包装上注重美感和视觉欣赏，充分考虑不同地域的文化、风俗、语言等因素，设计出符合地域特征的产品包装。同时，注重包装盒的颜色搭配，体现出标准统一的风格，树立完美的品牌形象，提高产品在国际市场上的辨识度，让客户第一眼就能产生清楚的记忆，打响品牌的知名度，提升产品的竞争力。

（2）基于"响应性"的服务质量提升对策

A公司在响应性维度下各项指标的得分均为负数，客户的感知值小于期望值，说明服务中存在问题。A公司需要从卖家发货速度、卖家纠纷响应速度、物流信息反馈速度、物流运输速度、客服人员回复速度这五个层面提升服务质量。

①优化发货流程，提高发货速度

优化发货流程，及时确认客户的订单信息并同步到后台，提高仓库的处理效率，保证订单能够及时发货。此外，与合作物流公司商议提高上门揽件速度。如果效果不佳，则应及时更换为揽件和派送速度更快的物流公司。如果因库存不足导致无法尽早发货，则客服人员须及时向客户说明情况。

②及时响应纠纷，减少服务失误

设置专人负责售后纠纷处理，优化纠纷处理流程，缩短纠纷响应时间。确定纠纷属于产品纠纷、物流纠纷还是恶意纠纷，针对不同的纠纷类型设置快速处理模式，提高纠纷响应速度。同时，建立补偿机制，一旦出现产品纠纷或物流纠纷，A公司就能立即给予赔偿。通过采取相应的服务补救措施，主动查找潜在的服务失误，将服务失误对公司的负面影响降到最低。另外，面对当前激烈的市场竞争环境，A公司有必要制定灵活、合理的退换货标准。例如，在上述超出七天不予退款的案例中，可以改为"如非客户责任，超出七天应给予退货退款"，并详细制定"非客户责任"的判定标准。

③实时跟踪物流信息，提高物流信息反馈速度

设置专人负责物流信息跟踪并进行实时反馈，明确产品到达目的国之后的转单号，与物流方保持联系，查询最新物流信息并告知客户，必要时提醒客户去当地相关部门查询清关是否遇到问题，保证跨境物流的信息对称。总之，客服人员需要在发货后及时跟踪物流信息，并主动反馈给客户，不能仅依赖平台的物流更新信息。

④选择高效的物流公司，提高物流运输的时效性

在物流为王的跨境电商时代，做好物流服务尤为重要。A公司可以选择高效的物流公司，提高物流速度。此外，可以与第三方海外仓合作或自建海外仓、边境仓，利用大数据对客户的购买行为进行预测，提前将货物放置在海外仓或边境仓，节省包裹从国内到国外的运输时间，提高物流运输的时效性。

⑤合理配置客服人员，提高客服人员的回复速度

由于B2C出口跨境电商公司的客户来自全球各个国家，针对时差导致的客服人员不能及时回复的问题，A公司可以安排多个客服人员，保证客服人员全天不间断在线服务，避免出现无人应答或全程机器应答的现象。尤其是在平台有大型促销活动时，更应合理配置客服人员，构建一支稳定有效的员工队伍。目前A公司设置全天候机器人服务，人工

服务时间过少，严重影响客户晚间的购物体验。相比机器人服务，人工客服在处理个别问题时尤为重要。为此，A公司可以制定并完善全天候人工服务机制，设置三班倒制度，合理化排班，如上午岗负责上午6点—下午2点，下午岗负责下午2点—晚间10点，夜间岗负责晚间10点—凌晨6点。此外，在回复问题的及时性上，可提前设置自动回复的内容，缩短客服人员的响应时间，同时记录客户的等候时间，以便提出针对性的改善措施。A公司可以要求员工必须当日完成客户邮件的回复工作，而且应根据服务细节的差异，制定不同的服务流程，提高服务的及时性。

（3）基于"可靠性"的服务质量提升对策

A公司在可靠性维度的各项指标中，产品与订单一致和产品交付时间准确这两项指标的得分为负数，客户的感知值小于期望值，说明服务中存在问题，因此A公司需要从这两个层面提升服务质量。

①核查产品信息，保证产品与订单一致

仓库在发货前需要认真核查，确保产品的数量、属性等与订单一致，避免出现货不对板的现象。在编辑产品信息时应准确填写，避免造成客户理解有误，从而认为收到的产品与订单不一致。尤其是产品的颜色和尺寸应准确无误，若有微小差距，应在产品描述中注明，以免造成误会。当客户收到的产品与订单不一致时，应及时补偿，避免客户提起纠纷或给出差评。

②提高物流速度，保证产品交付时间准确

A公司需要按照承诺的时间将产品交付给客户，并选择高效的物流公司，提高物流速度，保证在卖家承诺的时间内送达产品。此外，由于跨境物流至少涉及两个国家，地理范围覆盖广，大多数产品都是通过跨境空运、海运送达客户的，运输途中会存在一些不确定因素，因此降低客户对快速收到产品的期望值，给予客户合理的物流承诺时间可避免客户产生较大的心理落差。同时，为保证物流配送时间，A公司还应制定应急预案，针对类似"圣诞节"等平台大型促销或自然灾害等特殊时期，一方面要加强与多地区、多国家的节点企业之间的沟通，实现跨境物流仓储、运输、海关、商检、配送等功能的协同，保证进出口清关流程的顺畅，另一方面要与全球内其他中小型物流公司达成合作关系，科学安排相应的运输方式，对特殊地区以转运的方式配送。

（4）基于"移情性"的服务质量提升对策

A公司在移情性维度的各项指标中，个性化服务、客服人员服务专业、客服人员语言交流能力这三项指标的得分为负数，客户的感知值小于期望值，说明服务中存在问题，因此A公司需要从这三个层面提升服务质量。

①预测客户需求，提供个性化和人性化服务

客户需求逐渐细化和个性化，单一市场的产品或服务很难满足不同客户的需求，提供个性化服务才是市场营销的重点，也是影响公司核心竞争力的关键。这就需要A公司根据每位客户的年龄、身份、职业、过去购买行为和购买偏好等因素，因人而异地提供独特的产品或服务。在速卖通平台的卖家后台模块中，A公司可以借助平台提供的客户数据，分析客户的搜索历史、浏览路径、产品停留时间、收藏和加入购物车情况，了解客户的个人偏好，预测客户的消费意愿，从培养客户的忠诚度出发，全面了解客户所需，包括他们需要什么、何时需要、怎样需要，充分挖掘客户的需求，锁定客户的使用习惯，从而提供合适的、个性化的、即时的、具备竞争力的产品或服务，建立服务品牌忠诚。

同时，对卖家来说，注重客户关系的培养显得尤为重要。跨境电商公司的服务对象来自不同国家的不同消费群体，语言、文化、政治、交易习惯等的不同，决定了服务的思路和方式应有所不同。A公司应构建并完善客户关系管理系统，做好客户关系管理，加强客户数据库的建设，加深与客户的沟通，全面收集与客户互动所产生的信息，建立有效的信息反馈系统，进行客户细分，为客户量身定制差异化的服务，主动为客户提供一对一服务，提高客户的忠诚度。

此外，A公司应建立客户反馈区，定期向客户发放关于公司产品、服务等的测评问卷。根据测评内容，客服人员与客户的有效沟通，以及客户的评价、反馈、建议等，提前了解市场变化趋势和客户需求，并结合公司的实际情况，在满足经济效益的前提下进行有效改进，改善客户的购物环境，树立公司形象，增强客户的归属感和信任感，提高客户的满意度和黏性，同时为客户提供个性化服务，发展潜在客户。

另外，客服人员应该树立以人为本的服务理念。客服人员要理解、关心和尊重客户，形成一种以客户为中心的经营环境，学会换位思考，充分尊重和理解客户，真诚地站在客户的角度解决问题，尽可能与客户建立良好的感情，增强客户的信任感。客服人员应该让客户在接受服务的过程中感受到轻松、愉悦、温馨与和谐。同时，客服人员应该细心观察，捕捉客户的超值服务点。比如，客户在订单下面留言强调，如"这是给朋友准备的礼品，请务必不要让我失望"等类似的细节。遇到这样的订单，客服人员应该交代出货人员，特别注意该订单的质量和包装。客服人员通过细心观察，了解客户真正关心的问题，为客户提供帮助，这是赢得忠诚客户的最好办法。

②完善招聘和培训制度，提高客服人员的专业性

在跨境电商中，客户首先接触到的就是客服人员，客户对跨境电商公司服务质量的评

价也是根据他们同客服人员进行沟通时留下的印象来判断的，这就对客服人员的工作能力和素质提出了更高的要求。所以，提高客服人员的工作能力和素质显得尤为重要。一方面，A公司需要适当提高招聘门槛，加强与周边院校的合作，从相关专业优秀毕业生中择优选择合适的人才；另一方面，A公司需要制定健全的培训制度，安排新入职员工参加专业知识培训、业务技能培训和岗前试训。同时，定期对不同类型的客服人员进行专门培训，使客服人员不仅熟悉公司的制度和店铺的产品信息，掌握产品的属性、用途、特点等，从而保证专业地回答客户的问题，还能掌握与客户沟通及解决客户问题的技巧，提高工作能力。此外，了解全球不同国家的风俗习惯也是客服人员需要做的。例如，中国人喜欢"六六大顺"，但在俄罗斯数字6并不受欢迎，俄罗斯人崇尚数字7，认为7是幸福完美的数字。所以，在与客户沟通时应注意细节，避免引起客户的不满。

③加强语言培训，提高客服人员的语言交流能力

由于客服人员服务的是不同国家的客户，因此语言的沟通是每位客服人员都必须面对的。A公司应加强对客服人员英语及其他外语的培训，避免客服人员单纯使用翻译软件可能造成的语句不通顺问题，要求客服人员主动根据客户所在国家的语言习惯与之进行交流，积极引进小语种人才。例如，英语在巴西并不普及，对于来自巴西的客户，交流时尽可能用葡萄牙语。如果客服人员能够使用葡萄牙语，则可以拉近与客户之间的距离，提高客户的满意度，同时也能体现出公司售后服务的专业性，提高客户的黏性，从而提高客户对公司服务的评价。

二、案例总结

目前，网上购物产品同质化现象较为严重，这在增加了消费者选择机会的同时，也加大了其选择的难度，并且"价格驱动"不再是当前消费者的主要消费观念。针对这种情况，跨境电商公司应以"服务驱动"为导向，侧重于提升客户的购物体验，优化物流服务。较高的服务能力可以提高老客户的忠诚度和满意度，也可以吸引更多的新客户。这就要求跨境电商公司做好客户关系管理，提供高质量的服务，改善客户的购物体验，提高公司的竞争力，以此获取更多的市场份额。

在本案例中，A公司的客户服务质量和客户满意度不高。A公司通过问卷调查找到了公司在服务中存在的问题，并分析了原因，然后针对这些问题提出了针对性的解决方案，并将其应用于公司的客户服务中，以期实现公司客户服务的科学化和规范化，从而实现公司的可持续发展。

案例分析

一、案例背景

本案例中的卖家是速卖通平台上的一家手工布鞋店，客户在这家店中购买了一双女鞋，发现在收货之前产品就已经降价，于是在速卖通平台上进行投诉。

二、操作步骤

1. 查看纠纷并第一时间回复

客服人员打开"我的速卖通"卖家端，单击"纠纷列表"按钮，查看"纠纷详情"，并在第一时间回复了客户，具体内容如图7-5所示。

订单号：××××××

纠纷原因：产品降价

订单创建时间：2023-04-30

×××　　　2023-05-03　22:30:51

Munirah:That's unfair. Could I cancel the former order and place another one at the discount price?

×××　　　2023-05-03　20:11:47

WANG:Just as you said, there has been a price change. However, we have not changed the price randomly. Customers can get 10% off at AliExpress from May 1 to 3 to celebrate International May Day. You placed your order on April 30, right before the discount became available. We apologize for not letting you know immediately.

×××　　　2023-05-03　19:56:24

WANG:We feel so sorry for your inconvenience. We will verify the price change as quickly as possible. Thank you for your patience.

图7-5　客服人员回复客户问题

2. 客服人员与客户沟通

客服人员收到客户的反馈后，第一时间向客户道歉，并主动思考解决方案，积极与客户协商，具体内容如图7-6所示。

×××　　2023-05-04　23:26:37

WANG:No problem. Thanks a lot for your consideration. We will refund you 8 dollars as quickly as possible.

　　×××　　2023-05-04　23:21:43

Munirah:Refunding the markdown of 8 dollars? It is OK if you repay me 8 dollars.

　　×××　　2023-05-04　21:00:18

WANG:Thank you very much. We will compensate for your loss by refunding the markdown. What do you think of the solution?

　　×××　　2023-05-04　20:40:37

Munirah:I understand that it cannot be canceled since it has been shipped. It is also useless placing another order.

　　×××　　2023-05-04　20:17:58

WANG:We are afraid that you cannot cancel the former order right now, because it has been shipped. It will be greatly appreciated if you could understand us. We will try to make up for your loss.

图 7-6　客服人员与客户沟通

3. 解决纠纷

客服人员与客户就解决方案达成一致意见后，纠纷就解决了。客服人员可以在"我的速卖通"中单击"纠纷列表"按钮，打开"纠纷详情"进行查看，详情如图 7-7 所示。

订单号：××××××

纠纷原因：产品降价

纠纷状态：纠纷结束

　　仅退款 USD8.00，由卖家出资

图 7-7　纠纷处理结果

三、案例总结

在本案例中，客服人员在接到客户的投诉后，十分重视客户的购物体验，一方面第一时间查明降价是否属实，另一方面为给客户带来的不便道歉。后来，确定产品是因为平台举办的节日促销活动降价了，客服人员主动向客户道歉，提出退回差价，而客户也对这一赔偿方案比较满意，最终双方达成一致意见，有效解决了纠纷，提升了服务质量。

> **知识拓展**

SERVQUAL 模型

SERVQUAL 为英文"Service Quality"（服务质量）的缩写。SERVQUAL 模型已被众多管理者广泛接受并运用于服务行业，用以理解目标客户的服务需求和感知，并为企业提供一套管理和评价服务质量的方法。研究表明，SERVQUAL 是一种提升服务质量的有效工具。

SERVQUAL 理论是 20 世纪 80 年代末由美国市场营销学家帕拉休拉曼（A. Parasuraman）、来特汉毛尔（Zeithaml）和白瑞（Berry）依据全面质量管理（Total Quality Management，TQM）理论在服务行业中提出的一种新的服务质量评价体系，其理论核心是"服务质量差距模型"，即服务质量取决于客户所感知的服务水平与客户所期望的服务水平之间的差异程度（因此又称"期望－感知"模型）。该模型强调，客户的期望是提供优质服务的先决条件，提供优质服务的关键就是要超过客户的期望值。该模型将服务质量分为五个层面——有形性、响应性、可靠性、保证性和移情性，每一层面又可细分为若干个指标。通过问卷调查的方式，让客户对每个指标的期望值、感知值进行评分，最后通过综合计算得出服务质量的分数。服务质量的计算方法为：SERVQUAL 分数＝实际感受分数－期望分数。二者的差距越小，服务质量的评价就越高；相反，二者的差距越大，服务质量的评价就越低。顾客期望和感知问卷采用 7 分制，7 分表示完全同意，1 分表示完全不同意，*表示分值相反。表 7-10 是 SERVQUAL 模型的五个维度及各维度指标。

表 7-10　SERVQUAL 量表

维度	含义	指标
有形性	提供服务的有形载体，包括工具、设备、人员的外表等	具有现代化的服务设备
		服务设备具有吸引力
		员工有得体的服装
		企业的设施与其提供的服务相匹配
响应性	主动帮助客户并迅速提供服务的意愿	不能指望员工告诉客户提供服务的准确时间
		期望员工提供及时的服务是不现实的
		员工并不总是愿意帮助客户
		员工太忙以至于无法立即提供服务满足客户需求

续表

维度	含义	指标
可靠性	企业准确履行服务承诺的能力	企业能及时地完成对客户承诺的事情
		在客户遇到困难时能表现出关心并提供帮助
		企业信誉是可靠的
		企业能准时提供所承诺的服务
		企业能正确记录相关的服务
保证性	员工表达出的自信与可信的知识、礼节和能力	员工是值得信赖的
		在交易时客户会感到放心
		员工是有礼貌的
		员工可以从企业得到适当支持以提供更好的服务
移情性	设身处地地为客户着想和给予客户特别的关注（关心并为客户提供个性化服务）	企业不会针对不同的客户提供个别的服务
		员工不会给予客户个别的关怀
		不能期望员工会了解客户的需求
		企业没有优先考虑客户的利益
		企业提供的服务不能符合所有客户的需求

课后习题

一、不定项选择题

1. 制定优质服务标准是一个不断循环的过程，包括（   ）。

    A．分解服务过程

    B．找出每个细节的关键因素

    C．把关键因素转化为服务标准

    D．根据客户的需求，评估和修改标准

2. 造成客户的期望与管理者对客户期望的认知之间的差距的原因包括（   ）。

    A．市场研究和需求信息分析不准确　　B．期望的解释信息不准确

    C．没有进行需求分析　　D．企业对客户的信息收集不到位

3. 目前速卖通平台支持买家通过信用卡、（   ）、Qiwi Wallet、Boleto 等方式付款。

    A．T/T 汇款　　B．WebMoney（简称 WM）

C．西联汇款　　　　　　　　　　D．支付宝

4．可能导致中、差评的因素有（　　）。

　　A．产品图片与实物存在差异

　　B．标题中写着可以免邮，但在客户收到货后还要收费

　　C．产品信息完整

　　D．信用卡账户有额外扣款显示：AliExpress Charge

5．如果在沟通中发现是由于客户个人使用不当而产生的差评，最妥善的应对方法是（　　）。

　　A．提醒客户注意使用说明，要求其修改差评

　　B．仔细讲解产品的使用说明，安抚客户让其修改差评

　　C．如果以消除差评为主要目的，则应该向客户仔细解释为什么会出现这样的质量问题，在使用或操作过程中存在哪些不正确的地方，最后和客户商量以何种方式可以使其满意并修改差评

　　D．如果是由于客户个人原因导致的质量问题，则应该选择回复差评

6．客户分项评分是指客户在订单交易结束后以匿名方式对卖家在交易中提供的（　　）服务做出评价，是客户对卖家的单项评分。

　　A．产品描述准确性　　　　　　B．沟通质量与回应速度

　　C．产品运送时间合理性　　　　D．以上全部

7．客户对服务质量的总体评价属于（　　）。

　　A．客户期望　　　　　　　　　B．客户对产品质量的感知

　　C．客户对服务质量的感知　　　D．客户忠诚

二、判断题

1．在与客户接触的过程中，必须深入了解客户的各种信息，真正懂得客户的需求与消费模式，特别是能给企业带来主要盈利的大客户。（　　）

2．在与客户沟通时，邮件标题可以体现客户的态度，可以看看他是群发还是单独发给一家。（　　）

3．在回复客户时，只需要在邮件中解答客户关心的问题即可。（　　）

4．对于客户的询价，可以根据实际情况回复，对于没有购买意愿的询价也可以不回复。（　　）

5．在跨境电商交易过程中，产品价格是决定整个订单成交的核心。（   ）

6．信用评价是指交易双方在订单交易前对对方信用状况的评价。（   ）

7．如果客户留下中性或负面评价，则卖家可以与客户联系，找到一种可接受的解决方案，但不能通过强迫或骚扰客户来获得较好的评价。（   ）

三、简答题

1．跨境电商售后客服人员引导客户修改评价的基本步骤有哪些？

2．跨境电商卖家如何提升客服意识？

3．简述 SERVQUAL 模型。

四、实践操作题

客户在速卖通平台上发起投诉，申诉所购买的睡衣比店铺里另一款有着相同图片的产品价格高，认为不公平。你作为客服人员，在收到投诉后进行了核查，结果证实客户所购买的产品比另一款产品在材质上做了改进。客户购买的是 60 支棉材质，另一款是 40 支棉材质，60 支棉材质的睡衣要更柔软和舒适。请根据你所查到的内容合理处理该投诉。

具体投诉内容如下：

订单号：××××××

纠纷原因：性价比问题

订单创建时间：2023-03-12

×××　　2023-03-12 22:30:51

Woo: That's unfair. Your price is higher than that of the full-cotton clothes in the picture.

操作要点

操作 1. 向客户表示抱歉，感谢客户的购买。

_____

_____

操作 2. 向客户说明有价格差异的原因，并对未在产品说明中对两种材质做明显说明表示歉意。

_____

_____

操作 3. 告知客户购买的睡衣材质的优点。

_____

操作 4. 感谢客户的理解，并告知将给予其一定的补偿，以提升客户的购物体验。

_____

操作 5. 告知客户补偿办法，并征询客户的意见。

_____

操作 6. 告知客户若有什么问题，可随时联系，并再次感谢客户的购买。

_____

任务评价

评价项目	评价内容	评价（5 分制）	
		自我评价	小组评价
知识与技能	完成课前预习与课后复习		
	积极参与教学活动，全勤		
	理解、掌握核心概念		
	主动学习，拓展知识		
	完成项目任务		
思政与素质	自主学习能力		
	团队合作能力		
	创新能力		
	责任意识		
	敬业精神		
平均分			
教师总评			

参考文献

[1] 胡立琴，赵鑫，罗阿玲. 客户关系管理 [M]. 重庆：重庆大学出版社，2021.

[2] 贾应丽. "大数据"背景下的客户关系管理研究——以 B2C 电子商务企业为例 [J]. 电子商务，2018，（2）：5-8+10.

[3] 李琴，马明. 基于 DICE 模式的跨境电子商务生态圈构建与策略分析 [J]. 商业经济研究，2020，（8）：125-127.

[4] 李莹映，宋佳，张海锋. 电商客户关系管理 [M]. 成都：电子科技大学出版社，2020.

[5] 栾港. 客户关系管理理论与应用 [M]. 3 版. 北京：人民邮电出版社，2023.

[6] 刘敏等. 跨境电子商务沟通与客服 [M]. 北京：电子工业出版社，2017.

[7] 罗俊等. 跨境客户关系管理 [M]. 2 版. 北京：电子工业出版社，2022.

[8] 邬金涛，严鸣，薛婧. 客户关系管理 [M]. 3 版. 北京：中国人民大学出版社，2022.